不登校とは
何であったか？

心因性登校拒否、
その社会病理化の論理

藤井良彦［著］

社会評論社

不登校とは何であったか？
―心因性登校拒否、その社会病理化の論理―

目次

序論 7

I. 1960年代前半における論調 17

1. 誤診例としての「心因性登校拒否」 18
2. 鷲見論文（1960年）................................. 27
3. 神経症的登校拒否 33
4. 「学校恐怖症現象」の現出 35
5. 山本論文（1964年）................................. 41
6. 「登校拒否児童」の実態調査 52
7. 「学校恐怖症」の疾病分類学 57
8. 高木論文（1965年）................................. 60

II. 1960年代後半における論調 70

1. 変り者同一性 74
2. 日本臨床心理学会第1回大会 79
3. 登校刺激？ 86
4. 力動主義の台頭 89
5. 臨床心理判定員の論理 94
6. 香川県における一調査 99
7. 児童相談所において 103

III. 1970年代における論調 108

1. 教育相談員の論理 110
2. 神経症的通学？ 114
3. 治療教育学の立場から 118
4. 金沢大会以降 126
5. 「不登校」が内蔵する教育問題？ 131
6. 登校拒否は疾病か？ 134
7. 学校原因論 138

8. 新たなる不登校現象？ ……………………………………142
9. 第19回日本児童精神医学会総会 ……………………146

Ⅳ. 1980年代における論調 ……………155

1. 稲村事件 ………………………………………………………156
2. 登校拒否心性の時代を超えた本質？ ……………………165
3. 第24回日本児童青年精神医学会総会 ……………………169
4. 弱い者いじめの精神医学 …………………………………174
5. 「不登校」の状態像？ ………………………………………179
6. 登校拒否像の変遷？ ………………………………………184
7. 唯物論研究協会において …………………………………188
8. 「科学的教育学」は今 ………………………………………190

Ⅴ. 1990年代における論調 ……………198

1. あも ……………………………………………………………200
2. 社会学的な現象主義 ………………………………………206
3. 変容の物語 ……………………………………………………210
4. 日本児童青年精神医学会第34回総会 ……………………214
5. 登校拒否の「予後」をめぐって ……………………………220
6. 登校拒否運動 …………………………………………………224
7. 医原性登校拒否 ………………………………………………231
8. 病理の構図から抜け出す道はどこにあるのか？ ………240
9. なぜ、学校に行ったのだろうか？ ………………………244
10. 「認識の転換」は起こったのか？ …………………………247

結論 ……………………………………………………255

後書き ………………………………………………………262
注記 …………………………………………………………264

父母に捧ぐ

序 論

「客観的歴史観察と称して、自分を神にもひとしい超越的立場に置こうとする
ことは、また置けると考えるのは幻想である。不遜である。ひとりの人間が
どれほどきつい制限のもとでしか生きられなかったか、ひとりの人間の直接
体験と世界認識なるものが、どれほど限られ、どれほど偏ったものであるか、
同時代の私たちの眼がどれほど盲いたものであったか、知るべきである。」
　　　　　　　　　　　色川大吉『ある昭和史―自分史の試み―』より

「精神病理学はこんなものでありまして、ある一つの病像の中から人間の本質
を抉るというものであります。いわゆる normal な development とか normal
な思春期がこうだとし、これに対して病理はこうだというように deviation を
言うのが精神病理学ではないのであります。」
　　　　　　第9回日本児童精神医学会シンポジウムにおける黒丸正四郎の発言

「不登校」とは何であったか？ということである。

　文献を漁れば山とある。実に数百を超える論文、著作があるのである。

　有名なところでは、奥地圭子の『登校拒否は病気じゃない』（1989年）
だろう。

　また、文庫化されたものとしては、若林実の『エジソンも不登校児だっ
た』（1990年）を、近刊としては貴戸理恵の『不登校は終わらない』（2004年）
を挙げることができるだろう。

　学術的によく参照されるものとしては、森田洋司の『「不登校」現象の
社会学』（1991年）や朝倉景樹の『登校拒否のエスノグラフィー』（1995年）
などがある。それがまた最近になって『不登校、その知られざる現実と正
体』（2013年）などと題された本が出されるものだから驚きである。

　いつ頃からか、登校拒否、「不登校」が世を騒がせているのは。

　ところで――、

　あなたは精神医学の専門誌において幾度となく登校拒否に関する特集号

が組まれていたということを知っているであろうか？

　例えば、1977 年には、『季刊精神療法』誌上において「登校拒否」特集が組まれている。

　また、1783 年には『臨床精神医学』誌上において「登校拒否の精神医学」という特集が組まれているし、1986 年には『社会精神医学』誌が「登校拒否と現代社会」という特集を、また 1991 年には『精神科治療学』誌が「登校拒否」という特集を組んでいる。

　医学誌において、この問題は 40 年近くも前から問いの組上に載せられていたのである。

　それは精神医学だけではない、『小児内科』誌もまた 1982 年には「登校拒否」という特集を、1996 年には「不登校と小児科医」という特集を組んでいるし、『小児看護』誌においても「不登校児の看護ケア」という特集が 1984 年に組まれているのである。

　しかし、こうした医学誌における特集号は、医者たちの間で或る程度のコンセンサスがあることを前提として初めて組まれるものである。それは要するに、こうした特集号が組まれる前から、この件に関する複数の医学論文が発表され、医者たちの間で議論が交わされていたということである。実際、1978 年には、或る論文において「1960 年代でその諸説がおおむね出揃った観を呈した」と指摘されている。

　確かに、1960 年に行われた第 1 回日本児童精神医学会総会では、既にこの件に関して 4 件の発表がなされているし、続く第 2 回総会においても 7 件の発表がなされている。また、同じ頃には関西臨床心理学者協会においても「所謂登校拒否症について」という提題でシンポジウムがなされている。

　こうした場における発表は、その場での討論を踏まえた上で『児童精神医学とその近接領域』誌を中心に論文として掲載され、いよいよ議論は活発化していったのである。黎明間もない日本の児童精神医学界において、それは「幼児早期自閉症」と並ぶ大きな一つのトピックであった。

　こうした事情からして、精神科医である河合洋が、「「登校拒否」は昭和三十年代後半ごろから“臨床的事実”として登場するようになり、昭和四十年代から現在にいたるまで、増加し続けている“新しい現象”であ

8　　　　　　　　　　　　　　　　　　不登校とは何であったか？

る」と述べていることも理解されるであろう。

　つまり、まずは登校拒否が「昭和三十年代後半ごろ」から問題となったということ、しかしそれは「臨床的事実」として問題とされていたということ、そしてそれは「昭和四十年代」から「新しい現象」として問題とされるようになった、ということである。

　これらは、それぞれもっともな指摘であり、正鵠を得ているのであるが、またそれだけに問題を含んでもいる。ことには、登校拒否が「臨床的事実」から「新しい現象」へとシフトしたという認識は、事後的には確かに認められることではあるが、それだけに却ってそれとして問われるべきまた新たな問題を提起してもいるのである。

　まずは、時系列からして最初の点を問うことにしよう。

　登校拒否は「昭和三十年代後半ごろ」から問題となった、ということである。

　ここで「昭和三十年代後半ごろ」とは、具体的には例えば1959年のことを指すものと考えられる。なぜなら、その年の『精神医学』誌上に掲載された高木隆郎等の論文「長欠児の精神医学的実態調査」が、登校拒否という言葉を用いた我が国における最初の医学論文だからである。同年には、また岡山県中央児童相談所の『紀要』に佐藤修策の論文「神経症的登校拒否行動の研究」が発表されている。

　そして、これらに続いたのが、その翌年の1960年に『精神衛生研究』誌上に発表された、鷲見（中沢）たえ子と玉井収介などによる有名な論文「学校恐怖症の研究」である。この論文は、その翌年に発表された山松質文と丹下庄一による論文「学校恐怖症の研究」や岩田由子の論文「学校恐怖症について」以来、およそ20年以上の長きにわたって多くの論者によって参照され続けることになる。

　このように、登校拒否は「昭和三十年代後半ごろ」から問題となったのである。

　しかし、それが問題とされていたのは、精神科医たちによって、である。それが精神医学における「臨床的事実」として認められたのは、それをそのようなものとして認める精神医学の観点があってのことである。それがなければ、それは事実として確認されなかったであろう。

　黒丸正四郎の『子供の精神障害』（1959年）には「学校恐怖症」という

序論　　9

言葉はない。しかし、「心身ともに正常で、就学可能であるにもかかわらず、何らかの動機から、どうしても学校に行けなくなっている学童のノイローゼ」が「「長期欠席児童」の一群」において認められている。

　この「学童のノイローゼ」を心因性登校拒否として概念化したのは高木隆郎である。

　ここで、長期欠席とは違って登校拒否という言葉が使われたこと、そしてそれは「心因」が認められる神経症例とされていること――、

　ここに長期欠席の一例を心因性の精神障害として病態化した精神医学の論理がある。

　高まる児童精神医学への希望を胸に、『児童精神医学とその近接領域』誌の発刊を志して日本中を駆け巡ったのは、一人、この高木であった。後に振り返って、高木はそれを「わたくしの暴挙」と表現している。学術誌の発刊は、しかし日本児童精神医学会の発足を急がせた。高木はまたその中心人物として活躍するであろう。

　その高木である、学会の場で「誤診例としての心因性登校拒否」に言及したのは……。

　高木は後に振り返って次のように述べている。

　「当時は登校拒否とか学校恐怖などという言葉はありませんでしたし、外国の文献でも見たことはなかったわけです。学校に行く、行かない、ということだけで、これほど深刻な病理現象が引き起こされるなど、授業などろくに出ずに大学を卒業した怠けものの私には、思いもつかぬことでした」。

　登校拒否は、児童精神科医という「臨床家」を俟って病態現象として現出したのである。

　ところで、ここで出てきた「学校恐怖症」という言葉はいくらか目を引くものだろう。

　これについてはまた、高木の証言が参考になる。

　「そこで外国の文献を当たってみたのですが、シカゴのジョンソンらが一九四一年にすでにこうした症例を記載し、学校恐怖症（school phobia）と呼んでいることが分かりました。この後もいくつかの論文が出ていました。また一九五二年ごろには、アメリカの学会などでもこの問題を取り上げて

議論をしていることも知りました。こうした文献を読んだ私は、これは大問題だぞ、と思いました[12]」。

ジョンソンはアメリカの児童精神科医である。その論文にある school phobia という言葉が、「学校恐怖症」と訳されたのである。精神医学における phobia という用語は「恐怖症」と訳されるのが一般であるから、「学校恐怖症」という訳語は、いくらか物々しい観もあるが定訳に倣ったものと言える。

恐怖症とは、精神医学において「神経症」の一つとして数えられるものである。

実に、「学校恐怖症」をめぐる議論は、それが「精神病」ではなく「神経症」であること、そしてその神経症の「症候論」、並びに「成因論」をめぐってなされることになる。

つまり、登校拒否は「臨床的事実」として出来したのであったが、そこで問われていたことは、一つにはそれを精神病とは区別するという鑑別診断の問題であり、また一つにはその心的機制をどう理解するのかという神経症論、つまりはその「症候論」と「成因論」であった。こうした点は、いずれも精神医学においては重要な問題であったし、またそうであるがゆえに、それは精神科医を前にして「臨床的事実」であり得たのである。

それは、ただ「登校拒否児」が患児として精神科を訪れたということではない。そこには、それを臨床像として病態化する精神医学に固有の問い立てが成立する余地があったということである。

しかし、ここで一つ重要な点は、この「学校恐怖症」という言葉がアメリカの児童精神医学の用語を直訳したものということである。この点は、やはり戦後日本という国体を考えた時に看過できない事実である。それは何も「学校恐怖症」だけではない、登校拒否という言葉もまた school refusal という用語の訳語であり、「不登校」という言葉もまた school non-attendance という用語の訳語である。

従って、こうした用語をどう使い分けようとも、実はアメリカゆずりの児童精神医学の用語の使い分けに過ぎないのである。

このことからして、また一つの問題点が浮かび上がる。

文部科学省が公式に「学校基本調査」において「不登校」という言葉を用いるようになったのは 1999 年からのことである[13]。それ以前は、1966 年

序論　　　　　　　　　　　　　　　　　　　　　　11

度分の調査からのことであるが、「学校ぎらい」という言葉が使われていたのである。[14]

　この調査において、「登校拒否」という言葉が使われたことはなかった。

　なぜ、文部省は登校拒否、或いは「不登校」という言葉を長らく使わずにいたのだろうか？

　確かに、「神経症的登校拒否」や「登校拒否症」といった言葉が関係者の間で使われながらも、次第に「不登校」という用語に統一されていったという経緯は事実としてある。

　その理由としては、一般的には、若林実（小児科医）が述べているように次のような事情があろう。

　「文部省は年間に５０日以上欠席した子どもたちを「学校ぎらい」と名づけました。しかし私はこの用語を使うことを好みませんので、代わりに「不登校」と呼びたいと思います。というのは、学校へ行かない（行けない）子どもたちをどういう用語を使って語るかということは、その人の見方・考え方を端的に示すものだからです。私には「学校ぎらい」という言葉は子どもを非難するひびきをもつものとしか受けとれません。これは、学校は勉強するところであり、毎日通わなければならないところだ、そういう場所である学校がきらいなどという子どもは﹅ま﹅っ﹅と﹅う﹅ではない、という含みをもつ言葉ではないでしょうか。そんな言葉で子どもたちを呼ぶ気にはどうしてもなれないのです。そういうわけで、これからは「不登校」という言葉を使いたいと思います。」[15]（傍点は原文強調）

　しかし、文部省が「学校ぎらい」という言葉を使い続けていたことにはそれなりの理由があるように思われるのである。「不登校」という言葉が海外の児童精神医学の用語の訳語であったという事情を鑑みれば、ニュアンスはどうであれ一国の省庁が無批判に使える言葉ではないだろう。そもそも、医学用語を無批判に教育に導入することはできない。

　そこで、この点に関して看過されてはならないことは、アメリカの児童精神医学という存在である。もちろん、それはなぜ﹅ア﹅メ﹅リ﹅カ﹅の医学なのか？ということでもあるが、それよりも児童精神医学という医学の存在性そのものが問題を孕んでいるからである。というのも、日本にはこの児童精神医学という医学分野が法的には存在しないからである。[16]

　ここに、問題の在りかは転じて厚生労働省へと移る。

12　　　　　　　　　　　　　　　　　　不登校とは何であったか？

既に述べたように、日本にも児童精神医学会という医学会が発足したのであるが、そこで発言している者は精神科医か小児科医、或いは心理学者である。彼らは、しかし必ずしも児童精神医学という確固たる専門領域を背景としていたわけではなかった。児童精神医学という固有の分野がなかったことは、この医療分野における知見からして、戦後の日本はアメリカの医学を追随したということが言えるのである。

　この点はまた、児童相談所についても言えることである。

　そこでは、児童相談所の臨床心理判定員が「登校拒否児」を神経症的登校拒否と診断し、「措置権」を行使して一時保護所などに収容、治療するという疑似医療行為が行われた。しかし、この事の顛末は、児童相談所がGHQの指導に従って、アメリカのチャイルド・ガイダンス・クリニックを模倣して拙速に設立されたという事情を抜きにしては理解できないのである。

　さて、「「登校拒否」は昭和三十年代後半ごろから 臨床的事実 として登場するようになり、昭和四十年代から現在にいたるまで、増加し続けている 新しい現象 である」ということであった。

　この河合の指摘からは、まずは上に述べたような問いが成り立つのであるが、この指摘そのものはまた次のようなことを意味していると言える。つまり、登校拒否は昭和三十年代後半ごろから昭和四十年代にいたるまでは「臨床的事実」であったが、それ以後は「新しい現象」として増加している、ということである。

　この場合、「現象」とは「社会現象」のことを指すと思われる。登校拒否を精神障害（現象）、つまりは状態像、或いは病像ではなく「社会現象」として捉える仕方がいつに始まるのかは定かではないが、おそらく渡辺位の論文「青春期の登校拒否」（1976年）が最初ではないかと思われる。清水将之の論文「思春期不登校の社会学」（1979年）もそうしたものの一つである。とくに、この清水の論文は、表題に「社会学」とあることからして、その趣も明らかであろう。

　彼らは、登校拒否を「不登校」という社会現象として論じたのであった。

　日本児童精神医学会における第19回総会（1978年）においては、「思春期登校拒否児童の治療処置をめぐって」という提題でシンポジウムが開か

序論　　　　　　　　　　　　　　　　　　　　13

れている。それを目前に控えてなされた「予備討論」の場において、登校拒否を「不登校」という社会現象として現出させる論理は構築されつつあった。

そうした論の展開を俟って、例えば渡辺の論文「登校拒否の予後」（1983年）において、登校拒否は「登校拒否状態に陥った子供個人が内蔵する病理性に基づく病態というよりも、社会的要因がより濃厚な現象である[18]」と結論されているのである。

ここに、心因性登校拒否は個人病理としての疾患現象から社会病理としての社会現象へと転移したのである。もちろん、この場合、渡辺は「社会的要因がより濃厚な現象」と言っているのであって、端的に「社会現象」と言っているのではない[19]。

とはいえ、河合が指摘するような「臨床的事実」から「新しい現象」への移行は、このようにして他ならぬ精神医学の内部において起こったことであった。一部の精神科医が、心因性登校拒否の「心因」として「社会因」を認めたことが、それを「社会現象」として現象化する途を拓いたのである。

登校拒否を「不登校」現象として社会現象化させたロゴスは、この心因論にある。

しかし、それがまた「新しい現象」として文字通りに「社会現象」となった原因は、やはりそれが臨床の場を離れて社会において問われるようになったということである。

これが具体的にいつ頃のことなのか特定するのは難しいが、有名なものは1988年9月16日の『朝日新聞』夕刊に掲載された記事であろう。「三〇代まで尾引く登校拒否症」、「早期完治をしないと無気力症に」と題されたこの記事は、当時、筑波大学社会医学系助教授であった稲村博の主張を広く伝えるものであった。

実際のところ、1980年代における議論は、この稲村説をめぐってなされたものであると言っても過言ではない。1983年に文部省が発行した有名な『生徒指導資料』、「生徒の健全育成をめぐる諸問題─登校拒否問題を中心に─」なども、この稲村の言説に全面的に依拠している。

しかし、稲村説をめぐる論争は、結局のところ、日本児童青年精神医学会の「子どもの人権に関する委員会」において稲村が糾弾されることによっ

て終わる。それは、法務省の人権擁護局による「不登校児人権事態調査」²⁰

（1988年実施）などを俟つべくもなく、精神科医による言説が医学の一線を越えたことによる必然であった。

その一方で、その対抗言説、「登校拒否は病気じゃない」は広く人口に膾炙した。「臨床的事実」としての登校拒否は終わったかに見えた。しかし、一見してそれは登校拒否の脱病理化という論の転回に思えたが、それはまた登校拒否を「不登校」現象として社会現象化させた精神科医の論理を無批判に受け入れることによる、その社会病理化の追認でもあった。

その論の転回、あの有名な「認識の転換」は心因論における論の転回を追認したものに過ぎなかったのである。「学校に行かない、行けない」という冗語的な標語によって語られる「不登校の子どもたち」とは、しかしあの心因性登校拒否の影を負った奇怪な長期欠席者の一群に他ならない。

社会学系の論者たちが「不登校」現象を論じる時、不問に付されていることはそれを社会病理として論じることで社会現象化した精神医学の論理である。教育社会学であろうが、臨床心理学であろうが、はてまた臨床教育学であろうが、それらは全て「不登校」現象を自明視した上で、それを学校の問題として論じている限りにおいて「現象主義」とでも括られる一つの学問的な風潮である。

彼らが論じている「不登校」現象なるものは最初から現象としてあったわけではない。

個人病理としての心因性登校拒否を社会病理化させた論理は、心因論という神経症論にある。そのロゴスにおいて、病像は社会現象としていわば転位してみせたのである。このロゴスを忘れた時、「不登校」という概念は現象として世に漂う。

以下においては、まずは1960年代の前半における基礎的な論を詳しく検討した上で、1970年代における論の転回を確認することにする。それは、心因性登校拒否を個人病理から社会病理、それも「学校病理」へと転化——責任転嫁させる心因論における論の展開であったが、その過程において、その病理性をめぐる基本的な問いの構造——「病理の構図」（河合隼雄）は何ら変わってはいなかったことが確認されるであろう。

それによって、1980年代から現在に至るまでの議論が、結局のところ

序論　　　　　　15

そうした論を無批判に繰り返したものでしかないこと、しかも、そこで問われていることは論者が問いの構造そのものを問うことがないために生じている疑似問題であることが理解されるであろう。

　多くの論者が増えつつある「不登校」現象なる問題を論じている。

　しかし、それは現象のロゴスを不問に付すことにより生じている疑似問題なのである。

I. 1960年代前半における論調

まずは「昭和三十年代後半」において何が起こっていたのか、ということである。

組合がオルグして日本中で教員大衆が闘っていた頃であったか。

子弟の登校拒否で共闘する、そんな低姿勢な声も聞かれた。

しかし、ここで問いたいのは、それが訳語として使われた精神医学界における出来事である。

その最初期に発表された重要な論文としては、高木隆郎などによる「長欠児の精神医学的実態調査」(1959年)、「学校恐怖症」(1963年)、「学校恐怖症の典型像 (I)」(1965年)、また鷲見たえ子などによる「学校恐怖症の研究」(1960年)、そして山本由子による「いわゆる学校恐怖症の成因について」(1964年)である。

実に、これら三者によって、長期欠席の一群の中に心因性登校拒否を認める精神医学的な論理の結構が出来上がったと言っても過言ではない。以後の議論は全てこの論理に則ってなされることになる。

既に述べた通り、黒丸正四郎の『子供の精神障害』(1959年)には、「心身ともに正常で、就学可能であるにもかかわらず、何らかの動機から、どうしても学校に行けなくなっている学童のノイローゼ」に関する記述がある。黒丸は、そこに強迫神経症的な心的機制を認めている。

しかし、黒丸はあくまでも「「長期欠席」の一群」において「臨場恐怖の一種[21]」を認めたに過ぎない。

それに先んじて、第55回日本精神神経学会総会 (1958年) における「小児の恐怖症について」と題された菅野重道 (精神科医) などの演題においては、「登校嫌い」が子供の恐怖症状の一つとして挙げられている[22]。それが、同学会の第57回総会 (1960年) における同じく菅野の演題「精神分裂病者の児童について」においては、「登校拒否」という言葉でもってそれが表現されている[23]。

登校拒否という言葉が使われ出したのは、ちょうどこの頃なのである。

彼ら精神科医は、長期欠席の一群の中に神経症例を認めたのであった。そして、彼らはそれを恐怖症の一つとして考えたのであった。この二点を確認した上で、それが「心因性登校拒否」として概念化された、その過程を追うことにしよう。

1. 誤診例としての「心因性登校拒否」

高木隆郎（精神科医）等の論文「長欠児の精神医学的実態調査」は、1959年に『精神医学』誌上に掲載された。この論文は、この件に関して本格的に精神医学が乗り出したものとして注目される。「学校恐怖症」に関しては、精神科医のみならず、心理学者や教育相談員、ソーシャルワーカーなどが発言しており、必ずしも発言者の間で学問的なバックボーンが共有されていたわけではない。しかし、これら発言者たちは児童精神医学という共通のフィールドにおいて発言していたのである。

また、この論文における高木の主張については、続いて『小児科診療』誌に掲載された論文「学校恐怖症」（1963年）も併せて検討されなくてはならない。なぜなら、この論文においてこそ、「学校恐怖症」は「心因性登校拒否」として明確に概念化されたからである。

高木自身の証言によれば、論文「長欠児の精神医学的実態調査」は、第55回日本精神神経学会（1958年）における第1回児童精神医学懇話会において、「学童期分裂病の実態について話題提供した折、誤診例としての心因性登校拒否にもふれた[24]」こと、そしてその地方会における二回にわたる調査結果の報告に基づいて発表されたものである[25]。

ここで、「学童期分裂病の実態について話題提供した折、誤診例としての心因性登校拒否にもふれた」という高木の証言は重要である。第1回児童精神医学懇話会におけるテーマは「児童分裂病」であった。この時、高木の関心は心因性登校拒否に向けられてはいなかったのである。

当時の事情は、また高木自身によって次のように振り返られている。

「京都大学の高木は嘱託として関与していた京都市児童院（京都市児童相談所を含む）や附属病院精神科のケースで「学校に行かない」ことを主訴とした重篤な障害児に1955〜56年ごろからしばしば接し、当時関心の対象であった児童分裂病ではないかと疑って、入院させると数日にして疎通性を回復するどころか、自閉性、攻撃性、強迫性、などの多彩だった症

状がすっかり消失するといった例にも遭遇した。そして、文献をしらべて〈学校恐怖症〉なる概念を初めて知ったが、同時に学齢期分裂病の出現率、学校という集団に精神医学的理由で不適応を来たしている児童の割合い等も知る必要があると思い、京都市の長欠児童・生徒の実態調査を企図したのである。」（傍点は引用者による）[26]

　ここで、高木は「当時関心の対象であった児童分裂病」と述べているが、これが事実であることは、鷲見たえ子の論文「幼児性分裂病の臨床的研究」（1960 年）によっても裏書きされる。鷲見によれば、「高木は、昭和32 年精神病理懇話会において「我が国でも小児精神分裂病が稀なのではなく、存在していても精神科医の眼に触れる事が少ないのではないか」と述べた」[27] ということである。

　高木自身も、別の論文において、「わたくしが児童精神医学を専攻するはじめにテーマとしたのは、児童分裂病の問題であった」[28] と言っている。

　では、なぜこの点が重要なのかと言えば、この点において、高木が言うところの心因性登校拒否が、精神病による登校拒否とは区別されるものであるがゆえに「心因性」とされるものであったことが示されているからである。しかも、高木はそうした心因性登校拒否を最初から関心の対象としていたわけではなかった、ということである。

　そこで、高木の論文「長欠児の精神医学的実態調査」の冒頭では、その動機として次の三点が挙げられているわけである。

　1 ）「「学校にいかない」ことを主訴としたケースが児童相談所および精神科外来に往々あること。しかもそのほとんどが本人のパーソナリティに精神医学的な問題をもっていること」[29]。

　2 ）「登校拒避はほとんど必発といってよいほどの学齢期分裂病患者の初期症状であること」[30]。

　3 ）「家庭の経済的理由による強制労働とか、たとえば結核などの身体疾患の場合をのぞけば、長欠とは単的にいって学校という一つの集団社会に対するもっとも具体的な適応障害の事実であること。したがってそれ自体小児期の行動障害として精神医学的実態調査の対象となりうる」[31]。

　ここでは、「登校拒避」という言葉が使われているが、それが「学齢期分裂病」の初期症状と看做されていることに注意されたい。他の二点にしても、「精神医学的」とされるような観点によるものであることを確認し

Ⅰ. 1960 年代前半における論調　　　19

ておきたい。

　高木による調査は二度にわたって行われたが、いずれもこのような精神医学的な観点からなされたものであることに注意しなくてはならない。調査対象は「長欠児」とされているが、あくまでもそうした中に精神医学の対象となるような例を見出すことが調査の目的とされていたのである。

　しかも、この時の高木による調査は心因性登校拒否を対象としたものではなかった。しかし、そのために却って、結果としてそうした例を現出させることになったのである。

　まず、一回目の調査であるが、これは昭和31年度に年間50日以上連続して「心理的な理由」によって小中学校を欠席した生徒を調査したものである。対象とされた小中学校は、京都市の市街地を中心として、小学校87校（111,145名）、中学校53校（51,274名）であり、該当者は64名ということであった。このうち、高木が接触することに成功したのは48名であったが、中には「心理的な理由」以外の理由によって欠席している例も見られたため、そこからさらに小学生7名、中学生12名を調査対象から除くことになった。

　ここで、「心理的な理由」とは、高木によれば次のようなことを意味している。

　「心理的理由としては「性格異常、異常行動、神経症、精神病などから勉強ぎらい、友達にいじめられるなどをも含み、一方精神薄弱児白痴級（I.Q. 50以下）、肢体不自由児、言語障害児、虚弱児、内科的疾患のある児童、生徒は、それのみの単独の理由で欠席している場合は除外するが、劣等感のために登校をきらうような場合には記入して」もらうよう指示した[32]」。

　見られるように、「心理的な理由」と言っても、精神病による長期欠席を含むということである。これは、高木の関心が「児童分裂病」にあったことからして当然のことである。しかし、後の議論展開において、「劣等感のために登校をきらうような場合」こそが「学校恐怖症」として主題化されていくことと並行して、「心理的な理由」とされるものも主として神経症例に特有な心的機制を指すようになる。

　つまり、この時点ではまだ「心理的な理由」によって欠席する児童＝「登校拒否児」という図式はなかったわけである。従って、この時の調査によっ

ては今で言うような「不登校」の例は一件も確認されていない。[33]

　さて、調査の結果であるが、まずは5名に「学齢期分裂病」が発見されたということである。これについては、高木自身が「本調査の最大の成果の1つ」[34]と述べているが、それはこの調査の目的からして当然のことである。また、この時の調査では、てんかんが3名に見られたということであるが、神経症が見られる子どもはいなかったということである。これについては次のように言われている。

　「理論的には存在することが期待されていた神経症児が発見されなかったことは、身体疾患の中に混入していること、断続欠席の形をとりやすいことによろうと考えられた」[35]。

　ともあれ、高木が実質的に調査したのは小中学生合わせて29名に過ぎないのだから、あまりはっきりとしたことは言えないだろう。しかし、「理論的には存在することが期待されていた神経症児」という一文は重要である。なぜなら、それは心因性登校拒否が最初から事実としてあったのではなく、「理論」を俟って確認され得るものであったことを示しているからである。

　そこで、二回目の調査は趣を変えて行われることとなった。

　この調査は、理由は何であれ、昭和32年度に年間50日以上連続して、もしくは断続して欠席した生徒、並びに日数にこだわらず出欠席に問題のある生徒を対象として行われた。一回目の調査は、年間50日以上連続して「心理的な理由」によって小中学校を欠席した生徒が対象であったが、この二回目の調査では、断続的に欠席した生徒も含むということである。

　つまり、一回目の調査において、「理論的には存在することが期待されていた神経症児が発見されなかったことは、身体疾患の中に混入していること、断続欠席の形をとりやすいことによろう」ということであったから、条件を変更したわけである。しかし、それと共に、「心理的な理由」によるという欠席の理由が条件から外されてしまっているし、欠席数にこだわらずに、とにかく問題のある生徒を対象に含むということであるから、条件などあってないようなものである。

　もっとも、高木はこの後者の条件による例は除外した上で結果を分析しているし、その残りの例に関しても、その中からさらに「心理的な理由」

によるものを選び出した上で考察を加えているから、条件自体はあまり重要ではないのかもしれない。

　重要な点は、高木による調査が、「長欠児の精神医学的実態調査」と銘打って、長期欠席の実態を精神保健の観点から把握するものでありながら、結果としては「心理的な理由」によるもの、それも心因性登校拒否と診断される「登校拒否児」の存在を確かめることになったということである。しかも、そうした例があることは、「理論的には存在することが期待されていた」と言われているように、アメリカの児童精神医学の知見に基づいて、いわば理論負荷的に調査の前提とされていたのである。

　この負荷がなければ、第一回目の調査だけでも十分だったはずである。──予想通り、第二回目の調査において、「心理的な理由」による長欠とされた例は小学生で29件、中学生で20件であったが、神経症と診断されるような例も、前者において9件、後者において3件あった。

　このうち、14才の少女の例については次のように紹介されている。

　「父母健在で家庭は経済的にも恵まれている。同胞は10ちがいの姉（既婚）と妹（2つ下）、弟（4つ下）あり。本児が2：4才のとき妹ができたが、それ以来は以前にもまして母に依存的となって離れず、また内気、神経質、内弁慶、無口などのパーソナリティを発達させた。3年の時給食できらいなミルクを無理につがれた折および4年の夏休みに、食欲不振となり1週間位ごはんをほとんどたべず、悪心を訴えたり心気的になったりした。今度は4か月前から胸がむかつく、食欲がない、夜ねられないなど訴え、登校をいやがり、1日中家で母にへばりついて読書したり、外出にもついてまわるようになり、今日にいたる。食欲不振、悪心、睡眠障害などもはげしくなり外来を訪れた[36]」。

　高木は、この例を次のように説明している。「本例では妹との対立において母を独占しようという衝動が明白であって、登校拒否は心気症の形をとった母との"分離の不安"であり、従来から"学校恐怖"の語で便宜的に扱われてきたものの代表的なものといえよう[37]」。

　この時が、我が国の精神医学の論文において登校拒否という言葉が用いられた最初の時である。そして、それは従来から「学校恐怖」の語で便宜

的に呼ばれてきた「分離不安」を成因とした心気症であると言われている。

これが、「理論的には存在することが期待されていた」、アメリカの児童精神医学における「学校恐怖症」、つまりは「分離不安障害」による長期欠席の例、心因性登校拒否である。

また、別の例について高木が「長欠の心理」として述べていることも重要である。

これは、小学3年生の2学期から休み始めた8才の女の子の例に関するものである。

　　「父は極端に無口、非社交的、神経質、園芸関係の研究生活に従事、母は温順、内向的、しかし明るい方、同胞には4つ上の妹〔姉?〕あり、祖母の過庇護をうけて育ったが、1年の秋に祖母死亡。成績もよく、誰とでも遊び人気があり、先生とも仲良しであったが、3年2学期初め級長選挙で級長に推された。翌日から「朝礼で号令をかけるのがいやだ」と〔言っ〕て休み始め、20日後に1日いってまた休み、現在6年3学期に当たるがずっと休みつづけている[38]」。

高木によれば、「この形の学校恐怖は具体的には役割恐怖であって、本人の内気な性格からすると大勢に号令をかけるなど真に破局を予想される程に恐ろしいことであった。したがって分離不安というよりは家庭（母）への逃避といった方がよく、はじめ訪問者などに対して押し入れにかくれたりしていたが、欠席開始1年後にわれわれが無理に面接したときは全く攻撃的な態度に徹底していた。家庭では姉と遊んだり、母から勉強を教えてもらったりで、とくに変わった態度はないが、家から一歩も出ない。すなわち、家庭という城砦にとじこもって敵をむかえる見事な程の防衛機制ができあがってしまった。このような段階になると、「級長にはさせない」と先生がいいにきても、「何故やめたのかきかれるのがいやだ」などといって登校しない。長休みをした後に久方ぶりで登校・出勤をするのは誰でもいやなもので、人が皆自分に注目し、その理由を詮索するだろうなどと一種の関係念慮に苦しむ。こうしたときに発生するとりこし苦労や恥ずかしさの感情をわれわれは**長欠感情**などとよんで、直接の動機原因が除去されても登校することのできなくなった新段階を特徴づけるものと考えた[39]」（太

字は原文強調)。

　ここで言われていることが、後に整理されて「三段階」説として知られる登校拒否の症候論となるのである。そして、この時点において、その成因論としては「分離不安」説が採用されていた。

　ところが、続いて発表された高木の論文「学校恐怖症」（1963年）においては、早くもアメリカの児童精神医学ゆずりの「分離不安」説が斥けられている。

　なぜ、そしていつ高木はこの説を斥けたのか？

　1960年に発表された或る論文では、次のように言われている。

　「幼児の神経症の原因となる葛藤は主として家庭内の対人関係にかんするものであり、とくに母親の役割が大きく、たとえば学校恐怖症のごときばあいでさえも、級友や教師とのあつれきが問題となることよりも、母親との分離の不安などが原因であることなどが案外に多い[40]」。

　しかし、1961年の第2回児童精神医学会における「学校恐怖症の問題点」という高木の発表においては、「分離不安」説が斥けられているのである。この時の学会発表の抄録には討議内容も収められているが、それによると、高木は国立精神衛生研究所の菅野重道の質問に答えて次のように述べた。

　「心的機制を separation anxiety〔＝分離不安〕として一元的に考えることは深層心理学的ではあるかもしれないが、static であって dynamic ではない。児童後半以降のものが school phobia として特徴的であって、幼稚園恐怖とは区別し、そのかぎりにおいて separation anxiety は2次的である[41]」。

　高木はまた、1962年にアメリカで開かれた国際児童精神医学会においても同様の発表を行っている。それにしても、高木は精神分析理論に基づいた「分離不安」説を「static であって dynamic ではない」と批判しているわけであるから愉快である。

　ともあれ、ここで言われていることが、論文「学校恐怖症」として発表されたのである。

　この論文では、冒頭において「学校恐怖症とはなにか」と題して次のように言われている。

　「学校恐怖症という名称に関して、神経症的登校拒否、心因性登校拒否、

心理的な理由による欠席などの同義語がある。これらのうち一つが意外に
その状態の心理学的な解釈の立場の相違として固執される事が、学会など
でも屢々あるが、その観察対象は同じであるので、筆者はそれが簡潔で便
利であるため学校恐怖症（school phobia）という語をよく用いている[42]」。

　要するに、「本症は、心理的な理由でこどもが学校に行くのを拒み、同
時にかなり共通した神経症症状を呈している状態[43]」（傍点は引用者）という
ことである。

　そこで、高木はそうした症状の経過を分析して、「心気症的時期」と「攻
撃的時期」、そして「自閉的時期」という「三段階」説を提唱する。これは、
先の論文において「長欠の心理」と言われていたことが三段階に区分けさ
れて説明されたものである。

　ただし、これについてはまた後で検討するとして、まずは、ここで「心
理的な理由」されているものが何を意味しているのか確認しておきたい。
それは、この論文の主題である「学校恐怖症」が、「神経症的登校拒否」
であるとか心因性登校拒否と言い換えられていることからして、1959 年
の論文で言われていた「劣等感のために登校をきらうような場合」の心的
機制のことなのだろう。

　高木は次のように述べている。「かかる児童はくらすで圧力を感じ、よ
り安易な適応の場として家庭に逃避しているのである。現実には、その契
機として、給食がいやだ、当番や委員の役目がいやだ、級友にいじめられ
た、先生に叱られた、宿題ができない等々の説明をきくこともあるし、ま
たかかる誘因すらもきき出せないこともある。しかし、治療や面接を重ね
ていくうちにかかる子どもが、何らかの形で学校での劣等感を強く抱いて
いることがわかってくる。これは、そのままの形で表現されずに、自分を
よりよく見せかけたい、人前で失態を演じたくない、笑われたくない、さ
らには完全無欠でありたい（完全癖 perfectionism）という、いわば裏返し
の形をとることもある。学校の成績も一番で信望を集めていた子供が、委
員に選ばれたとたん、登校を拒否するなどはそのよい例である[44]」。

　そこで、「このような心理は成人の強迫神経症の一種である対人恐怖と
か、赤面恐怖などといわれているものと同じ[45]」ということである。

　ここで、高木は「劣等感」、或いは「完全癖」を神経症の性格上の「素因」
として認めていると考えられる[46]。そして、「学校恐怖症」は不安神経症で

I．1960 年代前半における論調　　　　　　　　　　　　　　　　25

はなく強迫神経症の一種として考えられている。

そのことからして、「三段階」説における第Ⅰ期である「心気症的時期」は次のようにして説明される。「かかる子どもが家庭へ逃避する一番ふつうの方法は、俗に"疾病への逃避"などともいわれる心気症ないしはヒステリー性（心因性）の身体症状の露呈であり、これは無意識的に行われる自己の行動に対する合理づけである」。（傍点は引用者）[47]

つまり、登校拒否に伴う神経症様の症状は、それ自体が登校拒否という行動の無意識的な合理づけであるから、その合理的な理由を求めても判然とした答えは返ってこないというわけである。[48]

先に、「本症は、心理的な理由でこどもが学校に行くのを拒み、同時にかなり共通した神経症症状を呈している状態」と言われていたが、「心理的な理由」とは、もとをたどれば「劣等感」や「完全癖」といった性格上の素因のことであり、誘因はなんであれ身体症状はそれを原因として惹き起こされているのだから、それ自体が実は登校を拒否することの合理化となっている、と高木は考えたのである。

従って、高木が「心理的な理由」ということで、文字通りに子どもが学校に行かないことの理由を意味しているのだと考えたとすれば誤りである。（この点は重要であるのでよく記憶されたい。）

続けて、高木はまた次のように述べている。

「学校恐怖症を劣等感または完全欲に起因する学校場面から家庭場面への逃避であり、学校という子どもの社会からの分離のために2次的に生じた種々の神経症症状を誘発、合併したものととらえることを主張してきた。そこで　1）何故このような劣等感や完全欲がこれらの子どもに生じたのか　2）何故学校より家庭へ逃避するのかという2つの問題が、新たに原因論として設定されねばならない」。[49]

しかし、「第1の問題は、実は、学校恐怖症にかぎらず、児童神経症もしくは神経症一般の原因論でもあって、ここに一概に論ずることは不当であるとすら考えられる。もちろん、乳幼児期からの生活史、あるいは親子関係などに、むしろ性格形成論として焦点を集めることは人格の歴史的な把握として正しいと思う。しかし、人格形成における家庭内対人関係はより複雑かつ力動的（dynamic）なもので、一元的に分離不安とかエディプス期の障害などと因果関係を結びつけるのは単純すぎないだろうか」。[50]

既に見たように、高木は「分離不安」説を「static であって dynamic ではない」と批判していたが、ここで言われていることも同じことである。では、高木としてはどう考えるのかと言えば、「神経症一般の原因論」としてこれ以上に問うことはしないということである。確かに、「神経症の原因という論題は扱い様によると、神経症論そのものになる」という事情がここにはあるのだろう。よく言われるように、「神経症学説は精神科医の数だけある」ということである。

　しかし、この点を高木がもう少しつめていたならば、以後の議論はまた別の展開を見せたことだろう。なぜなら、心因性登校拒否をめぐる議論は、それを個人病理として心因論の上から詰め切ることができなかったことにより、その社会病理化をいたずらに許すことになるからである。

　また、第二の問題点に関しては次のように言われている。

　「私の意見を単的に述べれば要するに、学校に行くのは嫌でも、長欠に陥るはるか以前から、学校を休むことは絶対不良のことであるという厳格な態度の父親とか、戦前のごとき権威的社会であれば、事態の善悪は別として、子どもは家庭場面よりも学校を選ぶのであって、それをわたくしは両者の心理学的な圧力の均衡の問題であると考えている」。

　要するに、高木にとって「学校恐怖症」とは、「心理的な理由でこどもが学校に行くのを拒み、同時にかなり共通した神経症症状を呈している状態」と定義されるものであるが、それはこの「神経症症状」が登校を拒否することの無意識的な合理化となっている、という点において心的機制が認められることからして神経症とされるものなのである。

　これが、高木が長期欠席の一群の中に見出した心因性登校拒否というものである。

2．鷲見論文（1960 年）

　鷲見たえ子（精神科医）と玉井収介等の論文「学校恐怖症の研究」（1960 年）は『精神衛生研究』という医学誌に掲載されたものである。彼らはまた、第 1 回日本児童精神医学会（1960 年）において、「学校恐怖症児の問題」と「学校恐怖症児の家族の問題」という題で症例を報告している。

　論文の冒頭では次のように言われている。

　「学令期にある児童にとって学校に通うことは、生活時間の割合からいっ

ても、精神生活において占める重要性からみても極めて重要なものであることはいうまでもない。したがって疾病その他止むを得ない理由のある場合をのぞき、登校できる条件の下にありながら、登校を拒否し、あるいは自ら登校しようとしてもできない現象があるとすれば、それだけで問題であるといわなければならない」[55]。

ここに、「学校に行かない、行けない」という「不登校」概念の原型を読み取ることは易しい。

彼らの研究は、昭和27年以降の国立衛生研究所における1,000件を超える相談のうち、13件を対象としたものである。もちろん、この13件は「学校恐怖症」と目される症例なのであるが、その診断基準として同論文は以下の三点を挙げている。

まずは、「登校を拒否することが、主訴の少なくとも重要な一部として出ていること」、そして、「身体障害、精神薄弱などによるとみられるものは除外すること」、最後に、「精神分裂病なども登校していないものが多いがこれも除外すること」の三点である。

何でもないことのようであるが、ここに挙げられた三点は心因性登校拒否をめぐる議論の論理的な結構を示すものとして重要である。まず、ここではっきりと「登校を拒否すること」が「主訴」とされている。この場合の「主訴」とは、それを主訴として来院した、という程度の意味ではなく、それを学校恐怖症の「主症状」として診断した、という強い意味で言われていることである。

そして、それは器質性精神病ではない、と二点目の条件は言っている。

その上で、三点目の条件、「精神分裂病など」は除く、という条件は、当時の言葉で言えば、それが「内因性」精神病ではないことを言っているわけである。

つまり、これらの条件は「学校恐怖症」の鑑別診断のための条件となっているわけである。

とくに、三点目の条件は、この時から登校拒否が「学校恐怖症」として精神病とは区別された神経症として分類されていたことを示しているために重要である。問われていたことは、まさにこれが神経症とされるその心的機制なのである。

ここには、まさしく「臨床的事実」として長期欠席が「学校恐怖症」と

して問われ得たその問いの構造がある。鷲見論文の発表後、あらゆる論が基本的にはこの三条件に則って立論されていると言っても過言ではない。しかし、このことは言い換えれば、こうした条件そのものがまた議論の対象となっていた、ということでもある。

　例えば、三点目の条件は次のような問題を惹き起こした。

　それは、そもそもなぜ「精神病」による例は除かれるのか？ということである。

　その理由は、鷲見の論文ではあまり明らかではない。鷲見は、「なかには他の医師により精神分裂病と診断を受けたものもあるが、われわれの診断的印象によれば精神分裂病とは思われない[56]」と述べている。しかし、これは「学校恐怖症」が精神病とは区別されるということを言っているに過ぎない。問題は、なぜ「精神病」による登校拒否と区別した上でそれを「学校恐怖症」として問題化するのか、ということである。だいたい、そもそもそうした例との区別が明瞭ではないために、それこそ「誤診」を許すことになったのではないか？

　「精神分裂病など」は除くと言ってみたところで、対象となる小中学生の年齢層においては、当時においてもようやく認知され始めていた「幼児早期自閉症」などを除くということであるから、そう簡単なことではなかった[57]。これは、また何らかの意味で「予後」ということが問われることになった場合に浮上してくる事後的な問題でもあるが、やはり「精神分裂病など」は除外するという条件のうちに伏在していた問題であろう。この問題点は、四年後の1764年に発表された山本由子の論文において浮上することになろう。

　ともあれ、鷲見が挙げている13例は、また次のような条件のもとに選ばれたものである。

　つまり、「われわれの例の中にはふくまれていないが、家計の事情のため、親の無理解のため在籍のまま長期欠席をつづけているもの、あるいは何らかの理由のため学校側から登校を拒まれているもの、疾病のため休んでいるものなどは、われわれの対象からのぞかれることはいうまでもない。また何かの理由による一時的な登校拒否は除外し、担当期間継続しているものに限ったが、母親が終始沿っていれば登校できるものなどはふくまれている[58]」。

I．1960年代前半における論調　　　29

そこで、この論文で扱われている 13 例は、登校拒否の期間が短くて約 2 ヵ月、長くて約 1 年に及ぶものとなっている。この論文が扱っている例は、少数である以上に、最初から一定の条件のもとに選ばれたものなのである。それは、「長欠児」ではない、鷲見は「学校恐怖症」という診断が下された「登校拒否児」の病態について述べているのだ。

　では、そもそも「学校恐怖症」とは何か？ということである。
　鷲見は次のように述べている。「学校恐怖症という診断名の発祥は、古い文献の入手が困難なので明らかにすることは出来ないが、この言葉を使用する人々が、"子供が心理的な理由から学校へ行きたがらない"状態を"学校に対する恐怖症"と看做しているためによることは明らかである[59]」。つまり、ジョンソンたちにおいては、「学校恐怖症は小児恐怖症の一型と考えられている[60]」ということである。

　こうした事情からして当然のことでもあるが、この論文が参考文献として挙げているものは、特徴的なことに全てアメリカの児童精神医学の論文である。鷲見の論文は、ジョンソンやタルボット、クーリッジといったアメリカの児童精神科医たちの見解に基づいて書かれているのである。
　このことは、鷲見がアメリカに留学していたことと無縁ではないだろう[61]。「臨床的事実」としての登校拒否とは、こうした文脈において登場したものなのである。
　事情は、続く岩田由子の論文「学校恐怖症について」（1961 年）においても同様である。
　この論文では、鑑別診断に関して、「止むを得ないとみとめられる理由なしに学校を休むという点では同じであるが、学校恐怖症とは異なるのが怠学（turancy to school）である[62]」と言われている。「怠学」との区別は必ずしも鷲見の論文では明らかではないが、原語が挙げられていることからして察せられるように、これもまたアメリカの児童精神医学の立論に基づいて言われていることである。
　何でもないことのようであるが、「怠学」は除くという条件は、登校拒否が精神医学、或いは精神衛生の対象である限りにおいて意味を持ち得るものである。つまり、それが心因性登校拒否であるために「怠学」や非行とは区別されるのであって、もしもそれが文字通りに「心理的な理由」に

よる欠席を意味しているのであれば、それらと区別することに特別の理由はない。

さて、鷲見の論の特徴としては、13 件の臨床例を三群に分けたことにある。

つまり、I 群として小学校の低学年を、また II 群として小学校の高学年を、そして III 群として中高生を対象として区分けしたのである。何でもないことのようであるが、これは類型化を試みた最初の例として注目されるものである。もっとも、こうした分類が妥当なものであるかどうかは別の話である[63]。

ともあれ、こうした三群についてそれぞれ所見が述べられているのであるが、その総括として、論文は次のように結論する。「以上、各年令群の比較をこころみてきたが、その間に問題のあらわれ方に幾分かの相違があることは、その性格構造の年令に伴う発達過程上での相違と一致していることが認められた。いいかえれば、学校恐怖症の問題には、その年令段階における性格の発達が反映していると考えられ得よう[64]」。

従って、「学校恐怖症は、分離 separation に対する不安、あるいは独立することへの不安をもとにして発生するものと考えられる。この意味で、Talbot をはじめ多くの人々が云うように、不安神経症の一つであるという意見にわれわれも同意できると思う[65]」。（傍点は引用者）

要するに、この論文の結論は、「学校恐怖症」の成因を当時のアメリカの児童精神医学における定説であった「分離不安」として説明するものである。アメリカの児童精神医学の教科書には、この「分離不安」について次のように記載されている。「分離不安が登校拒否の形で現われる場合が大変多いので、学校恐怖症 School phobia という言葉がこの状態のために作られたかの観を呈しており、この用語は、現在もなお一般に使用されている。しかしながら、この言葉は、その障害の根底に存在する真の本態というよりは、むしろその表面的な現われである症状の方ばかりを強調している[66]」。

この「分離不安」説に関しては批判も多いが、単純化すれば、「スクール・ホビア〔＝学校恐怖症〕はうつ病や分裂病などの精神病ではないという指摘[67]」と言えなくもない。そうした意味では、学校恐怖症の成因を「分離不安」に求めることは、「精神分裂病なども登校していないものが多いがこ

I. 1960 年代前半における論調　　31

れも除外する」という例の条件からする当然の帰結なのだろう。

　ただ、この論文における論述内容からして、「学校恐怖症は、分離 separation に対する不安、あるいは独立することへの不安をもとにして発生するものと考えられる」という結論が出るとは思えないのである。確かに、三群に分けられた「年令段階」において、鷲見の言葉で言えば、「問題のあらわれ方に幾分かの相違」が見られることは間違いないだろう。そうした意味では、「学校恐怖症の問題には、その年令段階における性格の発達が反映している」という結論は妥当なものである。

　しかし、それは「分離不安」の「あらわれ方」なのであって、そこに一つの型を認める理由を示すものではないはずである。そうした意味では、この論文は「学校恐怖症」の成因に関しては何も言っていないわけである。鷲見の論文は、「精神分裂病なども登校していないものが多いがこれも除外する」という条件によって、「学校恐怖症」の診断学的な外延を示したものに過ぎない。

　彼女は後に、『子どもの心の臨床』（1992 年）という本を書いているが、そこには次のようにある。

　「本来、そして一般の人にとってはなんでもないもの（この場合は学校、教師、学校の友達など）に異常な緊張、拒否感、不安、恐れを抱く状態が初期には認められるということが、登校拒否が精神医学的には学校恐怖症と呼ばれた所以である。私は、多くの登校拒否の子どもと話し合ってきて、彼らから直接にもしも学校へ行けば前述のような不安、恐怖の感覚が起きてくるということを聞いて、それは原因なのか結果なのか議論の余地はあるだろうが、登校をしなくなった初期のころ、子どもたちはたしかに学校に関しては神経症様、恐怖症様であると感ずる[68]」。

　しかし、そもそも「原因なのか結果なのか」という問い立てが間違っているのであって、それは高木隆郎の定義にあったように「同時に」ということなのである。つまり、何らかの神経症の症状、或いは神経症様の反応といったものが、登校を拒否することの無意識的な合理化となっている場合、そうした例を他の長期欠席とは区別して、それは心因性登校拒否と概念化されたのである。

　従って、登校拒否そのものは症状でもなければ反応でもない。

ところで、上に引用した一文は、同書の十七章「登校拒否」からである。

その前にある心身症について割かれた十五章では、「神経性発熱」について次のように言われている。「私が関わった十五例ほどの神経性発熱のうち、約半数は診断が確定しないまま半年以上も医療機関を巡り歩いていた。身体的にはどこも以上が発見されないのに三十八度以上の発熱が反復するので、そのために子どもは登校も遊ぶことも禁じられて、あるいは発熱という無意識的言いわけをもって登校せず、自宅と医療機関との往復で過ごしている[69]」。

高木の定義に従えば、こうした例もまた心因性登校拒否の一つとして数えることができる。理由は何であれ、高木は心身症的な症状によって登校できないような欠席例を精神医学的な観点から心因性登校拒否と概念化したのであるから。症状が「無意識的言いわけ」となっているような例こそが心因性登校拒否なのである。それが「心理的な理由」による長期欠席、つまりは登校拒否である。

3．神経症的登校拒否

1962年に発表された伊藤克彦（精神科医）の論文「児童神経症の1考察」もまた重要な論文の一つである。その冒頭には次のようにある。「学童のいわゆる登校拒否は近来いろいろな角度から追及され、特に心因性とみる立場からは、親子関係、環境面、性格面等の観点で、これを不安神経症、恐怖症、等として論じ、あるいは一括して学校恐怖症の診断名を用いていることが多く、いづれにしても広い意味で神経症と考えている傾向が一般である[70]」。（傍点は引用者）

そこで、ジョンソンやタルボット、クーリッジといったアメリカの児童精神科医たちの見解だけでなく、前述した鷲見などの見解も踏まえた上で、伊藤は次のように言う。

「これら諸家のいう学校恐怖症は年齢的にも症状論的にも対象の巾をもち、その点に関する限りいわゆる神経症的登校拒否とよぶ範囲に包括することもできるようである[71]」。（傍点は引用者）

その理由はまた次のように説明されている。「臨床的に比較的多く接するこれらの症例については、その力動性において分離不安と解釈できるばあいもあるが、むしろ神経症症状の二次的結果にもとづく登校拒否とみる

方が理解し易いばあいも多く、またその症状は症例によりことなるものがあり、かならずしも同一に論じえない」[72]。（傍点は引用者）

ここで、「二次的結果」という表現が用いられていることは目を引くだろう。

高木論文においても「2次的」という言葉が使われていたが、このように登校拒否そのものを何らかの神経症の「二次的反応」、或いは「二次症状」とする見方は、後に渡辺位などによって強く主張されることになる「二次反応」説の前提である。もっとも、高木が「2次的」という言葉を使っていたとしても、それは「同時に」という意味でのことであった。しかし、いみじくも伊藤が「二次的結果」とした方が「理解し易い」場合も多いと述べているように、この点は必ずしも自明ではなかった。

そこで、伊藤は登校拒否という病像を「学校恐怖症」の症状として一括するよりも、とりあえずは「神経症的登校拒否」として包括することを提案したのである。

しかし、それはただ登校拒否がその単一症候であることを疑っただけではない。

「登校を拒否する症例は必ずしも単一な臨床像とはいえず、年齢層によっても差がみられるのであり、もし学童神経症の一つの型とみるならば、成立過程および経過における特徴が明確にされねばならない」[73]。

つまり、伊藤が「神経症的登校拒否」という用語を提案していることの理由は、この論文がまた「児童神経症」一般を対象としたものだからである。それこそ「二次的結果」ということであるから、「学校恐怖症」という疾患名を認めることが疑われているのである。この点、「神経症一般の原因論」を棚上げしていた高木とは対照的に、伊藤は神経症論を避けてはいない。

結論すれば次のようになる。「一つの疾患として診断名をつけるのは整理法であると同時に成因的、本質論的に明確な内容をもつべく要請されるであろうし、また、治療法とも結びつくべきものと考えられる。ただそれにはそれぞれの方法や立場があるので、病理論によっては異った規定の仕方があり、その是非は臨床的事実によって検討されるべきものである」[74]。

伊藤は、「単一な臨床像」としての登校拒否を否定したことにより、「学校恐怖症」という疾患単位を問うている。言うならば、それは「学童神経症」の現象形態ということなのだろう。確かに、その答えは「臨床的事実」

によって検討されるものとしてここでは保留されている。とはいえ、「学校恐怖症＝不安神経症（分離不安）」というアメリカの児童精神医学ゆずりの図式は、ここに本格的に問われるようになったと言える。

このように、「神経症的登校拒否」という用語は、「学校恐怖症」という疾患単位を疑うと同時に、またその単一症候としての登校拒否を疑うために用いられたものである。この用語は、後に見るように児童相談所や教育相談所において多用されることになる。しかし、その際に彼ら相談員たちは必ずしもこの用語を伊藤が使っているような意味合いで用いたのではない。彼らはそれを長期欠席の一理由である「学校ぎらい」とは区別しながらも、「神経症的登校拒否」と「登校拒否児」たちを「診断」し、「治療」したのである。

4.「学校恐怖症現象」の現出

伊藤論文に次いで、『児童精神医学とその近接領域』誌上に発表されたのが、鑪幹八郎（臨床心理学者）の「学校恐怖症の研究（Ⅰ）」（1963年）と、同じく「学校恐怖症の研究（Ⅱ）」（1964年）である。これらは、第2回日本児童精神医学会（1961年）での報告「学校恐怖症にかんする一考察—その症状連関と原因機制について—」に基づいて発表されたものである。

これまでとは打って変わって、今度は臨床心理学からの発言である。

鑪は、「学校恐怖症」の「発症誘因」および「症状の分析」に関して、C.ロジャースの Self-theory に準拠して考察すると言う。つまり、アメリカの臨床心理学の理論が準拠枠として用いられているわけである。当時は非指示療法が流行し、「登校拒否児」の治療もまたそのような療法によってなされていた。[75]

さらに、鑪はそうした考察を「準備状況」の分析と合わせて、「症状発生機制」に関して「仮説的な理論」を立てた上で検討を加えると言う。これではよく意味がわからないが、とにかく、論文の構成としては、「学校恐怖症」を定義した上で、その症状の「発生機制」の分析をするということになっている。それは、第一に「環境的心理的準備状況」として「学校状況」と「家庭状況」の分析であり、第二に「発病の誘因及び発病中の行動」の分析である。

鑪としては、「学校恐怖症の症状形成の基礎条件を家庭状況および本人

のパーソナリティに求め、症状発生および固定強化の条件を学校状況に求めて分析をすすめたい[76]」ということである。そうした「準備状況」の分析結果を踏まえた上で、「第1に、学校恐怖症の症状形成を現象学的にあとずけ、第2に、この症状形成の基本的心理機制にかんする仮説を提出し検討してみたい[77]」と鑪は言うのだ。

ところで、ここで「症状形成」を「現象学的」に跡付ける、ということで何が意味されているのだろうか? これは、一見して「記述現象学的」と言われる精神病理学の手法を言っているように思えるが、そうではない。なぜなら、この論文の冒頭では次のようなことが言われているからである。

「学校恐怖症現象は、1940年代からとくに米国において注目され、研究されてきたが、日本においても、さいきん、2、3年の間にこの点にいちじるしい関心がしめされている[78]。」(傍点は引用者)

なぜ、「学校恐怖症現象」として「現象」の一語が診断名に付加されているのか?

察するに、これは心理学者である鑪が「学校恐怖症」という診断を「登校拒否児」に下す側にいなかったためである。そこで、鑪にとっては、そうした診断名が下される例が増えているという「現象」が見られたのである。もっとも、論文のアブストラクトにはまた次のようにある。

「現象自体の理解をすすめるため、対象の記述を中心に、これを治療理論と関連づけ、その枠組のなかで理解することにつとめ、そこから原因機制にかんする仮説を提出し、治療の方向づけを明瞭にしたいと考えた[79]」。

しかし、この「現象自体」という表現は、病像としての症状よりも以上のことを意味しているように思えてならない。これは、既に何度も引用したことであるが、「「登校拒否」は昭和三十年代後半ごろから〝臨床的事実〟として登場するようになり、昭和四十年代から現在にいたるまで、増加し続けている〝新しい現象〟である」という河合洋の指摘を踏まえて言えば、精神科医にとっての「臨床的事実」がその外部——この場合は臨床心理学——において「現象」として現出したということである。

「不登校」を「現象」として追認する「不登校臨床」の心理学の原型はここにある[80]。

登校拒否をめぐる議論において、最初期から精神科医による発言と心理学者による発言とが混在していたことは重要な事実である。1976年にも

なれば、「この問題については、この二つの近接領域のオーバーラップが明らかにみられる[81]」という指摘も出てくる。

しかし、「オーバーラップ」とは言っても、それはあくまでも臨床心理学が精神医学の領域にオーバーラップしたのであってその逆ではない。そして、その時に見逃されたのは、登校拒否を「臨床的事実」として対象化し得た精神医学における固有の論理である。それがなければそもそも「学校恐怖症現象」など現出し得ないのである。しかし、鑪のような臨床心理学の立場にある者は、そうした論理に無自覚であるために、それを「現象」として追認してしまうのである。

鑪は続けて次のように言っている。「学校恐怖症にかんする研究は、長期欠席児童の中に、たんに非行、経済的理由のみでなく、心理的、精神的な問題から、登校を拒否するという、いわゆる、神経症的登校拒否児に注目することから出発し、これらの児童にたいして、精神医学的、心理学的アプローチが必要であるという点に研究の焦点がおかれている[82]」。

では、その「学校恐怖症」とは何か？

「学校恐怖症とは、登校することにたいして、明らかに不安をしめし、そのために登校を拒否することによって、継続的または断続的な欠席現象をていする神経症的な反応症状である[83]」。（傍点は引用者）

鑪はよほど「現象」という言葉が好きなようである。登校を拒否することは学校を欠席することとイコールなのではないだろうか？

心因性登校拒否とは、その「神経症的な反応（症状）」を理由とした長期欠席の一例のことである。

ところが、臨床心理学の立場からすると、それが「欠席現象」として意味づけられるのである。もっとも、それには鑪自身が述べているように次のような問題意識があるのだろう。

「われわれとしては、つぎのような立場にたって症状を理解したい。すなわち症状のたんなる表現型が問題でなく、症状の機能的側面、すなわち、症児にとって、症状がいかなる意味を有しているかに焦点をあわせて分析してみたい[84]」。

しかし、これは「学校恐怖症」児という「症児」とその「症状」として登校拒否という精神医学的な問いの構造を、臨床心理学というその外部において追認するものである。鑪がその「意味」を問うにしても、それはそ

れを「現象」として追認することに他ならないのである。

　鑪は症状形成の「発展段階」として次のような段階説を提示した。
　第Ⅰ段階　単純な反応性の段階
　第Ⅱ段階　合理化、理由づけの段階
　第Ⅲ段階　強迫不安の段階
　第Ⅳ段階　高度の合理化、理由づけ
　この段階説は有名である。鑪によれば、「これらの各段階は、精神発達による人格構造の差異に依存し、精神発達の対応がみられる[85]」ということである。
　既に述べたように、鑪としては、「第1に、学校恐怖症の症状形成を現象学的にあとずけ、第2に、この症状形成の基本的心理機制にかんする仮説を提出し検討してみたい」ということであった。すると、「学校恐怖症」の「症状形成」を現象学的に跡付ける、ということは、それをこのような段階に分けて考えてみるということらしい。
　しかし、この段階説は明らかに症状の経過を症候論的に追ったものではない。そのことは、鑪が第Ⅲ段階を「典型」としていることからも明らかである。しかも、まさにそうした例に対する心理療法が中断したことが鑪自身により報告されている以上[86]、このような説明は疑問を残すものである。
　ともあれ、鑪としてはそうした症状の意味を分析するということであった。鑪は、それを「症状形成」の心理機制、或いは「原因機制」として問うている。そのために、まずは次のような二点が確認される。
　第一に、それは次のような問題提起である。
　「これまでの精神分析理論〔＝アメリカの児童精神医学の諸論〕では、家庭状況によって生み出される児童の不安の投影（projection）として＜学校状況＞がとらえられ、親子関係、家族関係の分析に重点がおかれているが、学校状況は、発症状況として、もっと重要な意味を有しているのではないか[87]」。
　第二に、「原因機制にかんする仮説は、治療への基本原理をしめすものでなければならない[88]」ということである。しかし、この点については、先の「発展段階」説において既に躓いていると言わざるを得ない。この段階説がただの類型論である以上、それを治療のために役立てることはできな

いはずである。

　ともかくも、鑪はロジャースの Self-theory を引き合いに出して、学校恐怖症の「原因機制」に関する仮説を提示している。

　「症児にとっては、学校状況における経験が症児の自己概念に受けいれられないものとしてはたらいており、かれらは自己概念を維持するために学校状況を拒否している状態にある」[89]。

　しかし、この「仮説」もまた先の「発展段階」における「典型」、つまりは第Ⅲ段階に基づいて形成されているように思われる。それは、鑪が次のように述べているからである。

　「この第3の段階においては、これまでのようにたんに自己概念と現実の経験のあいだの不一致（ずれ）のみでなく、自己概念における理想自己と現実の自己概念との不一致（ずれ）をも参与してくる。＜登校すべき＞という義務意識と、これを遂行することは＜望ましい＞という自己概念（理想自己）にたいして、＜これら望ましいものを満し得る人間である＞という自己概念（現実自己）と、じっさいには、学校状況にいたらおしつぶされるような不安といても立ってもおれないような焦燥とからの逃避としての経験（じっさいはやれないだめな人間だということを受けいれざるを得ないような経験）が、うまく症児の自己概念の中に位置づけられない。症例にみられるように、親や家人に登校をうながされるときにしめられるパニックの状態は、これら周囲のうながしが、症児の現実経験からの逃避を拒否し、自我概念の変容を迫り、そして現実経験との一致をはかり、これを受け容れさせようとする外からの圧力として受けとられ、この圧力への強い自己防衛の働きとして理解される」[90]。

　この「仮説」からして、鑪が「症状形成」ということで登校拒否という症状の形成を意味していたことが知られよう。つまり、鑪は「学校恐怖症」の「神経症的な反応症状」ということで登校拒否そのものを理解しているのである。しかし、ここで無視されているのは、それが神経症的登校拒否とされたことの理由、つまりはその神経症的な心的機制である。それは、神経症の症状が登校を拒否することの無意識的な合理づけになっているという高木の洞察であるが、それがここではただ「現実自己」と「理想自己」というロジャースの道具立てによって説明されているに過ぎない。「自己防衛の働き」と言われてはいるが、それは登校拒否そのもののことであり、

Ⅰ. 1960 年代前半における論調　　39

その無意識的な合理づけとしての「防衛機制」のことではない。

　ところで、実際の治療はどのようになされたのだろうか？

　その答えは、翌年に出された論文「学校恐怖症の研究（Ⅱ）」に求められる。この論文は、副題に「心理治療の結果の分析」とあるように、先の論文において出された20件の症例が実際にどう治療されたのかということを明らかにするものである。

　鑪は次のように述べている。「この数年、学会その他で大きくとりあげられ、問題にされながら、その焦点は、症状の現象記述や原因論に終始し、治療処置にかんしては、資料も十分でないままに、各研究者、治療者のたんなる経験や勘が中心的位置をしめており、まだこの点に関して本格的な研究がなされているとはいえないのが、研究の現状であろう[91]」。

　そこで、鑪としては、ロジャースの「クライエント中心療法」による「学校恐怖症」の治療結果をここに発表することにした。しかし、鑪自身が次のように述べていることからして、そもそもこの論文の構想自体が危ういと言える。「治療終結時にいちおう improve と判定されたケースのうち、2ケースは follow-up 時に再び症状の発現がみられており、また、not-improve と判定された4ケース中3ケースでは症状が解消していることが示されている[92]」。

　ところが、「このケースのうち、1ケースは、登校拒否期間中に、義務教育年限を終わり、そのまま中学卒業と認定され、印刷工場に普通につとめ、登校拒否という形では問題にならなくなったケースも含まれている[93]」。

　そこで、鑪としても次のように言わざるを得ない。

　「いずれにしても、たんに治療終結時の症状解消の有無のみをもって、1〜2年後における本人の行動を予測することには、かなりの困難を伴うことが予想される[94]」。

　しかし、「かなりの困難を伴う」どころか、鑪自身が認めている「登校拒否という形では問題にならなくなったケース」があることを鑪はどう考えていたのだろうか？

　実は、鑪は登校拒否そのものを問題にしてはいないのである。

　「たんに症状の解消を、いわゆる治療の終結と同一視することはできないように思われる。われわれのケースの場合においても、このような形で

登校拒否症状はなくなり、登校が可能になっても、またふたたび登校拒否したケースも見出されている。あるいは、登校は拒否しないまでも、潜在的な拒否的不安の状態でいるケースは多い。問題は、このような症児の人格構造自体の変革であり、症児自身の内部で、恐れや不安を処理しうるパースナリティの形成である」[95]。

これが症状の「意味」ということなのであろうか？

それは帰するところ、「人格形成」ということに求められているのだろう。しかし、そもそも「パーソナリティ」ということで鑪は何を考えているのだろうか？例えば、別の箇所では、「心理療法による症児の行動や態度の全体的変化をいちおう、パースナリティの変化としてとらえ」[96]云々、と言われている。もしも、それが結局のところ学校に行く行かないという子供の行動からしてその「パーソナリティ」を推し量り、しかもその行動の変化からして「パーソナリティ」の変化と看做すということなのであれば、それは臨床心理学の基礎的な概念構成に「学校」を持ち込むことに他ならない。

しかし、これは現在でも教育心理学や臨床教育学において共通して見られる事態である。「変化」を「変容」に代えて、このような論は今も繰り返されているが、それについてはまた後で述べよう。

5. 山本論文 (1964 年)

伊藤論文において問題となった「成因論」(die Aetiologie) に関して優れた洞察を見せたのが、山本由子（精神科医）の論文「いわゆる学校恐怖症の成因について」(1964 年) である。これは、敢えて訳し分ければ、その「成因」(die Pathogenese) を主題化したものである。

同年には、また「登校拒否児童の予後について」という報告が第 5 回日本児童精神医学会においてなされている[97]。これは、「予後」という観点をこの件に持ち込んだ最初の報告であるように思われる[98]。

山本の論文では、先の鷲見等の論文「学校恐怖症の研究」や、伊藤の論文「児童神経症の 1 考察」などが参考文献として挙げられている。その他にも、牧田清志と小此木啓吾などによる学会発表「学校恐怖症児の研究（第 1 報）」（第 2 回日本児童精神医学会、1961 年）の抄録や、高木の発表「学校恐怖症の問題点」（同学会）、また鑪の発表「学校恐怖症に関する一考察 (1)」（同

学会）の抄録などが参考されている。

　また、その他に注目されるべきことは、この論文ではクレッチマーの『体格と性格』（1925 年）や、ヤスパースの『現代の精神的状況』（1931 年）などが参考文献として挙げられていることである。今までの論文がどれもアメリカの児童精神医学に基づいたものであったのに対して、この論文はドイツ系の古典的精神医学に基づいたものである点において特徴的である。

　このことからして、この論文にはいくらか思想的な意味での広がりが見られる。

　例えば、論文名にある「いわゆる学校恐怖症」ということの意味は、論文の欧文題目が、Über die Pathogenese der sogenannten Schulphobie としてドイツ語で表わされていることの意味を踏まえてこそ理解されるものである。山本によれば、ドイツの精神医学には School phobia に該当する言葉がないのである。確かに、Schulneurose とか Schulangst という言葉はあるようだが、山本が用いている Schulphobie という言葉はないようである。

　こうした事情も踏まえて、山本は「いわゆる学校恐怖症」と言っているわけである。

　これは、言ってしまえば、記述現象学的精神医学という「伝統的精神医学的立場からの批判あるいは反動」ということにもなる。とはいえ、「分離不安」説が必ずしも力動的ではないという高木の批判もあったように、事はそう単純ではない。

　論文の「まえがき」には次のようにある。

　「わが国の児童精神科医によって、いわゆる学校恐怖症がとりあげられ、その研究が活発になったのは、ここ数年来のことである。主症状である登校拒否が精神発達の途上にある児童に出現し、児童にとって唯一の社会的場面である学校を対象としているだけに、精神科医のみでなく、心理学者、教育学者からも広く関心を持たれ、研究が進められつつある」。

　これによると、登校拒否は「学校恐怖症」の主症状ということになる。精神医学における「臨床的事実」としては、このような認識で正しい。

　また、「まえがき」には続いて次のようにある。

　「私もこの数年間に、"登校拒否"を主症状とする児童 30 例を診療する機会を持ったので、先ずその状態像を現象学的に捉え、症状発現に役割を

42　　　　　　　　　不登校とは何であったか？

演じていると思われる諸要因をできるだけ客観的に記述し、更に児童が"登校拒否"という態度をとるに至った、もしくはとらざるを得なかった心的構造について考察を試みたい[102]」。

ここで言われていることは、いくらか先の鑪論文で言われていたことに似ている。

つまり、鑪が〈学校恐怖症の「症状形成」を現象学的に跡付ける〉のであれば、山本は〈その「状態像」を現象学的に捉える〉のである。しかし、山本が「学校恐怖症」の〈状態像を現象学的に捉え、症状発現に役割を演じていると思われる諸要因をできるだけ客観的に記述する〉ということで意味していることは、「記述現象学的」と言われる症候論の方法のことである。

山本の論文は、「学校恐怖症」という診断そのものを問う点において、臨床心理学の論文を引き離すのである。つまり、「ここにとりあげた症例に"学校恐怖症"という診断名を用いることが的確であるか否かについては尚問題があるように思われる[103]」という診断学的な問題意識が山本にはある。

「この名称は強迫神経症の概念のうちに含まれる種々の恐怖症と紛らわしい[104]」。

そこで、山本は「文献的展望」としてまずは先行研究を振り返っている。

それは、最初にアメリカの児童精神医学の議論を参照することにおいて、これまでの論と相違ないのだが、次のような問題意識が持たれている点において、これまでの論とはまた違った趣を見せている。

つまり、「アメリカ児童精神医学者の論文は、いずれも精神力動的立場からこの問題を取り上げ、親子間の未解決な依存性を症状発現の基と見なし、schoolphobia を分離不安（separation anxiety）の一表現型であると認めている点で一致している[105]」ということであるが、「しかし、これらの諸論文はいずれも心理機制の解明に焦点をしぼりすぎ、それ以前になすべき状態像と成因的諸要因のより客観的記述とその分析に乏しい感をまぬがれない[106]」ということである。

さて、この論文は東京大学の医学部神経科における 30 件の症例に基づいている。

I. 1960 年代前半における論調　　　43

しかし、それは要するに数多くの症例から、この件に該当する 30 件を抽出したということである。従って、そこには何らかの選択条件があったわけである。

　山本は、その条件を次のように説明している。「症例の選択には、必ずしも "登校拒否が単一症候的に出現するもの" という従来の schoolphobia の概念規定にとらわれず、1）登校拒否を主症状とするもの、の他に 2）神経症的訴えと登校拒否が併存するものをも含めた。しかし、身体疾患により登校不能なものは勿論のこと、明らかな精神分裂病、うつ病、精神薄弱、及び不良行為など反社会的行為を伴う怠学は含まれていない。ただし、これらの疾患のために二次的に登校不能な症例と明確な一線を引くことは困難な場合も多く、ことに精神分裂病の初期と思われる症例ではむずかしい。従って上述のような選択の結果、症例はほぼ 1）神経症としての登校拒否と 2）性格発展の上に問題を持つ登校拒否にしぼられはしたが、この他にあえて精神分裂病の疑われる症例も加えた」。（下線と傍点は引用者）[107]

　従って、「先ず一見単一症候的に登校拒否が出現し執拗に持続する一群が存在し、その辺縁に神経症状の目立つ神経症例及び精神分裂病の疑われる症例を含む一群が存在する。そこで、a）持続的に頑固な登校拒否を示し、b）診療に対して拒否的であり、c）登校拒否以外の神経症症状に乏しいもの、というおおよその基準に合致するものを中核群として選び、一方登校拒否の出現様式並びに対人的態度が一様でなく、種々の神経症症状、或いは精神分裂病を疑わせる症状を伴うものを辺縁群とした。しかし両者の間には移行があり厳密な境界をひくことはむずかしい」。（傍点は原文）[108]

　言われているように、まずは基本的な前提として、「必ずしも "登校拒否が単一症候的に出現するもの" という従来の schoolphobia の概念規定」には捉われない、ということである。そこで、「明らかな精神分裂病」は除外されるが、「精神分裂病の疑われる症例」は敢えて含むことにした、ということである。この場合、「明らかな精神分裂病」と「精神分裂病の疑われる症例」の区別が何によりなされているのか定かではないが、ともかく山本としては、「学校恐怖症」を「登校拒否が単一症候的に出現する」ような症例に限定することはしない、ということである。

　つまり、一見して山本の主張は、先の鷲見の論文にあったように、「精神分裂病なども登校していないものが多いがこれも除外する」という条件

に無条件に則っているように思われるが、そうではないのである。山本の論文は、むしろ先の伊藤論文で言われていた、「登校を拒否する症例は必ずしも単一な臨床像とはいえず」云々、という認識を踏襲しているわけである。しかし、その裏返しとして、「精神分裂病の疑われる症例」を敢えて含めたことは論の結論に大きな影響を及ぼすことになる。

まずは「中核群」である。

これは30の症例のうち16の症例が該当するものとされる。

こうした例においては、面接時において「構え」と「緊張」が見られることが特徴とされる。しかし、この「中核群」を特徴づけるものとしては、その他にも有名な「仮性適応」という概念がある。

それは、山本によれば次のようなことである。

「次第に通学していない生活になれ、男子の場合には種々の模型玩具、ラジオの組立、空想科学的画を描くこと、などに熱中するものが多く、女子の場合には進んで家事を手伝い、細々としたことによく気付き、その様子は登校拒否に対する罪責感からの償いというよりも、心からその行為を楽しんでいるように見える。即ち初期に見られた心気的訴え、いら立ち、人目を気にする態度が和らぎ、各自のやり方で通学しない生活に新たに適応しているかの様子を示す。しかしこれは決して真の適応ではなく、仮性適応ともいうべき不安定な状態であって」云々。[109]

困ったことに、なぜこうしたことが「真の適応」ではないのか、その理由が書かれていない。とはいえ、この「仮性適応」という概念はまた別の意味で問題となった。それは、山本がこうした適応状態について、「まさに高木隆らが自閉的と表現している態度であるが、ここでは精神分裂病性の自閉と区別する意味で退避的生活態度と呼ぶことにし度い[110]」（傍点は原文強調）と言ったからである。

登校拒否をめぐる初期の議論は「幼児早期自閉症」をめぐる議論と並行して展開された。そして、そこで問題となったのは、両者に共通して見られる「自閉的」な態度であった。

「この退避的態度は、心を開かず対人接触の範囲および生活空間が狭く限定されているという点で、精神分裂病における自閉症（Autismus）とよく似ている。しかし敏感でより好みがはげしくても、特定の人とは豊かな感情を伴った交流を保ち、一定の安全な生活圏の中ではかなり活発な生産

的動きも示すのであって、精神分裂病自閉と同列に考えることはできない」[111]。

そこで、山本は「学校恐怖症」を「退避型」の神経症とするのである[112]。

山本は、「従来強調されていたような著しい分離不安の存在を認めることはできない」[113]という点において高木と軌を一にしている。二人は早い段階から「分離不安」説を斥けていたのである。

では、両者の違いはどこにあったかと言えば、それは鷲見論文にあった「精神分裂病なども登校していないものが多いがこれも除外する」という条件の解釈にあったのである。山本の言うところの「仮性適応」や「退避的態度」といった概念は、精神病性の「自閉」とは区別された上で出されているのである。そこで、敢えて考察の対象に加えられた「精神分裂病の疑われる症例」にしても、その疑いはまさにこの「自閉」において付けられているのである。

この点、高木は両者をとくに区別せずに「自閉的」と言っている。

そのことからして、彼は「誤診」を許したのである[114]。

「自閉」が当時の児童精神医学における重要な論点の一つであったことは間違いない。「学校恐怖症」をめぐる初期の議論においては、当時は「幼年性分裂病」や「幼児早期自閉症」[115]と言われていた「内因性」精神病との鑑別が一つの焦点になっていた。しかも、そうした診断が必ずしも確かなものではなかったために、「精神分裂病なども登校していないものが多いがこれも除外する」という条件はそれ自体としてまた別の問題を惹き起こしていたのである。

では──、結局のところ何が「中核群」とされていたのかと言えば、「一般に中核群では登校を回避するかのように出没する心気症以外の神経症症状に乏しいことが特徴」[116]ということである。すると、この「かのように」発症する「心気症」が「通学していない生活」に慣れることでいくらか和らいだとしても、それは実は「仮性適応」に過ぎないということなのだろう。

そこで、山本の言う「中核群」とは、この「かのように」および「仮性」ということで特徴づけられる神経症例と言えるだろう。もっとも、それが「心気症」と目されるようなものである限り、確かにそれは「仮性」と言われるような特徴を持つものとして概念化されるしかないものなのかもしれない。

次に「辺縁群」である。これは、残りの14例が該当例として当てはまるものであるが、そのうちの2例は精神病の疑いがあるものとされる。そこで、この2例を除いて、残りの12例が神経症例とされることになる。

　しかし、この「辺縁群」に関してはかなり恣意的な分類と言わざるを得ない。とくに、この群が「神経症例」と「精神分裂病の疑われる症例」とに区分され、さらに前者が三つの型に分類されるのであればなおのことである。

　例えば、そのうちの第一型は、「登校拒否の出現に明らかな契機の認められる症例」（6例）ということであるが、それは実際には6〜8才の「年少児童」を対象としたものである。これは、残りの二つの型が12〜15才の「前思春期乃至思春期の児童」であることを考えれば、精神発達の上からする区分でしかないような印象を受ける。

　その点、むしろ「辺縁群」とされる症例を特徴づける例としては、その第二型とされる「先行する神経症症状に引き続いて登校拒否が出現した症例」（2例）が挙げられそうである。これは、その第三型が「登校拒否と神経症症状が並列的に出現した症例」（4例）とされることからしても、その特徴性は明らかであろう。

　この「辺縁群」の第二型とは、山本によれば次のような例である。

　「症例M. O. は体質的偏りと、いわゆる神経質傾向を基盤として、やせている、という劣等感が過価観念となり、更に離人症状の出現を見るに至った。これに対して症例I. M. は症例の項で述べるように、斜視という身体的欠陥と勝気で独断的な反面、敏感な性格傾向及び特異な養育史から出現したと思われる注視念慮が前掲に出ている。2例共、上記症状と殆ど同時に登校拒否が出現しており、それぞれ離人感、注視念慮の故に登校できないと自ら訴えている。彼らは学校に関係のある事柄にも過度に敏感な反応は示さず、学習の場としての学校には比較的抵抗が少く、この点で中核例に比べ、通学に対する"拒否"という態度が不鮮明である」。（傍点は引用者）

　こうした例においては、離人感や注視念慮といった症状が既に出ている状態で登校拒否が発症したということである。そこで、「通学に対する"拒否"という態度が不鮮明」ということである。

　そうした意味では、こうした例を「辺縁群」とする理由はそれなりに納得されるであろう。

I. 1960年代前半における論調　　　47

とはいえ、こうした例が「前思春期乃至思春期」における例であることからして、必ずしも「中核群」との区別は症候論の上から付けられているものではないような印象を受ける。

　この点は、山本自身が次のように述べていることからしても認められるであろう。

　「中核群では９才から11才までの小学校中級乃至上級の児童が過半数を占めているのに対して、辺縁群では６才から８才までの小学校下級の児童と、12才から15才までの中学生が大部分である。更に辺縁群では神経症第１型に６才から８才の年少児童が多く、第２型及び第３型と分裂病の疑われる症例には、12才から15才の年長児童が多い」。

　しかし、これは逆にすると「小学校中級乃至上級の児童」の例が中核群とされ、「年少児童」と「年長児童」の例が辺縁群とされたとも考えられる。

　実際、山本は次のように述べている。

　「ここで見出された相関関係は、年齢を指標として示される発育過程の変化が、登校拒否およびその他の精神症状のうちに反映することを示し、それはまた、発育段階における身体的、精神的諸特徴が各群の成因に、ある役割を演じていることを示唆すると考えられる」。

　この辺り、山本の論には病理学的に言って、因果論的倒錯が見られると言わざるを得ない。これは、また類型論の弱さでもある。類型論は、あたかも「型」が実在しているように思わせるが、往々にして実在する過程を恣意的に類型化したものでしかないのである。この場合で言えば、それは「中核群」と「辺縁群」という類型が、それぞれ「年少児童」、「小学校中級乃至上級の児童」、「年長児童」という発達的な段階のもとに整理されたものでしかない、ということである。

　そこで、このことからして、「年少児童」、「小学校中級乃至上級の児童」、「年長児童」という３群について、「イ）遺伝負因、ロ）体質、知能、ハ）性格、ニ）家庭内諸因子、ホ）家庭外諸因子、の５要因を取り上げ、これらをできる限り客観的に記述し、ついで各群における異同を考えてみたい」と言われるのであれば、やや疑問である。もっとも、これがクレペリン精神医学とでも言うのか、いわゆる「記述的分類的精神医学」というものの手法なのだろう。

　ただし、山本が言うところの「状態像を現象学的に捉える」ということ

の意味は、単に症状を客観的に記述するということだけではない。山本は、ヤスパースの「状況」や「交通」という概念を用いて、子どもにとっての学校という場を説明するのである。

山本は次のように述べている。

「校舎や運動場は単なる建物、広場ではなく、児童にとつて次第に親密な場面となつて現われるのである。この場面において、児童と教師、児童と児童の間には交通（Kommunikation）が生まれる。この交通は、それが土台となつてはじめて教育が可能となるばかりか、それ自体が児童を滑らかで広く深い人間理解へと導く教育の重要な目的でもあると考えられる。このような相互交通を基盤として、児童は学校場面において、"国語の時間に先生に誉められた教室"、"昼休みにＡ君とけんかした運動場"といつた一人一人独自の状況を展開して行くのである。即ち上述のような意味での性格を担つた児童が自ら参加して状況を構成するのであつて、ただ受動的に学校場面から影響を受けるものではない」。(傍点は原文強調)

ここで、「性格を担つた児童が自ら参加して状況を構成する」という指摘は重要である。

子供は「ただ受動的に学校場面から影響を受けるものではない」ということである。山本の言葉で言えば、子供は「学校場面」においてその「性格」に応じた「一人一人独自の状況」を展開するのである。

そこで、山本は「学校恐怖症」の症児に共通の「心的構造」として、「学校場面における状況展開の障害」を挙げる。

山本はこれを次のように説明している。

「明らかに契機があって登校拒否が出現する場合にも、或いは契機が見出されず濃厚な遺伝負因を持つ場合でも、登校拒否の成立条件として児童の「主体的態度」を無視することはできない。そこには、個体と境界の単なる嵌合を超えて、児童個人が構成する状況の意味が現われるのである。そして、この状況展開における主体的態度のうちにこそ、"性格の発展過程における障害"が重大な役割を演じていると考えられる」。(下線は引用者)

では、なぜそうした障害が生じたのか？

「この障害の基盤として、ここでは、これまでの研究者によって強調された両親、特に母親の過保護的養育態度とそれによる親子間の強力な依存関係ではなく、十分な受け入れのない養育態度を問題にしたいと思う。症

例が示すように、両親の多くに見出される分裂気質と、これによって醸成される温かみの少い持続的情緒環界の故に、児童は両親との間に十分な交通を形成できぬままに、家族外の人々と出会うことになる。その結果、児童の性格発展は尚一層「分裂気質」の方向に偏位するのである」[125]。

まず、ここで山本は「分離不安」説を斥けている。その上で、山本は「学校恐怖症」の症児に共通の「心的構造」を「分裂気質」に帰しているのである。

では、「分裂気質」とは何か？

既に述べた通り、山本の論文には参考文献としてクレッチマーの『体格と性格』が挙げられていた。クレッチマーによると、それは細長型とも呼ばれる、哲学者や文学者に多いタイプである[126]。それはまた、思春期危機に陥り易いタイプでもある[127]。

しかし、この点に関しては、また以下におけるような「自閉」についての論述も参照されなければならない。なぜなら、それもまた「分裂気質」の特徴の一つとされるものだからである。

既に述べたように、この論文で扱われている30件の症例の選択に際しては、「症例はほぼ1）神経症としての登校拒否と2）性格発展の上に問題を持つ登校拒否にしぼられはしたが、この他にあえて精神分裂病の疑われる症例も加えた」という事情があった。

さて、この敢えて加えられた「精神分裂病の疑われる症例」とは、上の引用箇所で言われている、「契機が見出されず濃厚な遺伝負因を持つ場合」のことである。つまり、この「精神分裂病の疑われる症例」とされる2例とは、基本的には「遺伝負因」が見られる例なのである。例えば、そのうちの1件に関しては、「母方伯父、伯母及び父方祖父、曾祖父がすべて自殺している[128]」ということである。

そして、こうした例におけるもう一つの特徴が、先に言われていた「分裂気質」、或いは「自閉」という精神病質である。山本は次のように述べている。「先ず登校拒否の態度そのものをとり上げてみると、これが未知の分裂病過程の基盤の上に生じたものであるにせよ、登校拒否自体を直ちに分裂病性の情意鈍麻、自閉症などの結果として片づけてしまうわけには行かない。思春期前後に発病し、比較的急速に人格の荒廃を来たすような

分裂病においてさえ、通学だけは機械的に続けるものも少なくない。この事実からも、たとえ分裂病が疑われる場合でも登校拒否が主症状であるなら、登校拒否それ自体に対する取り扱いは慎重でなければならない」[129]。

そうした例を「辺縁群」としながらも敢えて症例として加えた理由がこれである。しかし、この点はまた先に言われていた「登校拒否の成立条件として児童の「主体的態度」」に関わってくる。

山本は次のように述べている。

「分裂病における自閉症が、どこまでも"周囲への不関"であるのに対して、登校拒否児童の退避的乃至自閉的態度は"周囲へのかかわり"から出発している点に基本的差異を持つと考えるなら納得できるであろう」[130]。

山本は、「学校場面」において「一人一人独自の状況」を展開する子供という主体を認めていた。そこで、登校拒否の子供に見られる「自閉的態度」も、そうした周囲との関わりからして説明される。言われていたように、子供は「ただ受動的に学校場面から影響を受けるものではない」。「自閉的」とはいえ、それは児童の「主体的態度」を意味しているのである。

山本がこのようにして子供という主体を認めたことは重要である。なぜなら、それによって鷲見論文より言われてきた「精神分裂病なども登校していないものが多いがこれも除外する」という条件が、単に鑑別のための条件である以上に、やはりそうした例とは区別される特有の態度が「学校恐怖症」児には見られるということが明らかにされたからである。否、むしろそれによって精神病性の「自閉」とは何か？という問いが深められたとも言える。

山本はまた「分裂気質」を登校拒否の症例に共通の「心的構造」として認めてもいた。確かに、その表現は「「分裂気質」の方向に偏位する」というように微妙なものではあったが、結局のところ、そうした気質が「学校恐怖症」の成因として認められる、というのが山本の結論なのであろう。

しかし、すると今度は、「精神分裂病の疑われる症例」とされる症例が何ゆえにそう疑われているのかが不確かになる。そうした例は、「自閉的態度」を欠いていると指摘されはするものの、では何がそこにあるのか、ということに関しては「遺伝負因」以外にはとくに何も言われてはいないのである。山本自身、例の「自閉」と「自閉的態度」との区別でさえ「概念的なもの」と断っている。

実際のところ、山本は最後にそうした症例に関して、「分裂病との関連については尚多くの症例によって、状態像、経過の追及検討を行なうことが必要と思われる[131]」と言っているのである。

　山本は最初に次のように述べていた。「症例の選択には、必ずしも"登校拒否が単一症候的に出現するもの"という従来の schoolphobia の概念規定にとらわれず、1）登校拒否を主症状とするもの、の他に2）神経症的訴えと登校拒否が併存するものをも含めた。しかし、身体疾患により登校不能なものは勿論のこと、明らかな精神分裂病、うつ病、精神薄弱、及び不良行為など反社会的行為を伴う怠学は含まれていない。ただし、これらの疾患のために二次的に登校不能な症例と明確な一線を引くことは困難な場合も多く、ことに精神分裂病の初期と思われる症例ではむずかしい。従って上述のような選択の結果、症例はほぼ1）神経症としての登校拒否と2）性格発展の上に問題を持つ登校拒否にしぼられはしたが、この他にあえて精神分裂病の疑われる症例も加えた」。

　結局のところ、山本は「明らかな精神分裂病」と「精神分裂病の疑われる症例」の区別を付けることができなかった。そのためもあって、後者を「辺縁群」として含む「学校恐怖症」には、両者に共通した「心的構造」として「分裂気質」が認められるという事態を招いた。もっとも、「分裂気質」を必ずしも精神病質であるとか病前性格として捉えるのではなく、クレッチマーが言っているようにもう少し広い意味で捉えるのであれば、こうした見方も可能なのだろう。

　いずれにせよ、山本論文の一番の成果は、そこに子供という主体を認めたところにある。「分裂気質」という概念を用いることには問題もあろうが、「学校状況」というものは、子供自身によって構成されるものでもあること、そしてそうした状況は或る種の性格を担った子供にとっては、またその子自身を苦しめるものともなること、この二点を確認したところにこの論文の価値が認められる。

6.「登校拒否児童」の実態調査

　さて、1964年には文字通りに「登校拒否児」を対象とする実態調査が発表された。

　若林慎一郎（精神科医）他による「学校恐怖症または登校拒否児童の実

態調査」がそれである。一般に、この手の調査報告としては、これが最初のものと看做されている。

　しかし、こうした調査がここで初めてなされたわけではない。

　そもそも、「長期欠席児童」に関しては、既に文部省や各都道府県の教育委員会などが統計を出していた。児童相談所では、それは「長欠、不就学」相談として数えられていたはずである。

　しかし、若林としては次のように言わざるを得ないということである。

　「各都道府県ごとに、各学年、男女別、理由別にその実数が出されているが、理由別では、病気、経済的事情、その他の３項にわけられているのである。また、教育委員会でも毎年長期欠席児童の総数は集計されているようであるが、いわゆる学校恐怖症または登校拒否児童についてはとくに考慮されていない」。[132]

　ここで言われていることは事実である。

　それは例によって、「登校拒否」が「昭和三十年代後半ごろ」から「臨床的事実」として登場するようになった、という事情があるからである。文部省としては長期欠席の理由を調べていたのであって、この段階ではまだ、そうした児童を「学校恐怖症または登校拒否児童」として概念化することはしていなかったのである。

　既に述べたように、そうした事例を臨床像として現出させたのは、高木による調査「長欠児の精神医学的実態調査」であった。若林はこの調査について、「これは性格異常、精神病、精神薄弱などを含んだ広い意味の心理的長欠児の調査である」[133]（傍点は引用者）と述べている。

　しかし、そもそもこの高木の調査によって、こうした「心理的長欠児」のうち「劣等感のために登校をきらう」ような心因性登校拒否とされる例が初めて「登校拒否児」として確認されたのであった。

　この点、若林においては「登校拒否児」の存在が自明視されている。

　それは、若林がまた次のように述べていることからしても明らかである。

　「名古屋市の小学校における学校恐怖症または登校拒否児童の実数を把握すると同時に、登校をいやがる理由、欠席の様相、児童側の問題、環境的問題、さらに、とくに慢性化・長期欠席化して事態を困難ならしめる要因を追及する目的で、初期における処置・対策および児童の態度などについてその実態をうるべく調査用紙を作成した」[134]。（傍点は引用者）

言われているように、若林の調査の目的は「学校恐怖症または登校拒否児童」の「実数」を把握することにある。若林にとって、それは数えられるものとして実在しているのである。

ともあれ、数を出す以上、対象を明確に定義づける必要もあろう。

そこで、「問題の児童は1964（昭39）年度の第1学期に心理的理由から学校へ行くのをいやがり、10日以上欠席したものとした。欠席理由が身体的な病気または障害によるもの、家庭の経済的事情によるもの、特殊学校の児童は除外した」（傍点は引用者）ということである。

調査は名古屋市内にある小学校171校を全て対象として行われた。その比較対象として、愛知県内の小学校から50校を加えている。方法としては、調査用紙を小学校の校長に送付し、その回答を学年ごとの各担任の先生に依頼したということである。

しかし、そのような用紙を送ってはみたものの、締切りの8月31日を過ぎた9月5日の時点において、その回収率は名古屋市の分において42.7%と「意外に」低率であった。そこで、回答のなかった学校に再度、依頼状を送付し回答を促したところ、最終的な回収率は2倍となり84.7%となった。

言われているように、こうした事情は若林にとっては意外だったようである。

「この調査で84.7%の回収率を得たことは、学校側の協力の賜として、現状では一応満足すべきであるかもしれないが、なかには調査にたいして非協力の抗議を申し入れて来た学校もあり、学童の精神衛生にたいする教師の側の認識の浅さを示す事実もあり、学校精神衛生に就いてより一層の啓蒙が必要であると考えられる」。

とはいえ、なぜ「非協力の抗議」を挙げた学校があったのか、ということに関しては何も触れられていない。若林は回収率の低さを「教師の側の認識の浅さ」によるものとしている。しかし、高木の調査の回答率は100%であった。

若林は、こうした調査が学童、及び学校の精神衛生（精神保健）に寄与するものと考えているようであるが、或る意味ではそれ自体としてあまりにも不衛生なものなのであることを認識していないのである。

この調査の大きな問題点の一つは、その「調査用紙」にある。

例えば、それは子どもが「登校を厭がる理由」として18項目を、そして「児童の性格傾向」として10項目を挙げた上で、さらに「両親の態度」として、母親と父親に関して、5項目を挙げているのであるが、そのうち、例えば「両親の態度」として挙げられている項目が、「拒否的」、「厳格、支配的」、「干渉的」、「盲従溺愛的」、「不安が強い神経質」の5項目ということなのであれば、そしてこうした項目のうちの一つを選択するのが「問題の児童」の担任の教師なのであれば、良識的に考えて何の疑問も持たずに答えられるものではないだろう。

　もっとも、調査は有意な結果を示してもいる。それは、「登校を厭がる理由」に関する調査結果である。これももちろん担任の教師が回答するものなのであるが、その調査項目の中には「先生との関係」という項目がある。調査の回答は、市内の小学校に限って言えば84.7％の回収率ということで、145校から回収されたものであるが、そのうち「問題児」のいる学校は47校であり、その総数は80名とのことである。しかして、その80名において、「先生との関係」が「登校を厭がる理由」として選ばれた例は0である。

　同様に、愛知県内の小学校から選ばれた50校のうち、「問題児」のいる学校は6校で、その総数は11人であるが、やはりその「登校を厭がる理由」として「先生との関係」が挙げられた例は0であった。

　それどころか、こうした事実に関して、「これが学校恐怖症または登校拒否の真の原因をしめすものと断定は出来ない[137]」とされながらも、「児童が登校をいやがる理由として先生との関係によるとするものは名古屋市および県下50校のいづれにおいても1例も認められていない。このことは学校恐怖症または登校拒否の原因が教師との関係にあるものは少ないということをしめしているものと考えられる[138]」と真面目に結論されるのであれば、もはや滑稽である。

　また、この調査は「児童の性格傾向」を10項目の中から選択することを求めている。もちろん、これを選ぶのもまた担任の教師であるが、論文はこの結果を「登校を厭がる理由」と関連づけることで、「児童の性格傾向と登校をいやがる理由との間には一応の了解的関連がみられ、性格傾向が学校恐怖症または登校拒否の発症の一つの要因をなしているものと考えられる[139]」と結論するのである。

　しかし、この「児童の性格傾向」として挙げられているものは、以下の

ような10項目である。

1. 我がまま、やんちゃ、2. 依存的甘え、3. 自己中心的、非協調的、4. 非社交的、内向的、5. 活発、外交的、6. 反抗的、強情、7. 過敏、易感的、小心、8. 心配性、9. 劣等感を持ち易い、10. 完全癖、几帳面。

さて、若林による「実態調査」を受けて、同じような調査が至るところで行われることとなった。その結果はまちまちであったが、若林としてはそうした調査を振り返って、1982年に論文「登校拒否と社会状況との関連についての考察」を著している。

若林はこの論文において、E. フロムやR. メイなどの諸説を引きながらも、登校拒否の増加を「社会状況における病理性」[140]と関連づけて論じている。

「登校拒否という現象は、わが国においては、戦後にみられるようになった現象であり、戦前には皆無であったとはいえないかもしれないが、ほとんど問題にならなかったことは確かである」[141]。（傍点は引用者）

その事情は次のようである。「わが国は、敗戦により、明治以来の教育制度を廃し、米国の教育制度をそのまま輸入し、実施したのであるから、米国で問題となった登校拒否が、引き続き日本でもみられるようになっても不思議ではないであろう」[142]。

ただし、「アメリカでは、登校拒否が戦争中の1940年代からすでに問題になっていたようであるから、登校拒否現象の出現ならびにその増加について、日本におけるような社会経済的変動のみでは説明できない要因もあるものと考えられる」[143]。

若林は、続く1983年にも「登校拒否の現況と背景」という論文を発表している。

この論文で問題とされていることは、直接的には「発現頻度」、「登校拒否児数の年次的変遷」、「高年齢化」、「男女比の変化」の四点である。しかし、やはりそうした事柄の背景として、「時代的背景」と「本人の側の問題」が問われているのである。とりわけ、前者に関しては、「社会構造の変化」、「家族構造の変化」、並びに「教育状況の変化」などが問題とされている。

ともあれ、言われていることは先の論文と同じである。

若林にとって、「登校拒否という現象」は「比較社会文化的研究のテーマ」[144]なのである。

しかし、若林は一つ大きな問題点を見逃している。「敗戦により、明治以来の教育制度を廃し、米国の教育制度を輸入し、実施したのであるから、米国で問題となった登校拒否が、引き続き日本でもみられるようになっても不思議ではない」ということであったが、ここでは戦後になって日本に輸入されたアメリカの児童精神医学というものの存在が看過されている。確かに、アメリカにおいてすら登校拒否が問題となったのは第二次世界大戦の頃のようだが、これもまたアメリカにおける児童精神医学の黎明が1930年代であることを思えば理解できることである。

　この点を見逃すことはまた、登校拒否を社会病理化することでもあった。

　端的に『登校拒否の社会病理』と銘打った小冊子（1992年）では次のように言われている。

　「1955年（昭和30年）前後に、児童精神科クリニックや児童相談所などで登校拒否が問題となり始めたころに、登校拒否症例について学校関係者と話をしても、教員生活20〜30年というベテラン教師が、一様に、このような子どもは今までみたことがないといっていた。したがって、わが国における登校拒否の出現は戦後の現象であり、敗戦により未曾有の混乱と変化が見られたわが国の戦後における、社会経済情勢や学校教育制度、家庭・家族状況などの社会病理現象と密接な関連が考えられる¹⁴⁵」。

　しかし、社会情勢や教育制度との関連からして「社会病理現象」を現出させるその論理は、精神医学にしかないのである。そして、それを裏付けるための「実態調査」を行ったのもまた精神科医に他ならないのである。

7.「学校恐怖症」の疾病分類学

　ところで、登校拒否と「学校恐怖症」とはどう違うのだろうか？

　現在では「不登校」という用語が一般的であるために、世間的には登校拒否という用語が「不登校」に取って代わられたという程度の認識しかないであろう。例えば、2002年に発表された或る論文においては次のように言われているが、多くの人はこれを何の疑問も感じずに了解するであろう。

　「日本では、1960年になって症例報告が増加し始め、学校恐怖という語が当時使用されたのである。不登校と同時に身体症状を訴える子供が多く存在したため、投薬や入院治療を含めた精神科的な治療が行われた。しか

し、その状態や原因、発達課題との関連からひとつの疾病単位とは考えにくく、文化や家族などとの関わりあいも考慮することから、1970年代に「登校拒否（school refusal）」という語が使用されるようになった[146]」。

しかし、これまでの議論を見ればわかるように、登校拒否という用語は「学校恐怖症」という診断名と並んで最初期から使われていたのである。また、これらがschool refusalとschool phobiaという医学用語の訳語であることは既に述べた通りである。論者によって異同はあるが、精神科医による用法としては、「学校恐怖症」の主症状が登校拒否ということになる。

事情は、「学校恐怖症」という診断名が消え去るなかで、登校拒否というその病像が現象として独り歩きしていったということにある。何度も言うように、それは「臨床的事実」としての登校拒否が神経症の症状としての扱いを離れて社会現象化されていったということである。

臨床像としての病像が、しかしその「心因」の社会病理化を俟って社会現象化する。

そうした展開を許した理由の一つは精神医学の診断学にある。

「学校恐怖症」という診断名は、1980年に刷新されたアメリカの精神医学の診断基準「DSM-III」では独立した診断カテゴリーとして扱われてはいなかった。そこでは、むしろ「分離不安障害」の一つとして登校拒否が扱われていた。「精神医学認識論[147]」とも言われる診断学である。「疾病学的実体（nosologische Entität）」というコトバまであるほどで、それがなければその認識の対象もない。

しかし、「分離不安」では登校拒否の病像を捉え切れないこともまた多くの精神科医によって指摘されていた事実である。このことからして、次のような批判がなされたとしても不思議ではない。

「今日までのわれわれの臨床経験によっても、登校拒否的現象のうち分離不安で説明されるものはごく一部にすぎず、むしろDSM-IIIの体系が、このような一群を意識して避けたとしか思えない[148]」。

では、そう批判する栗田広などの論文「"登校拒否"の診断学的分類」（1982年）としては、どのように考えるのかと言えば、まずは「学校恐怖症などを包括するより広い意味をもつ用語として、登校拒否を使用したい[149]」ということである。

その上で、敢えてDSM-IIIを用いるのであれば、登校拒否の診断とし

ては「適応障害」を挙げる他ないことになり不満である、ということなのであるが、「かといって、「登校拒否」を一つの疾患単位として認め、そのために、「登校」という人間の社会行動の一様態を病名にとり入れるならば、精神障害の病名は無限に増加を余儀なくされる[150]」ということでもある。

　ここにあるアポリアは、この問題が五十年以上の長きにわたって問われながらも何ら明快な解を得ていないことの一つの理由である。それは、論文の表題「"登校拒否"の診断学的分類」にある通り、まずは、登校拒否なるものが疾病分類学的に確かなものではないということからして、それを「学校恐怖症」であるとか「分離不安障害」として分類せざるを得ないということなのであるが、そうすると今度は登校拒否と目される症例の臨床像と一致しないことになる。しかし、「かといって」、登校拒否という診断名を許すのであれば、今度は診断学的に言って問題である、ということである[151]。

　とはいえ、だからこそDSM-Ⅲは「このような一群を意識して避けた」のではないか？

　中根晃（精神科医）などは、1991年の段階において次のように述べている。

　「DSM-Ⅲ、DSM-ⅢRはもとより、ICD-10 (Draft) にも登校拒否とか学校恐怖症という疾患名はない。これに対しては二つの対応が考えられる。第一は登校拒否の疾患概念を残して、これがどの疾患に該当するかを検討することであり、もう一つは、登校拒否とは状態像であって、さまざまな精神科疾患におこる不登校現象にすぎないので、その背景にある精神疾患に目を向け、登校拒否という疾患概念そのものを否定しようという考えである[152]」。

　そうこうしているうちに、この「不登校」現象が一定の実体性を得るに至った。

　齊藤万比古（精神科医）が2006年に出された著作の冒頭において次のように述べている。

　「筆者は、精神医療の立場で不登校の子どもの治療・援助に関与してきた経験から、<u>「不登校」</u>という現象そのものが通常とは異なる特異的な生活様式と対人関係性を特徴とする共通の状況を作り出し、そのことを通じて不登校中の子どもに共通の発達的圧力をおよぼしているのではないかと感じていた。もしそうであるとすれば、不登校児が<u>背景精神疾患の異質性</u>

を超えた共通の症状ないし病理現象を不登校中に示し、そのため個々の背景疾患を超えた共通の支援技法と支援戦略が、背景疾患への治療とは独立して考慮されるべきであるということは当然ということになるのではないだろうか。筆者には、不登校は疾患単位としては成立できないにしても、特有な精神発達上の軛を子どもに科す輪郭のかなり明瞭な臨床的単位であるという思いがあり、漠然と現象ないし症状と一般化することに対しては一貫して抵抗がある。」(下線は引用者)[153]

　齊藤氏は、「不登校」を個人病理としての病像というよりも、「不登校」という「現象そのもの」が個人に与える圧力を問題としているのだろう。従って、そこに見られる「病理現象」は必ずしも個人病理でもなければ社会病理でもない。

　本書においては、個人病理としての登校拒否という病像が、その心因論における社会病理論を俟って社会現象化された、という仕方で論を進めている。そこで、臨床家を前にして現出する病像と、社会現象として問われている「不登校」とは別だというのが基本的な考え方である。しかし、それはまた、そうして現出した「不登校」現象が、いわば社会的な実在性を得ることで、学校の外にいる子供たちを現実的に圧迫するという事態の招来でもあったと言える。そうした意味であれば、私には齊藤氏の言わんとしていることはよくわかる。

　しかし、それはやはり臨床単位の実体化であったのではないかと思うのである。

　その過程が見られるのが、1965 年に出された高木隆郎等の論文「学校恐怖症の典型像 (I)」である。実に、栗田が「学校恐怖症などを包括するより広い意味をもつ用語として、登校拒否を使用したい」と言うことの理由も、この高木論文に求められているのである。

8. 高木論文 (1965 年)

　高木隆郎等の論文「学校恐怖症の典型像 (I)」(1965 年) は、その冒頭において次のようにある。「この数年間、わたくしがいわゆる学校恐怖症にかんしてアプローチしてきたのは、そのモデルを考える、あるいはその症状を図式化して考える仕事であった」[154]。

　そこで、この論文は、これまでの研究に見られる二つの問題点を受けて

書かれたものである。

　その問題点とは、第一に次のようなものである。

　「学校恐怖症（あるいは登校拒否）には、これこれのタイプがある、年齢によってそれぞれかような相違がある、という分析的接近はもちろん重要であって、それ自体をわたくしはけっして過小評価する心算はない。しかし、それだけでは学校恐怖症というのは、ようするに、どのような精神医学的な、あるいはどのような神経症のグループなのであろうか、という解明がなされないのである。たしかに、小学校低学年、小学校高学年から中学生、高校生と、おのおの病像も、したがってその心的機制も違っている。しかし、それらの間に共通と考えられるようなものはなにかないだろうか。＜心理的な理由で欠席する＞という字句通りの定義以外に、なんら心理学的な共通因子はないのだろうか」[155]。

　論題にあるように、高木は「学校恐怖症の典型像」を求めている。

　とはいえ、先の伊藤論文におけるように、そもそも「単一な臨床像」としての「学校恐怖症」を否定する見方もある以上、ここで言われているように「共通因子」を求めることは「臨床的事実」によるものというよりも、診断学的な要請によるものであろう。

　高木の問題意識は、むしろ第二の問題点、つまりは「代表的には母子の分離不安説にみられるように、その心理ダイナミクスを家庭内（しかもとくに外国の多くは母子間の）対人関係にのみ成因として求めようとする一般的傾向」（傍点は引用者）[156]にあるようである。

　「わたくしの求めたいのは、学校恐怖症をひとまとめにし、それを他の神経症、あるいは適応障害から分離し、きわだったものにしている心理機制であった」[157]。

　ともあれ、次のように言われるとしたら、それは一面において登校拒否と言われる事柄に関する一定の理解ではあるが、他面において、それは登校拒否という「臨床的事実」を「学校恐怖症」という診断カテゴリーのもとに歪めてしまうことでもある。

　「学校を考慮にいれない学校恐怖症の議論は、このような理由で、適応障害の現実を無視した観念論である。我々の対象は、あくまでも学校に行くのをいやがって家庭にひきこもる子どもたちであって、けっして、外出一般をきらうこどもではない」[158]。

こうした問題意識は、直接には先に検討した山本の論文に向けられたものである。

既に見たように、山本は「学校恐怖症」を中核群と辺縁群に分けたのであった。この区分は、概して言えば、精神病や神経症によるものと目される例を辺縁群とした上で、それこそ「神経症的登校拒否」とでも言えるような例を中核群としたものであった。

こうした区分は、最初期の論文、つまりは鷲見の論文以来、一つの共通見解となっていたものである。まずもって、それは精神病ではない。しかし、それは必ずしも単一疾患としての恐怖症でもない。

ところが、高木はこうした考え方をそもそも疑うのである。

山本によれば、「学校恐怖症」とは次のようなものであった。

「a）持続的に頑固な登校拒否を示し、b）診療に対して拒否的であり、c）登校拒否以外の神経症症状に乏しいもの、というおおよその基準に合致するものを中核群として選び、一方登校拒否の出現様式並びに対人的態度が一様でなく、種々の神経症症状、或いは精神分裂病を疑わせる症状を伴うものを辺縁群とした」。

これに関して、高木は次のように言っている。

「かの女が、なぜこのような臨床類型を中核群としたかについてはとくに説明されていないので明らかではないが、あえて推測すれば、他の神経症や分裂病の経過でたまたま登校拒否が出現するものを、辺縁群として中核群から除外したいという意図なのであろう。そして、登校拒否の心理機制は、全体を通じて"学校場面における状況展開の障害"として捉えることができ、この障害の基盤には"性格の発展過程における障害"が見出されるという。わたくしには、かかる障害に次ぐ障害の結果が、なぜその他の神経症症状をともなうとき中核群から除外されるかの理解に苦しむ」[159]。

確かに、山本が中核群の定義として出した三つの条件のうち、「登校拒否以外の神経症症状に乏しいもの」という条件はかなり恣意的なものである。ここには、何か意図的に「学校恐怖症」を他の神経症から区別しようという恣意が感じられる。

そこで、高木としては、山本の言うところの中核群を「典型」として認めることができない。

もっとも、山本が中核群と辺縁群という区分けを導入した意図は、むしろ「登校拒否以外の神経症症状に乏しいもの」も「いわゆる学校恐怖症」の症例として統一的に扱うためであった。それは、次のようなことであった。「症例の選択には、必ずしも "登校拒否が単一症候的に出現するもの" という従来の schoolphobia の概念規定にとらわれず、１）登校拒否を主症状とするもの、の他に２）神経症的訴えと登校拒否が併存するものをも含めた」。

　なぜなら、「先ず一見単一症候的に登校拒否が出現し執拗に持続する一群が存在し、その辺縁に神経症状の目立つ神経症例及び精神分裂病の疑われる症例を含む一群が存在する」からである。

　つまり、辺縁群というものを認めることによって、単一症候としての登校拒否を否定することが意図されていたのである。この点は、また山本が次のように述べていることからも明らかであろう。

　「すでに Johnson, A. M. が "schoolphobia の内容は明確なものではなく、恐怖傾向にヒステリー性、強迫性といった神経症の他の諸特徴が重り合った症候群と思われる" とのべているように、実際に遭遇する症例は登校拒否の二次的結果であるにせよ、すべてが何らかの精神症状を随伴している[160]」。

　山本は何も辺縁群とされるものを考察の対象から除外しているわけではなかったのである。ただ、彼女が成因論を主題としていた以上、それこそ「遺伝負因」が認められるような例をそれとは区別する必要があったのである。

　高木はこの点を理解してはいなかった。

　さて、この時の高木の論文の特徴は、「学校恐怖症」の症状を経過的に図式化する、ということにある。つまり、これまでの諸論に見られたような年齢別の類型化ではなく、あくまでも症状形成の経過を段階的に捉える、ということが目標とされているのである。

　ただし、この段階説そのものは既に発表された高木の論文（1959 年、1963 年）においても見られたものであるから真新しいことではない。この時、高木は鑪や山本の論文における類型論を対照として、自身の段階説を再検討しているのである。

　「子どもが学校をいやがる直接の学校での事件、契機いわば学校状況で

の凝集因子（precipitating factors）はわりあい少ない。たとえ申したてられても、それはほとんどとるにたらぬほどのこともあり、また合理化のあきらかな申し開きであったり、あるいは学校側（教師）の努力で現実にそれを除去するとか、転校するとかしても登校拒否は解決されないことが多い[161]」。

例えば、「凝集因子といわない方がよいのかも知れないが、"たとえば給食当番でカレーをわけてまわるのがうまくできない"と訴えた男の子もいた[162]」。

高木の論文は、80件の症例を分析したものである。そこで、「凝集因子」（誘因）としても、「先生に叱られる」とか「友人に非難される」とか、はてまた「台風がこわい」などいろいろと挙げられているが、このことからして、高木は次のように結論する。

「このような点をいろいろ考えあわせると、凝集因子の発見されない例を含めて授業場面そのものであることもあるし、もっと広い意味での学校生活であることもあるが、要するに先生や友人の前で、なにか失敗をしたり、笑われたり、恥をかいたりすることを恐れている点が共通しているように思われた[163]」。

しかし、むしろ高木は、子どもたちの口から登校拒否の契機として挙げられるものが、彼自身も言っているように「ほとんどとるにたらぬほどのこと」であることに注意すべきであった。子供たちが学校に行かなくなる原因などあってないようなものであるし、だからこそ「学校恐怖症」の成因論が求められたはずなのである。子供が学校を欠席する原因と、それが心因性登校拒否とされる場合の「成因」（病因）とは別物でなければならない。後者によって惹き起こされている無意識的な行動こそ、その「心理的な理由」として問われるものではなかったか？

高木はそうした段階を心気症的時期として第Ⅰ期としたのであった。

では、その「心気症」とは何かと言えば、それは精神分析の概念を用いて「学校場面への不適応にたいする防衛機制[164]」ということであった。しかし、この1965年の論文ではまた次のように言われる。

「加えて、われわれがかって長欠感情とよんだ一種の関係念慮に近い、感情的に強く彩どられた観念が、学校復帰への強い抑制因子になっていることを、無視してならないことを附記しておこう[165]」。

この点は、高木の以前の論文においても指摘されていたことであるが、この論文では、例の鑑論文における「学校状況にかんする分析」などが要を得ていると言われている。こうした点は、ジョンソンを嚆矢とするアメリカの児童精神医学における議論においては「分離不安」が過度に強調されるあまり、「学校状況」が軽視されているという認識によるものである。とはいえ、「学校状況」と言っても、結局は「長欠感情」のようなものであり、学校における状況そのものではない。

　この点は、続く第Ⅱ期に関しても言えることである。

　それは「攻撃性」を特徴とするものであったが、高木によれば、「この段階では、子供のいだくもっとも大きな不安は、学校に行っていない、学校状況から離れたことに基因する不安であることも多くの研究者が見落としている[166]」ということである。

　しかし、ここでも「学校状況から離れたこと」とは、「いわばバスにのりおくれた状況[167]」とも言われているように、やはり心理的なことである。それは、まさしく「不安」なのである。

　ともあれ、このように「学校状況」を強調することは、例の「分離不安」説を批判することが目的のようである。高木は次のように言っている。

　「すくなくとも学校恐怖症の成因を他の適応障害の成因から特徴づける基本的なものとしては、母子の分離不安は、わたくしの図式のなかにははいってこない。むしろ、かかる危急状況における子供の母への依存欲、援助を求める欲求が、分離不安をさそうのであって、それは登校拒否の原因であるよりは結果である[168]」。

　そこで、高木は「分離不安」説を成因の「因果関係を転倒した解釈[169]」として斥けるのである。

　何でもないことのようであるが、この1965年という段階において、ここまで強い仕方で「分離不安」説が斥けられているという事実は重要である。これは、1950年代におけるアメリカでの議論と比べれば、短期間のうちに大きな展開を見せたものとして評価できる[170]。

　さて、第Ⅱ期の次に来るのは「自我防衛」の段階である。

　この第Ⅲ期は「自閉的な時期」とも言われるものであるが、この「自閉的」という言葉は山本の論文で批判されたのであった。

　そこで、ここでの高木の目的はこの批判に答えることである。

Ⅰ. 1960年代前半における論調

「ここで、わたくしが＜自閉的＞とよんだのは、文字通りの意味であって別の表現では自己愛的退避といってもよく、一般の登校拒否児との面接（とくに初回）にみられる、かたくなな拒否的態度、とくに学校のことにふれると固い殻のなかに入りこんでしまう極度のいわゆる防衛的態度をいったのではない」。従って、それは「むしろ、かの女のいう＜仮性適応＞の状態がさらに極端な程度にまで発展したもの」[172]である[173]。

しかし、高木は山本の批判を正確に捉えてはいなかったように思われる。なぜなら、高木はまた次のように述べているからである。

「たとえばわたくしの訪問によっても逃げかくれする気配もないとか、いつも自室を常同的に歩いているので円形に畳がすり切っていたとか、空笑をうかべているとかいう程度に＜自閉的＞な自己愛的退避の状態を念頭においていたわけで、わたくし自身、ほとんど分裂病と誤診したり、または診断を保留した例ばかりである」[174]。

山本は、病質とされる「自閉」とは区別したところに「自閉的」な態度を認めたのであった。なぜなら、この「自閉的」とされる態度には、むしろ子供の主体性が見られるからである。

この点、高木が心気症的時期とされる「第Ⅰ期」において認めている「学校場面への不適応にたいする防衛機制」には、この子供という主体が欠けている。似たようなことは、続く「第Ⅱ期」と「第Ⅲ期」についても言える。高木は「学校状況」というものをまず認め、それに対する不安、或いはそれから離れることの不安を子供のうちに看取っている。

しかし、そこで欠けているのは、山本が指摘していたように、そうした状況を作り出しているその子自身という主体である。もっとも、その主体に「分裂気質」を認めたのもまた山本ではあるが。

ところで、このような段階説はそもそも何のためにあるのだろうか？

「学校恐怖症の典型像」と題されているこの論文は、「学校恐怖症をひとまとめにし、それを他の神経症、あるいは適応障害から分離し、きわだったものにしている心理機制」を論じるものであった。

しかし、高木自身がまた次のように言うのであれば、この論文の構想自体が破れてしまっているようにも思われる。「以上のべたことは、学校恐怖症の症状の発展にかんする、われわれの基本的な図式であって、つまり

ひとつの考え方にすぎない。およそ、すべての具体的症例が典型通りでありえない。だから、個々の具体的症例では、かならずしもこの図式に忠実でないことがあって、それはむしろ当然のことと考えている」[175]。

　例えば、「この点でよく指摘されるのは、登校拒否現象そのものが、学校恐怖症の初発症状ではないことがあるということである。じっさい、ある種の強迫症状や心気症状が、登校拒否に先行することは、われわれも往々観察している」[176]。

　その例として、高木は 1963 年の論文に挙げた女の子の症例を引いている[177]。「しかし」と高木は言うのである――、

　「こうした図式からの変異は、われわれの基本的な把握から十分に説明できることであり、それらをいちいち再分類することは、かえって本質をみのがすことになるだろう」[178]。

　やはり、どこまでも高木の関心は「典型像」にあるようである。そして、「登校拒否現象そのものが、学校恐怖症の初発症状ではないことがある」と言われているように、高木は学校恐怖症の「本質」を必ずしも登校拒否という「現象」に求めているわけではないのである。

　高木の論文は主として鑪と山本の論を受けて書かれたものであり、1960年代前半における議論を総括したと言えるほどの内容を備えている。ただし、その言うところの「図式化」が、状態像の図式化である限り、成因論的には不満を残すものであると言わざるを得ない。

　もちろん、こうした「典型像」の検討はむだではなかった。

　それにより、高木はこれまでの見解を変えることになったのである。

　それは、「学校恐怖」と「幼稚園恐怖」の区別に関することである。これは、例によって「分離不安」説の批判となっていることでもあるから重要である。「幼稚園恐怖」とは高木の造語であるが、それは「登園恐怖」として知られていたものである。もともと登校拒否とは、その延長線上で言われ出したことであった。従って、従来はこの両者に強い区別はなかった。

　しかし、ここに至って、高木はこの両者を強く区別する必要を感じたのである。

　事情は次のようである。「この両者の間には、実さいの症例にかんして一見連続が存在しているけれども、それらの典型的な病像にはすでに質的な相違がある。この両者が基本的に同一の心的機制によって、登校を拒否

し、ただ臨床型がちがうだけであると考えるか、やはり別の機制と考えた方がよいかは研究者の考え方の問題であろう」[179]。

これは、直接には鑪による段階説を批判したものである。

鑪によれば、それは「精神発達による人格構造の差異」によるものであった。

それに対して、高木としては、「子供の自我体系のなかに、社会的友人関係がsignificantにとりいれられる時期になってからの、その結果としての登校拒否という適応障害をわたくしはとくに学校恐怖として議論の対象とし」[180]た、ということである。従って、高木としては、年少児と年長児を区別した上で、年長児における「学校恐怖症」の経過を三段階に分けて図式化したのである。

そこで、高木は次のように述べている。「こんごの議論における混乱をふせぐために、用語の使用法として、まずすべての年令を含めて、保護者のすすめにもかかわらず心理的な理由で子供が学校（便宜的に幼稚園を含めてもよい）へ行くことを拒む現象を登校拒否 refusal to go to school あるいは簡略に school refusal とすることを提案したい。そして、このうち年長児においては、学校にいかねばならぬという自覚、または学校に行きたいという意志をもっているにもかかわらず、神経症的な心理機制のために登校不能になることが大部分であるので、そのさいみられる、とくゆうな神経症状態を学校恐怖症とよぼう」[181]。

要するに、同じ登校拒否でも、「登園恐怖」と言われるものと、「学校恐怖」と言われるものでは異なる、ということである。そこで、「神経症的な心理機制」が見られるその後者こそが「学校恐怖症」の「典型像」ということなのであるが、その裏返しとして、「登校拒否現象そのものが、学校恐怖症の初発症状ではないことがある」ということが認められたのである。

ここに、登校拒否は「学校恐怖症」の「病像」から「現象」として遊離したのである。

それが病像であるとしたら、それは「神経症的な心理機制」がそこに確認される場合のみである。

よく考えてみると、高木は「学校恐怖症」の「典型像」を追い求めながらも、その実、登校拒否という「現象」からしてその本体である「学校恐怖症」を遡及的に探し求めているのである。ここには、自身が臨床像とし

て確認した登校拒否を「現象」として一般化しながらも、そのうちにやは
り「学校恐怖症」の病像を看て取る臨床家の姿がある。

　この病像はしかし、それが「不登校」現象として社会現象化した今でも
そのうちに揺らめきながらも消えずにある残像である。

II. 1960年代後半における論調

　「学校恐怖症」をめぐる精神医学的な論理の結構は、高木隆郎一人によって組み立てられたと言っても過言ではない。鷲見たえ子の論文も重要ではあるが、彼女の論はアメリカの児童精神医学の定説を紹介したものに過ぎない。その点、山本由子の論文にはオリジナリティが認められる。だいたい、登校拒否をめぐる医学論文の中で最も読み応えのあるのがこの論文である。誤解を厭わず言えば、この論文は読んでいておもしろい、よく言えば哲学的である。

　とはいえ、心因性登校拒否という概念を登場させ、アメリカの児童精神医学における定説であった「分離不安」説を斥け、また鷲見や山本の論に見られる類型論を批判しながらも、自身が「構成モデル」と呼ぶところの「三段階」説を打ち立てた高木こそが、最も重要な論者であることに変わりはない。

　その高木の言うところの心因性登校拒否こそ、「神経症的登校拒否」や「学校恐怖症」という診断名の意味を明らかにしてくれる。それは、「内因性」や器質性の精神障害とは区別された心因性の精神障害を原因とした長期欠席例ということである。そうであるがゆえに、それは精神医学の対象となり得たのである。

　ところで、その高木はまた児童精神医学会の立役者の一人でもあった。

　日本児童精神医学会の設立に先んじて、『児童精神医学とその近接領域』誌を発刊したのは高木であった。彼の尽力がなければ、児童精神医学の急速な普及はなかったはずである。

　しかし、黎明間もない児童精神医学は早くもその危機に瀕することになる。

　それは、一つには児童精神科「医療」の危機であった。

　「激動の1年だった1969年は、戦後続いてきた表面的な平和と安定にもかかわらず、その底に危機的情況が醸成されつつあったことを露わにし

た年であった[182]」と始まる小澤勲（精神科医）の論文「児童精神科医療の現状と問題点」は、「児童精神科医療の崩壊的危機[183]」を叫んでいる[184]。

　その激動の一年とは、日本精神神経学会の金沢大会が行われたあの年である。時は東大紛争の最中、学会の理事長であった台弘の病院長室は青年医師たちにより占拠された状態であった。小澤もまた関西精神科医師連合の一員として金沢大会を闘う。

　総会を前にして開かれた評議員会において、その公開をめぐって「緊急の動議[185]」を起こしたのは誰であろう高木隆郎である。高木は舌鋒鋭く台理事長を糾弾する。混乱する評議員会は、予定されていた理事会も一般演題（個人研究発表）も繰り下げて、二日間に及んだ。20名の理事は、4417名にも膨れ上がった会員を前にしては無力であった。初日の議論は8時間半にも及んだのである。理事会の不信任案と評議員会の解散勧告——しかし、何も決することはなかった。小澤は、「日本精神神経学会というのがほんとにいやになりました[186]」とこぼしている。この時、問われていたことは、精神医療のあり方であり、また医局講座制という医学部の制度であった。

　その「渦中の人」なる台は金沢大会を振り返って次のように言っている。

　「そこでの京大精医連の社会的思想を背景にもつ発言には迫力があった。それらは我が国の精神科医の年長者たち、指導層の脆弱性をあます所なくあばいた。会長席に連なる大学教授の理事たちの発言は痛ましいほどに弱気で、毅然とした姿勢を示した人は一人もいなかった。責任ある理事長であった私が、このような傍観者的な批評をすることは許されないが、能弁を持たない私でも、問題を一手に引き受けて、何をなすべきかの自分の主張を述べなかったことは悔やまれる。私を含めて理事会が不信任され、学会の機能を麻痺させた責任は私にある[187]」。

　さて——、

　その紛争の火の粉はまた日本児童精神医学会にも飛散した。

　同学会の第10回総会は、予定されていた一般演題と高木四郎追悼講演を止めにしてまで、二日間にわたっての討論集会となった。この時、高木は『児童精神医学とその近接領域』誌の10周年記念号を準備していたが、初日の評議員会と理事会は、明日の総会を討論集会とするかどうかの議論に終始したのである。ところが、その議論は総会当日になっても続いていた。

計見一雄（千葉大医師連合）「われわれは数回にわたって従来の形での児童精神医学会には協力できないと言ってきた。理由は、一言でいうならば、医師連合が医局解体という方向で運動を進めるならば、医局講座制と密着しその権威を守るためにのみ行なわれて来た学会に対して、必然的に学会闘争という形をとらざるを得ないという結論に達したからである。討論集会を持つべきだと申し入れた理由を、われわれはわれわれなりに説明した。それに対して会長は何らかの答えをするべきだ」。

会長「討論集会にするかしないかということについて発言願いたい」。

小澤「討論集会になぜしなくてはならないのかが今ディスカスされている[188]」。

小澤は児童福祉法の改正（1967年）を「改悪」と糾弾している。

同じ時、十亀史郎（精神科医）も、「学会はじまって10年を経ていまだに児童精神科医療の体系もなければ一つとして満足に機能している施設もない[189]」という「医療の問題」を指摘している[190]。十亀は言っている。「児童精神医学という学問がポカッと一つだけあって、背景にあるものは等閑に付されている[191]」。

医学は医療のあり方を離れては存在しない。

登校拒否をめぐる問題に関しては文部行政を問うというのが通則であるが、その観点を児童精神科や児童相談所における「医療」のあり方へと広げるならば、むしろ問うべきは厚生省の施策である。

ともあれ、全国的な学生運動にまで拡大した医局解体闘争のインパクトは、また「医学」という学問のあり方を問うに至らしめた。日本児童精神医学会としては、小澤を委員長として改革委員会を発足させることになる。その小澤の呼びかけに答えて、九州大学病院精神神経科の村田豊久が「児童精神科医たらんとすることのやりきれなさ」という一文を草している。

「第10回日本児童精神医学会総会には私は出席できなかった。その時期は、九大医学部に一方的に機動隊が導入され、学内は大混乱のさなかにあった。学園の自治がくずれゆくのを目前にみながら学会に行く気持にはなれなかった。また、もしこのような学内の状況がおこっていなかったにしても、第9回総会までの学会のあり方をみてなにかを感じてきた私には、あ

の時点でさらに同じひまつぶしをしようという気持ちはおこってこなかっ
た」[192]。

　青年医師連合が東大の精神科病棟を占拠したのは 1968 年のことである。
医局解体が決議され、東京大学精神科医師連合が設立される。インターン
闘争に端を発するその学園闘争の波が、学会闘争となって日本神経精神医
学会や精神分析学会を襲い、遂には日本児童精神医学会にまで及んだので
ある。

　このような混乱は、しかし児童精神医学がその学問性を自問する契機と
もなった。

　小澤が次のように述べている。「思想性をもたず、「役に立つ学問」を追
及することは、単に矛盾を生みだす枠組みには目をつぶり、そのなかでの
合理化に「役立つ」ものしかつくりださない。たとえば教育の再編成と家
族構造の変化のなかで、子ども達にとって「学校」、「家族」のもつ意味が
変質してきている現在、学校恐怖症の分類、症状変遷などをただそれだけ
の問題として語ることは客観的にはいかなる役割を担うことになるのかを
充分考えてみる必要があろう」[193]。

　紛糾する日本児童精神医学会総会であったが、それを収めたのは、小澤
や十亀、或いは渡辺位といった若手の発言を前にして沈黙を守っていた高
木隆郎であった。

　「わたくし独りの発言が理事・評議員会の統一見解になることを恐れて
敢て沈黙を守ってきたが、理事・評議員会が会員からの問題提起に全く無
力であり受身である。げんざいの医療情勢を分析し主体的にその解決策を
示すという努力を全く払っていないということは一昨日、昨日来会員の前
に明らかとなった。このような理事・評議員が今後機能することに肌寒い
ものを感じる。わたくしは、わたくしの考えが幸いにして、会員の同意を
得られるなら今後も学会に踏みとどまって、会員を組織していきたいと考
えている」[194]。

　このようにして幕を閉じる 1960 年代後半における議論とはどのような
ものであったか、それはまさしく精神医学の「思想性」が問われたものと
言えるのかもしれない。しかし、矛盾するようだが、その「思想性」は反
精神医学に求められたのである[195]。

心因性登校拒否を社会病理化する論理もまた、そこにあった。

1．変り者同一性

　高木の論文「学校恐怖症の典型像（I）」が掲載されたのは『児童精神医学とその近接領域』誌の 1965 年 3 月号であるが、やや前後して同年に出されたその 2 月号においては十亀史郎の論文「学校恐怖症の研究（I）」が掲載されている。これらは十亀の遺書を受け取ったという高木隆郎が「刊行のことば」を寄せた著作集（下巻）に再録されている。

　十亀は「あすなろ学園」という児童病棟に勤めていた精神科医である。[196]

　論文の冒頭、十亀は次のように述べている。

　「本症の児童が特定状況を回避するという事実をさらに細分して考察しその対象を明確化すべきだという考え方よりも、問題が学校集団に向けられていることと、その心的機制、性格特徴を重視して考えたい[197]」。

　これは続いて「その生活史的性格形成上の観察と考察から患児に対人恐怖症ないし強迫神経症者に類縁の傾向を見出し[198]」云々と言われていることからして、彼らの「性格特徴」に重きを置きながら「学校恐怖症」の心的機制について論じるということなのだろう。結論から先に言えば、「この症状を呈する児童は共通の特徴をもっているのであり、それは必ずしも Freud のいうごとき恐怖症と一致するものではない[199]」ということである。

　この論文は 15 名の症例をもとにして書かれたものである。

　十亀によれば、そうした症例は次のような仕方で選ばれた。

　「ここに紹介する例は発症後一年ないし二年以上を経過し、かなりおおくの外来を遍歴してなお症状改善されず家族も困惑絶望に近い気持に追いこまれて来院したものがそのすべてであり、いわゆる性格障害群とでもいうべきものである。もとより症状は登校拒否を主とするものであって、精神病の疑いが強いもの、知能がひくいもの、ずる休み、は含んでいない[200]」。

　例によって、登校拒否を主症状とする「学校恐怖症」が対象となっている。しかし、「諸家の指摘するごとく家庭には分裂病質類縁の性格像をしめす両親がおおい[201]」ということであり、実際に「現在のところ 15 例中 4 例に遺伝負因を認めている[202]」ということであるから、必ずしも「精神病の疑いが強いもの」が排除されているとは限らない。彼らが「性格障害群」と分類されている理由は、必ずしもその「性格特徴」にあるわけではない。

十亀が論じている15名の症例は、それぞれロールシャッハテストによっ
て検査されている。その結果は、「各々かなり問題がある[203]」ということであっ
た。十亀が強調する点は、そうした子どもたちの「家庭内における孤立的
立場[204]」である。この「孤立的立場」を、十亀はまた「異質的存在[205]」とも言
い換えている。それは、家庭内におけるばかりではない、学校内において
も同様である。

　そこで、十亀はそうした彼らの「自己像」を問うのである。

　「これら児童には例外なく万能感とその反動形成としての劣等感をみと
めていると同時に、かなり極端な形で自分を世間の人間とまったく違うも
のとして感じ、また考えていることである。そこには何か特権意識にちか
いものすらある[206]」。

　そんな彼らが、「孤立的立場」を強めるのは当然であろう。

　「孤立化の傾向をたどるにつれて、おおくの例では特殊の技術に通ぎょ
うしたり専門的知識を身につけたりするようになる。ある例では発明にふ
けるということがみられたが、ようするにその年令の子供とは違った狭く
特異な活動を始めるようになり、こうした活動と自己概念を固定化すると
ともに、登校拒否についても一応の合理化を試みるのである[207]」。

　もともと「孤立的立場」にあった子供が、学校に行かなくなることでま
すます「孤立化の傾向」を強める。その結果として彼らが形成する「性格
特徴」を、十亀は「変り者同一性[208]」と名付けた。それは、一方では非行化、
或いは自閉化をもたらすのであるが、他方では「特異な仕事への熱中とそ
の成就[209]」へと導くものである。

　この論文の中心的な命題の一つとしては、「患児は万能感を中核的にもっ
ており、その反動形成としての劣等感がみられる[210]」ということが挙げられ
よう。しかし、言われていたように、15件の症例のうち4件に「遺伝負因」
が認められるということであるから、こうした「性格特徴」（自己像）はい
わゆる「精神病質」（性格像）の一つの現れとも言える。それに、「万能感」
はともかくとして、その反動としての「劣等感」は学校に行かなくなった
ことにより事後的に生じたものであろう。この点は、そもそも論文の冒頭
において、「ここに紹介する例は発症後一年ないし二年以上を経過し」云々
と言われていたことからしても無視できない。

　そうした意味では、そもそも十亀が「性格特徴」ということで何を考え

ていたのか不明を残す。しかし、十亀はそうした「性格特徴」を生じさせた子供たちの「家庭内における孤立的立場」を問題としているのであった。この点に関して十亀が強調するのは母親の「自己愛的傾向」と「代償的過保護」である。

十亀によれば、こうした母親には次のような特徴が見られる。

「勝気な働き者できれいずき、あるいは几帳面であって社会的にはいわゆる井戸端会議などはせず、あまり人好きのよい方ではない。他の健康なこどもには自然な態度がとれるが患児にはなにか不自然で、またその場かぎりの嘘やこどもらしくないあつかいが多いようである。その態度はかなり自己愛的傾向のつよいものと代償的過保護のふた通りあるが、いずれもいっぽうでは患児の依存性を強め、いっぽうでは虚偽不信などの形ではねつけるという点では一致している」。

そこで、子供の側としても、「ここに母にたいする両価的感情が強くなり、しかも未解決にとどまることから、いわゆる分離不安の状態をひきおこさせるような関係がうまれる」。

これは、要するに「分離不安」説の一つである。しかし、十亀としては、「分離不安」そのものを「学校恐怖症」の成因とするのではなく、むしろその原因を家族関係に求めることで、「その生活史的性格形成上の観察と考察から患児に対人恐怖症ないし強迫神経症者に類縁の傾向」を見出そうとしているのである。

とはいえ、それだけに却って、今度は恐怖症の症状とされる登校拒否そのものに対する考察が抜け落ちてしまったようだ。十亀は、「ある例では暗い個室にとじこもって終日臥床しがちで一見して分裂病と区別しがたいような例もあった」と述べているが、こうした「自閉」を精神病性のそれとどう区別するのかということに関しては何も述べていない。

ただし、この論文がそうした子供たちに「変り者同一性」を認めるのであれば、それはこのような論の欠点を補って余りある。彼らは、「その年令の子供とは違った狭く特異な活動を始めるようになり、こうした活動と自己概念を固定化するとともに、登校拒否についても一応の合理化を試みる」ということであった。そうした合理化の過程において「変り者同一性」とでも言えるような性格を彼ら自身が形成していくという十亀の主張は、山本の言うところの「仮性適応」というよりも、子供が主体的な仕方で学

校に行かないという状況に適応していることをより積極的に認めるものである。

　多くの論者たちが、「登校拒否児」の性格を問題にした。しかし、子供の性格というのはまだ発達過程にあるものである。論者たちの多くが、子供が学校に行かなくなったことの原因をそうした子供の性格に求めているが、その反対に、学校に行かなくなることが子供の性格形成に影響を与えることを指摘した者は少ない。十亀が意図していたかどうかはわからないが、「変り者同一性」とは、学校に行かないという生活からする子供の性格形成の一つのあり方を示したものとして評価できるのである。

　ともあれ――、

　それを理由として十亀は彼らを「性格障害群」と分類したのではなかったはずだ。

　後になって、十亀は次のように述べている。

　「実際には登校拒否の子は精神科のケースになどならなくて、どこかで適当に処理されている。それがどういう形で処理されているかといいますと、学校の先生、校長先生なんかがいろいろなえらい人が書いた本を読みまして、学校へ行かんのは勝手に行かんのであって、そのまま意志を尊重して行かんなら行かんで済ましたらいいんではないか、ということがあるから、何も来なくても結構であると、卒業証書はいくらでも渡します、というふうなお考えなんです。で、けっこうな話なんかは出たりなんかしてわかり、そういうことの方がむしろ多いようでございます。また、児童でなしに、大人の精神科の方に相談して、これも学校へ行かない、行かないのは本人の意志であるから、行かないままにしておきなさい、といったら、さようでございますかということで、それでけっこうすぎているんですね。これもめでたく卒業証書をいただきまして、卒業していくケースがあるんですね。そのケースについて、僕は考えるんだけれど、そうやられるとそんな簡単なことで本当にいいんだろうか、問題は解決しているんだろうか、というふうに思うんですよ。これは挙げればきりがないんですけれど、要するに僕はこの conflict というものが、学校へ行く、行けない、行かなきゃならないんだがどうも自分は行かないという、あるいは行きたいけれども行けない、行きた

いという気持、行きたくないという気持、このひとつの conflict というものを彼らが持ってるわけですね。〈行かない〉と決断したということも、いうならばひとつの自己主張を確立すること、やはりその葛藤も重視したいですね。要するに〈行かなくていいから〉という形で苦しみのない状況を作り出されたということが割合多いんですね。本当にそういう conflict free な状況が子どもの発達にいいことなのだろうかっていうことをやはり考えるわけです。そういったことのなかには割合万能的な段階での退行というのが見られるようなケースが多いわけですけれども、reality というんですか、やっぱり 15 歳なら 15 歳の子どもにとって〈現実との葛藤〉というものが省みられなくなっているというふうな、denial といいますか、なんか否定されてしまっている、そういう傾向がみられるわけですね」。[214]

私も卒業証書だけはもらった「形式卒業生」であるが、それがそもそも「conflict free な状況」に身を置くことを意味しているのではないことは注記しておく必要がある。それどころか、それが却って「現実との葛藤」を惹き起こす場合もあるのである。或る児童相談所の職員が次のような例を紹介しているが、はたして、それは「変り者」の例であろうか?

「私が児童相談所で扱っているケースは、だいぶ長いこと学校に行かれなかった中学 3 年の男の子ですが、本人は、自分は学校に行けないから日本の学歴社会から脱落したといって非常に悩んで、しょうがないからプロレスの選手にでもなろうかと言っていました。ところが卒業の時期になったら学校はそのこの親を呼んで、非常に恩をきせて、1 年間 1 日も行っていない子を、将来のためにということで、卒業証書をくれたわけです。(中略)完全癖がある子ですので、1 日も出席しないのに卒業証書をもらったという矛盾に彼自身が悩んで、その夜からたいへんあばれて家の中に火をつけたりするさわぎになって、短期間でしたが精神病院に入院して、今度出てくることになりました。彼は社会復帰にあたって夜間中学に行こうと思ったのですが、夜間中学は卒業証書をもっている人は入れてくれない。高校にも入れないし、卒業証書がじゃまになって中学にも行けない。どうにもならなくなって困っているわけです」。[215]

２．日本臨床心理学会第１回大会

　時に、日本臨床心理学会が発足した。

　その第１回大会（1965 年）におけるシンポジウムでは、「学校恐怖症の治療をめぐって」という提題がなされている。発言者としては、これまでに名が出てきた者としては、佐藤修策と玉井収介であるが、後に有名となる村山正治の名も見られる。

　また、この大会の模様が活字化された『臨床心理学の進歩』（1966 年）には、「研究発表論文」としていくつかの論文が掲載されているが、その中でも平井信義の論文「School phobia あるいは登校拒否の諸類型と原因的考察並びに治療について」は後の第一人者による報告として注目される。[216]

　しかし、この平井の説についてはまた後で検討することにしよう。

　ここでは、シンポジウムでの議論について振り返ってみたい。

　まず、「学校恐怖症の治療をめぐって―外来治療、訪問治療、収容治療の現状成績と問題点―」と題されたシンポジウムの趣旨としては、司会者が述べているように、「現在までの諸報告は、どちらかと云えば病状類型や病状形成の発展の仕方、その病状形成をもたらした家族のダイナミックスについて焦点をおいたものが多い。これらの諸報告はかなり突っ込んだ議論を展開し、われわれの「学校恐怖症学」に少なからざる洞察を得させてくれるものであった。しかしながら、治療という側面からの討議はまだ進んでいないように思われる[217]」ということである。

　ここに、司会者は「学校恐怖症学」を謳っているが、こうした表現が用いられたのはこれが最初で最後である。それも副題にあるように、「外来治療、訪問治療、収容治療の現状成績と問題点」ということであるが、何だか「現状成績と問題点」という表現は妙である。

　シンポジウムは、これまでにも論文を発表してきたような諸家が改めて自説を展開した後で、フロアーの意見も踏まえて討論する、という流れになっている。そこで、まずはそうした提題者たちの発言について少しく検討しておく必要があるだろう。

　まずは、玉井収介の「外来治療を中心として」である。

　既に検討した鷲見たえ子の論文「学校恐怖症の研究」（1960 年）は、この玉井との共著論文である。玉井には、また山崎道子との共著論文「いわ

Ⅱ．1960 年代後半における論調　　　79

ゆる学校恐怖症に関する研究」(1964年) や、個人講演録「登校拒否のカウンセリング」(1976年) などがあり、後には『登校拒否』(1979年) という単著も残している。

この時、玉井は次のように述べている。「この問題の治療を論ずるに当たって、まず、おことわりしておかなければならないのは、わたくし自身は、外来の相談室にかよってきてもらうという経験しかもっていない、つまり収容治療ということには経験がない、ということである」[218]。

しかし、「通所による治療という形での取扱いで、成功するものとしないものということを検討してきたが、それが、たまたま、われわれが考えている登校拒否児の類型ということと、かなり密接な関係があるという印象を得るようになってきた」[219]。

つまり、「通所による治療で学校にもどることができるものは、登校拒否児のなかのある類型に属するものに多い」[220] ということである。

玉井は国立精神衛生研究所に勤めていたが、「登校拒否児」の「通所治療」はまた全国の児童相談所においても行われていた。そこで、児童相談所の立場から、佐藤修策 (臨床心理判定員) が「学校恐怖症について」という題で発表している。

この発表は、「岡山県中央児童相談所に「学校へ行かない」の主訴で来談し、神経症的登校拒否と診断されたケースのうち」[221]、計47名を対象としたものである。児童相談所に「来談」したという表現は正確なものだと思うが、そこで神経症的登校拒否と「診断」されたという表現は不正確ではないだろうか[222]。

「治療効果の判定のインデックスを何に求めるのかは難しい問題であるが、ここでは現象的なもの——学校への復帰状態と登校に対する、親の不安度に求めた」[223]。

例によって、「現象的なもの」というような表現は不明を残すが、それに対する「親の不安度」を計測することが佐藤の目的らしい。そうした基準からすると、彼が扱った計47の症例は、良好群29名と不良群18名に分けることができるようである。

佐藤は、こうした47の症例について、「学校における状況」と「家庭における状況」を詳しく調べている。前者に関しては特筆すべきことは何も言われていないが、後者に関しては後の議論展開を知る上で重要なことが

いくつか言われている。

　まず、「家族構成」であるが、良好群のうち 16 件において、不良群においては 6 件において祖父母、或いはそのどちらかが同居しているという事実が挙げられている。また、出生順位については、「中間子は良好群に 5 ケース、不良群に 2 ケースのみで、他は長子、末子または一人子」[224]ということである。

　つまり、佐藤が扱っている例が、多くが核家族ではないということ、従って子ども同胞数はとくに問題とされていないということである。これは、或る時期から登校拒否は核家族における一人っ子に多いというような論調が主流になったことを思えば示唆的である。

　また、特筆すべきは「遺伝的背景」として言われていることである。

　まず、良好群とされた 2 例において、実兄が鉄道自殺したことと、実姉が統合失調症を患っていたことが各例において確認されている。また、不良群とされた症例のうち 7 例において、身内に精神病患者が存在していたことが確認されている。不良群とされた例は全部で 18 であるから、この 7 という数字は決して少なくないと言えるだろう。

　しかし、何よりも重要なことは、彼自身が次のように指摘していることである。

　「良好群の 2 名もその後の調査によると、高校進学後中退し、家庭で無為に日を送っているという。遺伝的背景をもつケースでは効果が十分期待できない傾向があるといえよう」[225]。

　この「遺伝的背景」とは山本論文にあった「遺伝負因」[226]のことである。「良好群」とされながらも、このような背景のあるために「予後」が不安定なケースがあるのであれば、こうした背景を知っておくことがいかに重要なことか理解されるはずである。[227]

　その他にも、「心理治療的機能をもたない施設への収容は必ずしも本質的な対策とはいえない」[228]とか、「転校は治療そのものの手段としては効果はなく、治療が効果的に終結し、長欠感情を無散させる手段としては有効である」[229]といった指摘がなされていることを参考までに記しておこう。

　続いては、村山正治が「学校恐怖症者の治療経験」という題で発表している。村山は後に当時を振り返って次のように言った。

　「神経症による登校拒否あるいは学校恐怖症という言葉を初めてきいた

のは、昭和35年ごろだったと思う。それまではただ神経症ということで来談するクライエントに面接をしていた[230]」。

村山には、「登校拒否中学生の心理療法」(1964年)や「学校恐怖症に対する治療的接近（クライエント中心療法の臨床的適用）」(1971年)といった論文がある。これらは、単著として『登校拒否児』(1972年)としてまとめられた。

この方は、京都市カウンセリングセンターという所に在籍していたようである。

その村山が次のように述べている。

「他の情緒障害や疾病と同じように、学校恐怖症者の治療にも早期発見、早期治療が極めて重要であり、かつ能率的であるということであろう。早期発見の一つの道は来所経路を探ってみることであるが、本クリニックは教育委員会に所属しているので、75.7%が学校からの紹介で来所している。従って学校と協力することによって今後、早期発見とその処置の実行をあげてゆくことが出来るものと考えられる。学校ではこれまで、ともすれば、登校拒否は怠け、ズル休みと見なされ、そうした学校の処置が事態を悪化させている場合もみられた[231]」。

ただし、実際に村山が行っていた「治療」とはカウンセリングのことだったようだ[232]。

1964年の論文は、「神経症的登校拒否症状」が認められる中学生に心理療法を施した例の報告となっているが、それを読む限り村山は純粋なカウンセリング以上のことは何も行っていない[233]。

村山はこれまでの研究が成因論、ないしは症候論に偏り、治療論がおろそかになっていたことの理由を次のように述べている。「この理由を考えてみると、登校拒否という症状をもったクライエントを〝病気〟とみなしていることにあるように思われる。〝病気〟としてとらえることは相手を対象化することであり、客観的に相手を観察するだけで、そこでは相手との人間的なかかわりは問題にならないのである。この点に従来の原因論や症状論的アプローチの限界が求められるであろう[234]」。

しかし、その村山が、子供の側が来談しない場合には収容治療を行うことを否定していなかったことは残念である。村山は、これをUn-motivated client の問題として提起しているが、次のように言われるので

あればそもそもカウンセリングからの逸脱であろう。

「今日のように短期収容の治療施設が発展し、単に収容するだけでなく施設内で十分な治療関係をつくることができれば、一時的な強制収容も一つの有効な方法であるように思われる[235]」。

収容治療に関しては、山本昭二郎が「学校恐怖症の収容治療」と題して発表している。

山本は、情緒障害児短期治療施設における「学校恐怖症児」の収容治療の現況について述べている。この施設は、1961年の児童福祉法の改正により、その翌年から全国に何箇所か設立されたものである。6カ月を限度として、12歳未満の「情緒障害児[236]」を収容するという。その中には、「登校拒否児[237]」たちも含まれていた。

入院施設としては、その他にもあすなろ学園や国府台病院などがあり、収容治療の効果については当時からよく議論されていた。しかし、効果の有無を論じる前に、そうした方法の妥当性を問うべきであった。ここで問われていることは、医学ではなく医療のあり方である。

「登校拒否児」の収容治療に際しては、児童相談所の一時保護所や養護施設なども使われた。これについては、宇津木えつ子が「学校恐怖症の治療に関する二、三の考察—5ケースの分析を中心として—」と題して発表している。

宇津木は、児童相談所における「学校恐怖症児童」の治療について述べている。

扱われているのは5件であるが、宇津木によれば、「これらはいずれも平均知またはそれ以上の知能をもち、同時に極めてデリケートで、しかも「全身これ神経（事例5）」というような鋭敏な感受性と、それだけにまた傷つき易い傾向を持っていた。他方勝気で依怙地であるが脆いことも特徴的であった[238]」ということである。

このように、宇津木は「学校恐怖症児童」について語っているのだが、当時の児童相談所の分類法（相談種別）では、そうした児童は「長欠、不就学」として分類されたはずである[239]。この点、佐藤はいくらか慎重にも「児童相談所に「学校へ行かない」の主訴で来談し、神経症的登校拒否と診断されたケース」と述べていたが、児童相談所において「学校恐怖症」であるとか「神経症的登校拒否」といった医学用語が無造作に使われていたことは

Ⅱ．1960年代後半における論調　　　83

記憶されて良い。なんとなれば、相談所の臨床心理判定員が診断を下すことはできないし、セラピストと名乗る相談員が心理療法（精神療法）を施すこともできないからである。[240]

　さて、以上の発表を踏まえて、討論が行われたわけであるが、実はあまり目ぼしい発言が見られない。それは、このシンポジウムが「学校恐怖症の治療をめぐって―外来治療、訪問治療、収容治療の現状成績と問題点―」と題されていたことからしても、関心の対象が「治療」に当てられていたことにもよる。質問者たちの意見は、そのほとんどが玉井や山本に向けられているのである。討論の司会者が挙げている問題点も、全て「治療」に関わることである。

　もっとも、討論における発言者のおよそ半分が児童相談所の職員であることからも知られるように、参加者の関心が実際の「治療」に向けられていることは仕方のないことである。しかし、それだけに却って「学校恐怖症」に関する理論的な検討がまるで見られないのは残念なことである。

　例えば、発表者の一人でもあった宇津木は次のように言っている。

　「登校拒否は一つの症状で、それを生み出したパーソナリティの問題があるわけだから、治療の目標はそのようなパーソナリティの改善というところにある」[241]。

　これは、要するに「性格異常」によって登校拒否が惹き起こされていると考えているわけである。しかし、それを治療することは相談員にはできないはずであるし、単純に人格の陶冶ということであれば、それはそもそも治療によりなされることではない。

　ともあれ、そんな中でも一つ注目されるのが、山松質文の発言である。

　山松は丹下庄一と共に「学校恐怖症の研究」という論文を 1961 年に著しているが、これは鷲見論文と同様にアメリカの児童精神医学における論調を紹介したものであり、とくに重要なものではない。しかし、この山松の論文が高木や鷲見と並んでこの件に関する最初期の発言の一つであることは銘記しておこう。

　その山松が、討論において次のように言っている。

　「基本的には学校へ行かないという現象自体は、問題の一角にすぎない。吃りということで来所しても、吃りは現象的な一つの表われで、吃りを治

すことを目的としていないのと同じように、school phobia も学校へ行ければよいという考えではいけない。そういうことにとらわれること自体が既に問題であると思う」[242]。

　残念なことに、この発言に対する応答は記録されていないが、ここで言われていることからして、山松には「学校恐怖症」に関する相応の知見があったのではないかと推察される。

　また、児童相談所の長尾憲彰の質問をめぐって次のような議論がなされている。

　　長尾「大阪市の児童相談所で9月までの過去半年ぐらいで、school phobia と目されるものを50ケースほど受けつけた。全国の相談所の傾向かどうかわからないが、さきほど玉井先生のおっしゃった類型のC型が多い。これは自我の発達の未成熟なタイプとみておるが、治療が困難で予後も長い期間を考えなければならない。ですから相談所にやってこないか、きてもすぐ脱落してしまうのが多い。これに対して児童相談所はケース・ワーカーも沢山いるし、施設ももっているから、それらをフルに動員する。こなければ訪問する。必要があれば出張する。そういった場合にわれわれの心理学的素養が邪魔して、余り無理にいやがってくるものをひっぱってくるとか、いやがるのを収容することがむずかしい。（中略）受容的な、子どもの自己決定を尊重する、そういう心理療法を全般的な流れとして尊重していますが、一方では school phobia 特有の権威ないし現実に対する問題に対処しなければならない。そこで、なるべく友人的な態度で、その権威を非人格的な権威、学校というものはどうしてもいかなければならないものだ。先生だって、皇太子の子どもでも、精神薄弱児でもいかなければならないということを話して、セラピストはそういう人格化されない権威で、親切な受容的な支持者として接することができるわけです。もう一つは自己決定の尊重ということがあるが、施設へ入れる場合、子どもから短期治療所へいくとか一時保護所へいくとかは、なかなか云わない。学校へもいかない。それを自分から自発的によろこんでいくところまでもっていくのは難しいが、一応理くつの上では納得しなければならないというふうに追いつめていく。それをやらないで収容施設に入れることは、我々の心理学的教養が邪魔

をしてどうも後味が悪い」。

山松「さきほど玉井先生の云われた類型は、そのような意味でのご意見か、発達的な年齢を考慮してのご意見ですか？」

玉井「いま、長尾さんのご意見のなかで私の申しあげたＣグループの子どもというのは、いわば世のなかに適応していくためにはいやなことでもある場合にはがまんしなければならないという構えが身につくことが基本的に必要だと思うわけです[243]」。

おそらく、山松は長尾とも玉井とも違った考えを持っていたのではないかと思われるが——少なくとも彼らに必要であったのは「心理学的教養」ではなかったはずだ。

3．登校刺激？

1966 年には早くも「学校恐怖症」の予後を主題とした医学論文が発表された。梅垣弘（精神科医）による「学校恐怖症に関する研究（Ｉ）―学校恐怖症の予後―」（1966 年）がそれである。

しかし、梅垣は後に振り返って、「登校拒否の臨床に関わり始めたのは、東京オリンピックが開催された 1964 年頃から[244]」と述べているから、この段階でその「予後」を論じることには無理があろう。

ともあれ、梅垣は 232 の症例を対象としてその「予後」を調査した。こうした調査の問題点についてはまた後で述べるとして、ここではただ、その回答率が 64.7％であったことの理由が、この調査が行われた時期が「農繁期」であったことに求められていることを指摘しておこう。

梅垣は引き続いて、1970 年に「登校拒否の臨床的研究―登校再開に関する経過良否を中心に―」という論文を発表した。これは、梅垣によると上の論文に続いて「登校拒否実態」の解明を目指すものということであるが、予後調査に遅れたこの論文においてこそ、梅垣の登校拒否論は展開されている。

まず、梅垣としては、「学校恐怖症」という診断に関して、堀要（精神科医）や池田数好（精神科医）の見解を踏襲している。このうち、堀は第２回児童精神医学会総会（1961 年）において次のように言っている。

「登校拒否はこれを児童の社会行動障害としてとらえ、これをただちに

学校恐怖という神経症的名称におきかえることは避ける[245]」。

　また、池田は第4回総会（1963年）において次のような発言をしている。

　「学校にいかなくなった子どもを、＜学校恐怖症＞という名で一括することには反対である。というのは、その心理的原因としては、質的にも、量的にも、いろいろの種類があるし、それが明らかにされなくてはならない。そのためには、むしろ本演者のように、＜登校拒否＞という名称で総括し、報告し、治療しようとしている症例が、その群のなかの、どのような心理機制のものを意味しているのかを明らかにして討論し、あるいはその治療方法を発表するといったやり方が、この問題の解明に必要であろう[246]」。

　そこで、梅垣としても、「登校拒否状態」を研究対象とするのである。

　では、その状態とはどういった状態であるか？

　それを梅垣は次のように定義している。

　「客観的には明らかな理由契機が認められないままに自発的に登校することを回避して自らの家庭にとどまり、所謂≪登校刺激≫に対して特異的にかつ特有な反応を呈している状態[247]」。

　ここで梅垣は「いわゆる」と言っているが、「登校刺激」などという言葉を使い始めたのは当の梅垣ではないかと思われる。しかも、それは「登校拒否」の定義に含まれている。

　梅垣としては、「登校拒否状態」を研究対象とする、ということであった。しかし、そうすると登校拒否に陥っているあらゆる例が含まれてしまうことになる。実際、先の予後調査においては、精神病、或いはその疑いがある例が15件も含まれていたとのことである。そこで、この論文では、上の定義に該当する例を中核群として対象を限定している。

　その特徴の一つは、やはり「登校刺激」に対する特異的、かつ特有な反応ということにある。それはまた、「すくみ反応」とも言われる。梅垣による登校拒否論は、この「登校刺激」と「すくみ反応」という二つの言葉によって成り立っていると言える。

　もっとも、その他にも辺縁群との比較において、「訴える態度」に乏しいとか、「悩む態度」に乏しいといったことも指摘されている。しかし、「訴える態度」に関しては、山本由子の論文に見られたような優れた洞察は見られないし、「悩む態度」にしてもそれが「自らを悩む態度」ということ[248]

を意味しているのであれば何をかいわんやである。

確かに、「自閉的精神症状に基づく学校欠席と、登校拒否児が示す《すくみ反応》的学校欠席とは基本的にその質を異にする」と言われていることからして、例によって「自閉」との区別という問題が梅垣にもあったことは認められる。しかし、「すくみ反応」なるものを「自閉」と同列に論じることには無理があろう。

ところで、精神医学における診断とは一つには鑑別診断である。それは、鷲見論文にあったように、他の可能性を除外するということである。しかし、他の可能性を除外したところで、それだけで診断が下せるわけではない。つまり、精神病による例や、怠学、非行と看做される例を除いたところで、それが心因性登校拒否とされるところの強い理由はまた別になければならないのである。

登校拒否をめぐる児童精神医学の議論は、結局のところこの点において躓いたと言える。それが後になって「不登校」と概念化されたことの理由も、その一つはこの点に求められるのである。

梅垣としても、やはり登校拒否の診断に際しては除外診断を重視している。

その著作『登校拒否の子どもたち』（1983年）においては、この点が詳しく説明されている。

それによると、登校拒否の「診断的位置づけ」として以下の三点が挙げられる。

①登校拒否は、精神医学における既存の診断基準からみて疾病とはとらえ難い。
②従来の病欠や、非行的怠学・知的障害による欠席と異なって、不安を伴った学校欠席の一群である。
③登校拒否の中心的問題は機能的行動障害であるが、その発現は神経症的機制をもって説明されるものである。また、副次的に各種の身体・精神症状を呈し、多彩な状態像を形成することが多い。それゆえ、登校拒否を「神経症的な学校欠席症候群」とみなすことができるのである。

さて、このうちの①と②が除外診断に相当するわけであるが、その結果として残された「不安を伴った学校欠席の一群」が、なぜ「神経症的な学校欠席症候群」と診断されるのか、その根拠は何かと問えば、それはその発症が「神経症的機制」によって説明されるから、ということである。

　では、その「神経症的機制」とは何か？ということであるが、それは例によって「登校刺激」に対して「すくみ反応」を示す、ということに求められている。そこで、梅垣は登校拒否を「心因性の学校欠席のうち、登校刺激に対してすくみ反応を呈するもの」と定義している。[251]

　梅垣は、古典的な刺激‐反応図式でもって登校拒否を定義して見せたのである。

　「登校刺激」という言葉は有名である。言葉の意味をその用法によって定義するならば、それは登校刺激を加える、とか、いたずらな登校刺激は避ける、といったように使う。しかし、この言葉は本来、それに対して「すくみ反応」を示すような例を登校拒否と診断するという意味で使われていたものなのである。従って、逆に言えば、登校刺激を加えてみないことには、その「神経症的機制」は明らかではないということになる。

　そうした意味では、梅垣は心因性登校拒否の成因については何も述べていないのである。それは、刺激‐反応図式におけるブラックボックスの中に閉じ込められている。従って、この程度のことからして、例えば梅垣自身が用いている表現で言えば、「精神医学的診断の結果、登校拒否症と診断」というようなことがなされていたのであれば、大いに疑問としなければならない。[252]

4．力動主義の台頭

　小此木啓吾もまた牧田清志と共に「学校恐怖症」について発言している。

　まずは、『精神分析』誌に掲載された有名な論文「思春期精神発達における identification conflict, negative identity & identity resistance —いわゆる登校拒否児童の自我発達をめぐって—」（1963 年）があり、それに、『児童精神医学とその近接領域』誌上に発表された論文「思春期登校拒否児の臨床的研究—とくに慢性重症例について—」（1967 年）や「思春期登校拒否児童の精神医学的研究（その 1）」（1971 年）などが続いた。[253]

　また、学会発表としては、第二回日本児童精神医学会総会（1961 年）で

の「学校恐怖症児の研究（第1報）」と「学校恐怖症児の精神療法的研究」があり、その他にも、「学校恐怖症児の精神力学とその治療過程への現われ─ identity resistance, negative identity, identifications conflicts ─」（日本精神分析学会第7回総会、1961年）、「前思春期児童の精神療法の過程に於ける治療協力因子と治療障害因子としての母子関係の精神力学」（同第8回総会、1962年）、「思春期児童における登校拒否の精神力学的背景─その父親像をめぐって─」（同第9回総会、1963年）、「学校恐怖症児と破瓜型分裂病者における疑似統合家族の研究」（日本精神医学会第11回総会、1965年）、「女子登校拒否児の治療関係と家族精神力学」（日本臨床心理学会第1回大会、1965年）などがある。

　こうした一連の研究は、例えば鑪がロジャースの心理学によるものであるのに対して、エリクソンの「自我心理学」、それも「社会心理学」によるものであり、「遺伝負因」ならぬ「家族力動」に着目している点においても特徴的である。

　しかし、ここでは精神科医である牧田清志の発言に注目したい。ジョンス・ホプキンス大学の児童精神科外来においてレオ・カナーに師事した牧田は、また日本の児童精神医学の立役者の一人でもある。

　その牧田は、第1回日本児童精神医学会において、「学校恐怖症」を概観して次のように述べている。「大部分のものは Separation anxiety で理解できるかと思うが、わたくしは偶然か中学校を中心とした adolescent の症例が多いのであるが、なかには separation anxiety だけで理解しがたいものがあるように思う。また separation anxiety としてもそれが aggression としてでてくるような、ひとひねりした形ででてくるようなものが少年期には多いように思う。（中略）わたくしどもはある症例では病院にいれてなにもしないで患児が文句をいってくるまでまち、患児の文句をいってくるこちら向きの医師患者関係を利用して問題の discuss をはじめ、成功した例がある」。[254]

　例によって、「分離不安」説が否定されているわけである。

　この点に関しては、高木が「心的機制を separation anxiety として一元的に考えることは深層心理学的ではあるかもしれないが、static であって dynamic ではない」と述べていたことが思い出されよう。

牧田は、小此木との共著論文「Dynamic な観点からみた小児精神医学」（1963 年）において次のように述べている。「小児の精神医学的諸問題の傾向から云って、所謂 Kraepelin 的な記述的アプローチは何の用もなさない。無論今世紀迄のアプローチは記述的であった。今世紀の初頭迄此の傾向は精神医学の他の領域に於けると同様残存した。しかし記述的なアプローチが臨床的にも、学問的にも何の役にも立たぬことが理解されるに及び小児精神医学は、現在、力動的なアプローチの上にのみ臨床的価値を示し、体系づけられようとしている[255]」。

高木隆郎もまた次のような証言している。

「戦後数年の間に、旧来の現象学的なドイツ精神医学的体系のなかに、アメリカ精神医学の影響がしだいに浸透し、これまで孤軍奮闘の観があった力動主義と精神分析学的傾向がわが国精神医学会でも 1950 年ごろから目立つようになった[256]」。

戦後日本における児童精神医学の出来が、同時にドイツ系の精神医学からアメリカ系の精神医学への移行とともに生じた出来事であったことは重要である。なぜなら、「学校恐怖症」はアメリカの児童精神医学における疾病概念であっただけではなく、その力動主義において対象化され得た事例だからである。

牧田は、戦前の精神医学を振り返って次のように述べている。

「そのころまでの精神科の外来においては、精神科医の関心はもっぱら精神病 psychosis にあって、精神病は精神病院に送り込まれ、神経症患者は「何でもない、気のせいだ」「病気ではない」等につきる安易な態度と鎮静剤の投与ぐらいで追い返されているのを常とした[257]」。

従って、「学業成績のあがらぬ子や、親の言いつけに従わぬ子は当然医療の対象ではないと考えられ、親も教師もそうした問題が病院に行って解決されるとは思いもよらず、つれてもこられなかったのは当然である。そのころの精神科の外来にくる児童は精薄の鑑別を目的としたものか、てんかん児に限られていたといっても過言でない[258]」。

高木四郎なども次のように述べている。

「わたしが大学の医局にいたころ、たまたま、たとえば学業不振などを訴えとする子供が外来に連れてこられた場合、その子供が精神薄弱でも精神病でもなければ、つけられる診断は普通「OB」（Ohne Besonderheiten 異

常なし）であった。現在でもおそらくそうであろう。しかし、問題があるからこそ受診にきたのであって、少しも「OB」ではないのである。従来の精神科医はこの点まったく無力であったし、また、成人に見られるような狭義の精神障害を伴わない児童の問題などは精神医学の対象ではないと考えていたのである。これでは児童精神医学は成り立たない」[259]。

　それが、戦後になって力動的精神医学としての児童精神医学がアメリカから輸入されたことで、こうした傾向は変わっていったわけである。しかし、「学校恐怖症」のような診断学的に不確かな症例を前にしては、くしくもその負の側面を露呈したとも言えるのではないだろうか。

　レオ・カナーは言っている。

　「力動的な概念の導入は精神病の理解にいちじるしい進歩をもたらしたが、診断上の分類に関してはほとんど進歩をもたらさなかった」[260]。

　第2回日本児童精神医学会総会におけるシンポジウム「児童神経症」では、牧田が次のような発言をしている。「子どものしめしますいろいろの behavior の問題の中で、いわゆる分裂病、それから精薄、それから一部の反社会的な行動をのぞきます大部分の behavior の問題は、それを neurose と呼ぶか呼ばないかは別にしまして、neurotic な manifestation〔＝神経症的発症〕として理解できるものが、大部分かと思います。わたくしが Kanner の弟子だからこう申すわけではないのですけれども、たとえば、あの分厚い Kanner の教科書をみましても、neurotic とか neurotic manifestation という言葉はございますが、neurosis という章はないのでございます。したがいまして、わたくしはいまのところ、そういう症状はひとつの index として利用するというのにとどめて、あまり、児童神経症とか、小児神経症とかいう言葉で大きなカテゴリゼーションをすることは、健康保険の請求以外にあまり意味がないような気がする」[261]。

　そこで、子どもの異常行動は「神経症的発症」として括る、ということである。

　しかし、ここにまた長期欠席を「神経症的登校拒否」とする論理もあったのである。

　牧田の論文では、「いわゆる school phobia 乃至 school refusal は、一つの症候群であって、様々の内容を含むが、一応他の精神障害と鑑別した定型的な学校恐怖症児について、精神療法的なアプローチを試み」[262]云々と言

われている。しかし、このように「いわゆる」とか「一応」と言いながらも、心理療法を試みることに問題はなかったのだろうか？

文句を言ってきた子どもの例にしても、入院させられているのである。

他の精神障害と鑑別するということは、鷲見論文にあった、「身体障害、精神薄弱などによるとみられるものは除外すること」、「精神分裂病なども登校していないものが多いがこれも除外すること」という条件のことで、精神科の診断としては当然のことであろう。

しかし、そうして残されたその他の「登校拒否児」たちが、はたして「長欠児」とは違って精神医学の対象となるような「患児」なのか、その点はまた別に問われるべきことであろう。親が子の「問題」を訴えているとしても、医学的には「OB」であるかもしれないのだ。

それに、「一つの症候群」ということにしても、あまり早々とそう断定すべきではなかった。[263]

確かに、1980年代に入ると、アメリカの精神医学の診断基準が変更されたことに伴い、登校拒否を「症候群」として捉える見方が一般的となる。しかし、そこにまたあの「思春期挫折症候群」[264]が入り込む余地もあったのである。

牧田が残した浩瀚な児童精神医学の教科書は、1977年に改訂版を出している。そこには、初版にはなかった次のような一節がある。

「わが国ではその教育を受けることが困難で先進国に学ばねばならなかった時代の児童精神医学の時期は去った。諸外国に学んでわが国でのパイオニア的役割を果たして来た日本児童精神医学の第一世代にかわって、有用な若い児童精神医学者がつぎつぎに現われて次代を背負ってゆくであろうことは確定的事実として予見できるようになった。すなわち日本の児童精神医学の創世記は概ね終わったと見ることができ、1970年代の終わりにはパイオニア的役割を果たした第一世代の人びとはその大部分が日本児童精神医学の地平線からその姿を没してゆくであろう」[265]。

しかし、まさしく日本児童精神医学において始まった登校拒否をめぐる議論は、いよいよもって拡大し、混迷を極めたのである。彼らがその論において「第一世代」の水準を超えることはなかった。

5．臨床心理判定員の論理

　佐藤修策の著作『登校拒否児』（1968年）が登校拒否について書かれた最初の単行本であることは間違ない。佐藤は岡山県中央児童相談所の臨床心理判定員であった。

　その佐藤によると、「昭和32、3年前後に、相談所の窓口に、従来の怠学や精神障害の前兆としての登校問題とは違った登校問題が持ちこまれはじめた²⁶⁶」ということである。

　佐藤は当時の様子を振り返って次のように言っている。

　「昭和24年に実施された学制改革による、「新制」中学校（当時、旧制の中学校を卒業した子どももいたり、相談所にくる中学校卒の親はみな旧制であったので、相談所でも「新制」と特記していた）への就学は定着していなかった。瀬戸内海ぞいの貧しい漁村を歩くと、町の辻々に、「子どもを学校へ通わせるのは親の義務です」との立看板が、いまの飲酒運転の標語の「飲んだら乗るな。乗るなら飲むな」と同じように立っていた記憶が残っている。尋ね訪ねて、小さな漁師の家に行き、昼なお、うす暗い裸電球の下で父親に子どもの就学をすすめると、「新制中学？英語を教えてくれる？行かせん、英語で鯛は釣れん。小学校で十分だ。あとはおれが漁師に仕込む。放っておいてくれ」と毅然と申し出をことわった。訪問の帰途、父親の教育への関心の欠如に落胆して、暗い気持ちに包まれていた。だが、高校・大学まで進学しなければいけないと思い込んでいるいまの親と子の現状と対比させてみると、当時の子どもは本当に不幸だったのか、との思いが込みあげてくる²⁶⁷」。

　その論文「神経症的登校拒否行動の研究」は、1959年に発表されたものである。

　佐藤としては、この論文が登校拒否に関して発表された最初の論文と考えているようである。確かに、多くの論者もそう認めている。

　しかし、この論文は必ずしも広く読まれたとは言えない。

　この論文については、高木によって次のように評価されている。

　「これが、わが国におけるいわゆる登校拒否についての最初のまとまった論文で、5例の詳細なケース研究の後、治療理念、症状の展開の心理機制まで論じられ、Eisenberg の所説がかなり詳しく紹介されているのは興味深い²⁶⁸」。

とはいえ、この評価は後になってなされたものであって、これまでに見てきたような 1960 年代の諸論において、この佐藤の論文が参照されていることは滅多にない。例えば、その翌年に出された鷲見等の論文「学校恐怖症の研究」(1960 年)や、それに続く伊藤の論文「児童神経症の 1 考察」(1762 年) では、この論文が参照されていないのである。佐藤の論文が最初に参照された論文は、おそらく高木の論文「学校恐怖症」(1963 年) であるが、これ以外の論文において、この 1959 年に出された佐藤の論文が参照されていることはまれである。

　これは、おそらく彼の論文が『岡山県中央児童相談所紀要』誌に収録されていたからである。実のところ、彼の初期の論文は、彼自身によって復刊されていなければ入手困難なものである。

　佐藤の名は、おそらくその著作『登校拒否児』(1968 年) によって有名になったものと思われる。同書がこの件について書かれた最初の単著であることは間違いない。その巻末には 183 点にも及ぶ参考文献表が付されている。——その中には、おもしろいことに「河合雄」という名がある。河合隼雄の名前が「河合雄」と印刷されてしまっていることは、単純な誤記ではあろうが、彼の名がまだ無名であったことの証拠ではないか？

　さて、後に佐藤は『登校拒否ノート』(1996 年) という著作を出し、自身の論文をほとんど再掲載した上で、自ら解説することを試みている。

　佐藤は、40 年にもわたって登校拒否の子供たちに関わってきたそうである。

　「わが国における 40 年間の登校拒否研究または臨床の歩みのなかで、いろいろの変化がみられた。登校拒否の子ども自体についても、初期には小学校低・中学年の子供が主であったが、しだいに高年齢化して、いま中学生に多発している。しかも、40 年間、発現率は減ることがない。加えて、初期には心理的葛藤を中心とした神経症型の登校拒否が多くみられたが、いまは無力型のものが多いという[269]」。

　つまり、「登校拒否は個人・家族の病理現象であるという見方から、これは学校・社会の病理であるという見方へと変化している[270]」。

　これと似たようなことは、10 年後に出された『不登校 (登校拒否) の教育・心理的理解と支援』においても言われている。「筆者がわが国初といわれ

た『登校拒否児』という単行本を発刊して30数年が経つ。この間、登校拒否の状態も、登校拒否を取り巻く社会状況も変わった。呼称は、学校恐怖症→登校拒否→不登校と変遷した[271]」。

しかし、単純に「呼称」が変化してきたわけではないことはこれまでに述べてきた通りである。

この点に無自覚なままに、佐藤はまた次のように述べている。

「筆者は、不登校は子どもの状態を意味していて、登校拒否はその一つであると考えている。登校または学校について強い緊張と葛藤をもっていて、不登校の中で対応が難しいのが登校拒否である[272]」。

或いは、「登校拒否は不登校の一種で、広義には心理的理由によって生まれたものであり、狭義には神経症的な登校拒否（以下、単に登校拒否という）を意味している[273]」。

第一に、佐藤は登校拒否のうち「心理的な理由」により登校していないものを神経症的な登校拒否として括るという1960年代初頭からの精神医学における論理を無批判に踏襲しているわけである。

しかし、その自覚がないままに、佐藤は「登校拒否の見極め（医学でいう診断[274]）」の条件として、次の七点を挙げている。①不登校が訴えの中心である、②不登校の因となる身体または知能の障害はない、③自閉症などの発達障害、または統合失調症（精神分裂病）、うつ病などの精神疾患はない、④非行はない、⑤就学について親の理解や家計には問題がない、⑥学校からの登校停止を求められていない、⑦進路変更のための不登校ではない。

このうち、④以下を省けば、①から③が鷲見論文（1960年）における三条件そのものであることは明らかであろう。それどころか、こうした条件に当てはまり、なおかつ「心理的な理由」によるものに関して、「この種の不登校は学校恐怖症、神経症的登校拒否、登校拒否症、あるいは単に登校拒否と呼ばれてきた[275]」などと言われるのであれば、伊藤論文（1962年）や山本論文（1964年）に見られた学校恐怖症の成因論をめぐる議論をまるで無視したものである[276]。

また、第二に、登校拒否を「不登校」の下位分類とする見方は、今となっては疑問にも思われないかもしれないが、「不登校」という用語が精神科医によって使われ始めたのが1970年代からのことである以上、実は問題含みである。

96　　　　　　　　　　　　　　　　不登校とは何であったか？

登校拒否とは、いくら神経症的登校拒否であるとか神経症性登校拒否などと言い換えられたところで、結局のところ高木が言うところの心因性登校拒否に他ならない。それが「不登校」という概念に包摂される過程については これから述べるが、その後も「不登校」のいわば典型例としてあり続け、繰り返し問われているのがこの心因性登校拒否であることに変わりはない。

　こうしたところに、「不登校」問題なるものの複雑さがあるのだが、佐藤の論文にはそうした問題性が全く感じられないのである。その淡白さが、臨床心理判定員である佐藤の論の特徴である。

　佐藤の論文「神経症的登校拒否行動の研究」(1959年)は、「登校拒否行動」を「適応異常行動」とした上で、それらを「神経症的登校拒否」と「精神病質的登校拒否」、「一次性登校拒否」、「分裂病的登校拒否」の4群に分けている。

　論文で扱われているのは、このうちの「神経症的登校拒否」である。佐藤によれば、これに該当する例は19件あったそうだが、論文ではそのうちの5例について詳しい紹介がなされている。

　ところで、「精神病質的登校拒否」という区分に関して、佐藤は『登校拒否ノート』において新たに付した注において、「この分類でいう「精神病質」という用語は、現在、専門分野でも使われていない」[277]とさらりと述べているが、そうであればなおのこと、当時、いったい佐藤が何を基準にしてこの「精神病質的登校拒否」と「神経症的登校拒否」を分けていたのか気になるところではある。

　なぜなら、佐藤によれば、この「神経症的登校拒否」とされる例においては次のような特徴が認められるからである。「登校拒否行動の根底には児童のパーソナリティの問題が存している。これを発病前の性格特徴として表現すれば、神経質傾向、社会性の未熟、内向性、自己中心性、感情発達の未熟、鋭敏な感受性等があげられる。なかでも内向性、感情と社会性の未熟、鋭敏な感受性は、共通特性となっている」[278]。

　要するに、佐藤はこうした性格特徴を「病前性格」と捉えているわけである[279]。

　また、少なくともこの論文で分析されている5件の症例に関しては、そ

の全てに「遺伝的背景」が見られるということである[280]。しかも、その内訳は、父の弟が統合失調症で長年入院、その父にも「分裂気質的傾向が暗示されている[281]」、母の兄二人が統合失調症でそのうち一人はそれにより死亡、父に「精神分裂病質的傾向[282]」がある、父の兄が統合失調症として治療を受けていた、母に神経質の傾向が見られる、といったことであるからかなり深刻である[283]。

その一方で、佐藤は「精神病質的登校拒否はパーソナリティの上から学校を逃避するものである[284]」として、その一例はシュナイダーの『精神病質的人格』に見られると言っている。

しかし、シュナイダーは同書においてクレッチマーの言うところの「分裂気質」なるものを再三にわたって批判しているのであるから、このような仕方で登校拒否を区分することは病理学的な一貫性を欠いている。佐藤は精神科医ではないから、このような問題意識がないのだろう。

そもそも、「神経症的登校拒否」ということに関しても、「われわれの研究の対象となっている神経症的登校拒否児は「分離不安」「学校恐怖」のもとに研究されている児童とだいたい同じ[285]」という程度のものである。ここには、伊藤論文（1962年）に見られたような問題意識はない。

また、「一次性登校拒否」が怠学に当たるもの、「分裂病的登校拒否」が精神病によるものであることは、鷲見論文（1960年）以来の精神医学的な問題設定と合致するのであるが、やはり「精神病質的登校拒否」と「神経症的登校拒否」の区分が上のような曖昧なものである以上、ここには登校拒否の子供たちに共通の「心的構造」として「分裂気質」を認めざるを得なかった山本論文（1964年）と同じ危うさが潜んでいると言えよう。

そうした意味では、佐藤と山本はわりと同じようなことを言っていると考えられる。

佐藤は、別の論文「学校恐怖症の研究」（1962年）において次のように述べている。

「精神分裂病的拒否は、人格統合（intergration）の崩壊から環境との心理的交流の脆弱消失により起こるが、学校恐怖症は心的葛藤から生じた不安が学校に置き換えられたものである。児童のもつ学校への意識からみると、学校恐怖症児では「通学していない」自己に意識が集中しているのに対し、精神分裂病的拒否児ではこのような意識は少ないか、またはない[286]」。

非行とも怠学とも区別される登校拒否が、また精神病とも区別されるものであることは既に述べた通りだが、当時はまだ子供の精神病に関して確固たる認識がなかったために、この区別を付けること自体が、同時にまた精神病に対する認識を深めることでもあったことに注意されたい。

　佐藤による次のような証言は、この点に関して教えるところが多いであろう。

　「昭和30年代に県内外の大学病院で、児童分裂病またはうつ病として半年以上も入院していた4、5例の事例を経験した。家庭にいる彼らは「自閉性」が前面に出ていて、長く陽にあたらないので顔色はすき透るほど白く、頭髪は男の子でも背中の真中くらいまで伸び、表情はほとんどなくて「病的」な状態そのものであった。しかし、説得のすえ、または強制的に相談所の一時保護所に収容してみると、3、4日で硬い態度も消失し、明るく、さわやかな少年になるのであった[287]」。

　この例は高木隆郎が後に「誤診例」として挙げた例とよく似ている。彼が佐藤の論文を評価したことの理由も実はこのことにあるのではないか？

　登校拒否がこうした「誤診例」を俟って初めて確認された症例であったことは記憶されて良い。

　しかし、佐藤が次のように言う時、それは完全に忘れ去られている。

　「登校拒否は社会病理ないし学校病理としても理解できるので、立場によっては、登校拒否は社会や学校に対する子どもの告発であり、批判であり、また反抗とみることもできよう[288]」。

　その「立場」を彼が問うたことは一度もなかった。

6．香川県における一調査

　佐藤が臨床心理判定員として勤めていたのは児童相談所であったが、多くの「登校拒否児」がそこで治療を施されたり施設に収容されたりしたことに問題はなかったのだろうか？

　例えば、高木四郎が次のように述べている。

　「やむをえないことだけれども、医学的素養に乏しい心理学者などはどうしても身体的原因を見のがしがちである。たとえば、われわれはある教育相談施設から住所がわれわれの所に近いからという理由で遊戯療法を依頼してきた（すなわち、心理的要因によると考えられた）、「元気がない」「だ

るそうにゴロゴロしている」ことを主訴とする児童を診察した結果、脳腫瘍と診断したことがあるし、また、「落ち着きがない」、「反抗」などを主訴とするテンカン児が小発作を見のがされたために児童相談所で心理的指導が施されていた例などを経験している。また、ある小児児童分裂病の児童は口をきかなかったが、やはりある児童相談所で「一人っ子のためだろう」とかたずけられていたという実例もある[289]」。

牧田清志なども次のように言っている。

「児童の持つ或種の問題に我々医師が「それは我々の問題でない」として背を向けて来た傾向があった事を率直に反省しなければならない。例えば学業に於ける問題、親子のつながりの問題等が表面に現れている様な場合、我々はよく「それは我々の問題ではない、教育者の問題だ。或は心理学の問題だ」と云って最初から問題と取組もうとする態度を捨てた事が稀ならずあったし一部では今日尚存在すると思う。その為に斯うした場合の児童の問題が医師の関与しない姿で、教育者や心理学者の手で処理される事が稀ならず行われた。そして児童の問題に関しては事実教育者や心理学者の方がより熱心であったし、又実績を挙げて来た事も率直に認めなければならない。その為に事態処理上の「診断」（医学的診断ではない）が教育学者や心理学者の間で行われ、カウンセリングやガイダンスが行われて医師は全く其の関与もしないでもやって行けるのだという傾向が生じはじめた。勿論それでよいケースもいくらもある。だが医師が関与しなければならない性質の問題が医学的な立場を無視して行われて大きな失敗を呼んだ事例も少なくない[290]」。

医学的にも診断の定まらないような事例に関して、児童相談所の臨床心理判定員や児童福祉司が「判定」と「指導」という枠組みを超えて[291]、「登校拒否児」に対する「診断」と「治療」を行ったことは、この問題をいたずらに複雑なものにしたと言える。否、それこそが元来は精神医療の症例に過ぎなかったものを社会問題化した一因であったと言えよう。

佐藤による最初の論文は「神経症的登校拒否行動の研究」と題されていたが、この表題にある「神経症的登校拒否」という言葉が児童相談所において一般化していったことは明らかである[292]。しかし、それは必ずしも高木が言っていたような心因性登校拒否というものと同じではないのである。

なぜなら、この場合の「心因」とは神経症の成因を指しているからである。

それに対して、佐藤のような児童相談所の相談員たちや、或いは後に見るように小泉英二のような教育相談に従事する教員たちが「神経症的登校拒否」と言う場合、それが「神経症的」とされる理由は漠然と「心理的な理由」に求められている。

　同じ「心理的な理由」であっても、それを神経症の「心因」と看做すことと、「学校ぎらい」という長期欠席の理由の一つと看做すことでは意味が違う。

　ところが、この意味の違いが自覚されないままに、相談所における議論は推移したのである。その結果として出てきたのが、「心理的な理由」による欠席であるために病欠でもなければ怠けているわけではないとされる、「不登校」という概念なのであるが——それについてはまた後に述べるとして、ここでは児童相談所における一例について検討しておこう。

　小野修による「登校拒否児の基礎的研究」（1972年）は、その副題に「香川県における1調査」とあるように、1967年度に香川県における全ての小中学生、13万人を対象とした調査について述べたものである。香川と言えば宗像誠也などによる「「学テ教育体制」の実態と問題」と題された香川・愛媛「文部省学力調査問題」学術調査団による『報告書』（1964年）が有名だが、ここでそれは問うまい。県の教育委員会を介した調査だけあって、第一次調査（2日以上欠席した児童の数とその理由）については100％の回答率を記録している。

　ただし、それとは別にまた第二次調査として、「全欠席日数から明白な身体疾患、旅行、慶弔によるものを除いた欠席日数[293]」が16日以上、或いは半年以上の児童を対象として、その欠席理由を調べたとのことである。詳しいことは不明だが、それはだいたい次のようなことであったようである。「それらの児童欠席理由によって、一応、1）登校拒否群、2）精神的身体的疾患群、3）精神身体症状群、4）低知能群、5）家庭条件劣悪群、6）その他、の6群に分け、登校拒否児判別のための質問紙を各群向きに作成し、昭和43年9月中に県教委を通じて42年度の学級担任に配布回収した[294]」。

　このうち、2と3の区別がどのように付けられたのか気になるところではあるが、それよりも「登校拒否児判別のための質問紙」が配布されたということの方が意味深である。

　実は、この調査は「登校拒否児」を存在させるためになされているので

ある。

そこで、さらに第三次調査が行われる。これは、第二次調査の結果、対象とされた長期欠席児354名について、学級担任から回収した質問紙をもとにさらに調査したものである。しかも、その際には心理判定員とケースワーカーが担任と面接したというから、かなり大がかりなものである。

質問紙の内容は不明だが、調査に際しては、「休まなければならないほどの病気とは思えない」、或いは「怠けによる欠席が多い」という担任の判断が重視されたとのことである。例によって、病気と怠学は除く、ということである。

さて、調査の対象となった354名のうち、彼らによって「登校拒否児」と判定されたのは95名であった。また、「疑登校拒否児」としては49名を数えた。これについては次のように言われている。「登校拒否児か否かの判断はこのような形の調査においては極めて困難であった。たとえば、親（教師）が「病気だから登校できない」という意識でしか子どもの行動を観察しておらず、また医師が何らかの病名を与えていれば、「登校できないのは病気によるか否か？」の判断は困難になる²⁹⁵」。

そうすると、そもそも彼らは何をもって「登校拒否児」と判断したのだろうか？

しかし、さらに論者は親や医師のみならず教員の意識をも批判するのである。

おそらく質問紙の項目にあったのであろう、調査に際しては「学校からみた登校拒否の原因」が分析されて、「本人の問題」と「親の問題」とに分けられている。このうち、「本人の問題」に関して、論者は次のように言っている。「全体では＜怠惰＞とみなされている場合が最も多く、＜精神異常＞＜身体的問題＞とみなすものが続く。このような理解のしかたからは、学校側の治療的な働きは全く期待できない²⁹⁶」。

要するに、論者は例によって病気でもなければ怠学でもないような長期欠席児を「登校拒否児」としているようである。

しかし、この条件は既に述べたように、精神医学においてのみ意味を持ち得るものである。「病気」とは区別された「学校恐怖症」とは、「内因性」精神病や器質性精神病とは区別された心因性の精神障害による例を指す。これが、児童相談所の心理判定員たちにおいては、文字通りに「病気」と

は区別されながらも「治療」の対象とされる神経症的登校拒否として追認される。

　例えば、95名を数えた「登校拒否児」たちのうち、児童相談所へ相談に持ち込まれたのは33名、精神科などの医療機関を訪れたのは24名とのことであるが、このことからして論者は次のように結論する。「すべての症児が早期に専門機関の治療にゆだねられるような対策も、将来の課題である」[297]。

　この論文には「対象療法」という言葉が二度出てくる。論者が医学的な素養を欠いた者であることは明らかである。また、「専門機関」という表現でごまかしたところで、児童相談所が専門の医療機関でないことに変わりはない。

　このような仕方で「登校拒否児」が処遇されたことは、この問題が現代に至るまで「不登校」問題として尾を引くことになったことの一つの原因である。疑似医療的な仕方での関与が、ありもしない形で「登校拒否児」という存在を虚構したのである。

　その現場となったのが児童相談所であった。

7．児童相談所において

　高木四郎は、『児童精神医学総論』(1960年)や『児童精神医学各論』(1964年)を始めとして、数々の論文において児童相談所のあり方を批判している。

　それに対しては児童相談所の方からも応答があった。

　北海道帯広児童相談所の菅谷克彦が「児童相談所からみた高木四郎氏の著書について」という評論を発表したのである。この評論は高木の批判の正当性を裏付けるものとなっている。

　その冒頭では、「高木氏がくどいように強調している非医師の職分制限、権限制限については、ここではふれない」[298]と言われている。それでは話にならないが、菅谷による次のような指摘は重要である。

　「全国の児相で扱う問題児の趨勢として健全育成的な内容が漸次増加しているといわれているが、戦後の浮浪児救済を目的とした児相の使命は、今日では全く移り変わっていることを誰でも知っている」[299]。

　では、「健全育成的な内容」とは何か？ということであるが、その一つが児童相談所の相談種別における「健全育成相談」、つまりは「長欠・不

就学相談」であったことは論を俟たない。

　しかし、菅谷によれば次のような事情があった。「さいきん、病院や保健所などの医療機関からの依頼件数が少ないながらもふえている。A）精神科であると、わりあい児相で遊戯治療をやっていることを知っている医師がいるらしく、児相で治療を受けるようにすすめられたといってたずねてくる人がいる。B）小児科であると、はっきり児相の仕事を知っている医師は少ないようであるが、会って話し合ってみると同じように児童を扱っているという点で、漠然と児相に対し興味をもっていて、「どうも原因がつかめないし、親が問題だ」と言い、暗にカウンセリングをして欲しいとほのめかす医師もいる。C）3才児健診を保険所が主体になって行うようになってから、児相の仕事をもう少し専門的に活用したいと考えている保健所長は、心理学的精密検診を児相に依頼してくるときに、暗に心理療法やカウンセリングを要求することもある。D）さいきん、夜尿・吃音のような精神身体症状を訴える例が多く、「どこの病院へ行っても治らないし薬をのんでも治らない。どうしたらよいものか」と、どこかよい病院を児相が紹介してくれるものか、児相がやってくれるものか、疑問を投げかけてくる」。

　児童相談所は児童福祉法の制定に基づき、厚生省の児童局によって1948年に設立されたものである。

　しかし、これは大変にお粗末なものだったようである。

　当時の様子は、児童局の企画課厚生事務官である浅賀ふさによって次のように証言されている。「我が国の児童相談所の現況を見ると、質的に人を得ないこと、量的に人および物の不足のため、貧乏世帯のやりくりそのままの状態である。C女史の言葉を借りて言うならば、土曜日の夕食のように余りものや野菜の屑を寄せ集めた感が深い」。

　それが、1951年の児童福祉法の改正によって組織改編されることになった。

　しかし、それが上手くいかなかったのである。

　児童相談所は、診断指導部、措置部、一時保護部の三部制となったが、とにかく人員が不足しており、育成もままならなかった。とくに、診断指導部においては、高木が繰り返し指摘していることであるが専任の医師の数があまりにも足りなかった。また、佐藤のような臨床心理判定員も大学

で心理学を専攻したというだけのことで、とりたてて資格というものもなかった[302]。事情はソーシャルワーカーやケースワーカーといった児童福祉司においても同様である。

そんな児童相談所には、また行政措置権が認められていた。

これについては、京都市の児童相談所の竹中哲夫（臨床心理判定員）が、「この措置権の範囲は、簡単な助言、指導から、家庭調査、心理治療、訓戒的、懲罰的機能、施設の入退所、教護院入所（とじこめる）、その他に及ぶ実に広範なもの[303]」と説明している。

この措置権の行使に際しては措置会議が開かれることになっている。

ところが、それが上手く機能していなかった。

竹中が次のように証言している。「この措置権の行使は、一応、措置会議で決定されるとはいえ、措置会議における専門家の占める力は弱体化されており、ややもすれば、行政的センスが横行する。措置会議を牛耳っているのが、児童問題には素人に近い所長であることが多く、職員の側も、全くの畑違いの分野から、辞令一本で赴任させられたものが大勢を占める現状では、まさに、児童の運命は、素人の独善的判断や、官僚統制的センスにゆだねられる危険にさらされているのである[304]」。

また、「措置会議に対する判定課の位置は、せいぜい、適切な指導方針を提案するにとどまり、判定課長が出席して意見を具申すればよいことになっている[305]。措置会議においては、ケースの処理に関する提案権は、通常、児童福祉司、相談員等にあり、判定課員にはない[306]」。

しかし、竹中によれば、その児童福祉司の資質に関する児童福祉法の規定がまるで「ザル法」であった。細かなことは省くが、要するに児童福祉司の資格は大学で心理学を専攻という臨床心理判定員の資格よりも曖昧なのである。しかも、その児童福祉司が上のような事情からして「強大な措置権の実質的行使者[307]」となっている。

さて、このような仕方で児童相談所の一時保護施設への入所が決定されるわけであるが、そこで非医師による「収容治療」を受けさせられたのが他ならぬ「登校拒否児」たちである。

菅谷が次のような例を挙げている。

「10才の女子で、登校拒否を示した児童に対して収容治療（児相の一時保護所に収容しての治療）をしたとき、最初母は治してもらいたい一心で児相

に通っていたが、児童を親から話して一時保護をするだんになって、そのことが親戚の耳に入り、「あそこは、悪いことをした子どもがいくところだ、かえってあの子を悪くしてしまう。あんなところに連れていくのは親戚の恥だから止めなさい」といわれ、父は児相に通わせることさえも尻込みしだした。幸い、本児は一時保護をしてから一週間後に登校、その後自分から児相に遊びにくるようにもなったので、さほどの抵抗を受けなかったが、このようなことで、心理治療やカウンセリングの中断していく例が少なからずある[308]」。

　高木四郎は菅谷の評論に答えて、「児童相談所について―菅谷克彦氏に答えて―」という論文を草している。「児相は今のままではますます変質堕落し、児童相談本流を他に奪われるであろう[309]」と始まるこの論文は、しかし高木の絶筆となった。

　高木は次のように言い残している。「わたくしが非医師の医療類似行為の禁止についてくどすぎるほど書いているのは、わが国ではことに心理現象においては、この当然のことが案外徹底していないためである。これに対して、精神医学者は例外なく賛意を寄せてきたし、「自分の言いたいことをよく言ってくれた。」という人もあり、心理学専攻者でも、ことに若い人たちの間には同調者が多く、反論をいどんできた人も２人ほどいたが、いずれも認識不足な論拠によるもので、これを論破するのは易々たるものであった。わたくしはまだ控え目にいっているのである。というのはあまり徹底的にいうと児相の現場などでは困るだろうからである。しかし、精神医学的症例に対し医師に無断でカウンセリング（心理療法といっても同じ）をかってにやれば問題だということはわきまえておくべきであろう[310]」。

　神経症的登校拒否という言い方は、もちろん伊藤のようにそれが単一疾患であることを否定するために使われていた用語でもあるが、児童相談所や教育相談所においては、高木が戒めているような「医療類似行為」を許すために用いられていたものであることは記憶されて良い。神経性であるとか心因性であればともかくとして、「神経症的」などという曖昧な表現は非医師をして都合よく用いられたものである。

　1960年代においては、精神科医たちが心因性登校拒否をめぐる議論を展開させるのと同時並行して、児童相談所の一時保護所や虚弱児施設、或いは情緒障害児短期治療施設などの施設において神経症的登校拒否の治療

が行われていた。その狭間に、「登校拒否児」たちはいたのである。

Ⅲ. 1970年代における論調

　これまでの議論展開を受けて、1970年代にもなると登校拒否に関する単著も著されるようになった。その皮切りとなったのは佐藤の『登校拒否児』（1968年）であるが、それを嚆矢として、村山正治『登校拒否児』（1972年）、小泉英二編『登校拒否』（1973年）、有岡巌、勝山信房『学校恐怖症』（1974年）、平井信義『学校嫌い』（1975年）と立て続けに刊行されている。また、この時期には、「全国情緒障害教育研究会」編『登校拒否児』（1975年）、安田生命社会事業団『いわゆる登校拒否について Ⅰ』（1975年）、同『いわゆる登校拒否について Ⅱ』（1976年）など、複数の著者による編集本も出されている。

　こうした一群の著作は、「登校拒否研究の一つのまとめの段階を示すもの」[311]と評価されたこともある。確かに、これらは1960年代における議論を総括したものと言えそうである。

　これらにはその表題として、「登校拒否」、「学校恐怖症」、「学校嫌い」という三通りの表現が見られるが、これが著者たちの見解を表すものであるとすれば、彼らの立場は必ずしも一致してはいなかったと言えよう。「不登校」という言葉がまだ使われていないことも注意しておこう。

　わけても、全国情緒障害教育研究会による著作は、執筆者のほとんどが教師であることからして異色である。なんとなれば、これまでの発言はそのほとんどが精神科医か心理学者、或いは児童相談所の職員によるものであったからである。教育問題としての「不登校」問題は、特殊教育の問題にその端を発したのである。

　ともあれ、この「情緒障害」という用語は、その源をたどればまた別の問題を呼び起こす。あの国立国府台病院児童精神科の院内学級[312]も正式には「情緒障害児学級」という名称であった。上に挙げた村山の著作『登校拒否児』も、実は『講座情緒障害児』（内山喜久雄監修）の一冊として著されたものである。当時は、「登校拒否児」を「情緒障害児」として情緒障害児短期治療施設において「治療」するということが盛んに行なわれていた。

戸塚ヨットスクールを「その嚆矢の一つ」³¹³とする見方もあることを思えば、その帰結は深刻である。

　こうした疑似医療的な行為は大きな問題であるが、それはどちらかと言えば「医療」の問題であって、「医学」の問題ではない。登校拒否が臨床像として現われたのは、それを現出させる精神医学の論理があったからである。そして、それが「不登校」現象として社会現象化されたのも、その論理によるのである。

　それは、心因性登校拒否の社会病理化であった。

　確かに、この時期は『教育社会学研究』（第30集、1975年）誌上において「教育における社会病理」という特集が組まれるなど、教育界においても「社会病理」ということが盛んに言われるようになった時期である。しかし、登校拒否の「心因」に「社会病理」を見ることによってそれを社会現象化させることは、教育学者ではなくあくまでも精神科医によって進められてきたことなのである。同誌が「不登校問題の社会学」という特集を組むのはずっと遅れて2001年のことである。

　1976年には、「従来の登校拒否の研究は、拒否が発症したのち、それを主訴として相談に来たものの症例を、現象学的に捉え、それに基づいて症状発生の心理機制を解釈するものがほとんどであった」³¹⁴と指摘されている。しかし、それは登校拒否がもともと心因性登校拒否として精神科医によって確認された症例なのだから当然である。「現象学的に捉え、それに基づいて症状発生の心理機制を解釈する」とは、登校拒否を主症状とする「学校恐怖症」の病像を現象学的に記述し、その心的機制を仮説として提示するという精神病理学の手法に他ならない。³¹⁵

　ところが、それがあっさりと「従来はそうした研究がほとんどであった」と言われてしまうところに、1970年代の議論の危うさがあったと言える。表向きには、それは登校拒否の脱病理化であったが、その実、それはその社会病理化に過ぎなかった。しかも、そうした議論展開は他ならぬ児童精神医学に携わる精神科医たちの論の展開を俟って可能となったことである。

　「不登校」という言葉もまた彼らによって使い出されたのであった。

1．教育相談員の論理

　まずは、小泉英二（教員）の編集による『登校拒否』（1973 年）である。これには、「その心理と治療」という副題が付されている。同書については、また後に「治療の再検討」と題された続編が出されてもいるため、それと合わせて検討される必要があろう。しかし、これらは複数の著者による編集本である。

　小泉個人の見解としては、「登校拒否生徒に対して学校はどこまで指導できるか」という論文が『月刊生徒指導』（1971 年）に掲載されている。同誌には、その翌年にも「高校生の登校拒否（1）」という論文が掲載されている。この論文には、「なぜつくられたのか」という意味深な副題が付されている。同年には、「情緒障害児の治療に関する研究―高校生登校拒否を中心にして―」という論文が『東京都立教育研究所紀要』（1972 年）に掲載されているが、一般には『現代のエスプリ』（139 号、1979 年）に採録された論文「情緒障害児の予後に関する研究（その 1）」（1977 年）が有名であろう。

　安田生命社会事業団『いわゆる登校拒否について II』（1976 年）に収録されたシンポジウム「学校における指導と相談所との連携」では、小泉が司会を務めている。

　「私ども東京都立教育研究所では、最近はケースの 4 割が登校拒否なのです。そして、ほとんどテストはしません。やっと相談所に来た子どもにテストをしますと、かえって関係が悪くなったりしますので、このケースはスタディの段階で理解しにくいとか、これは性格的に問題があるのではないかという場合にロールシャッハなどをやることがありますが、ほとんどテストは行いませんで、カウンセリングなり、小さい子どもの場合は遊戯療法にそのまま入ってしまいます。そしてその中で、精神医学的なチェックを必要とするものは精神科医に相談することにしています[316]」。

　小泉は、当初より、東京都立教育研究所の相談部に勤めていた教育相談員であるが、その発言は後の議論展開を把握する上で重要である。なぜなら、小泉の『登校拒否』で出された分類が、後になって文部省による『生徒指導研究資料』の第 11 集（1982 年）や、1987 年度の調査「児童生徒の問題行動の実態と文部省の施策について」（1988 年）などにおいて用いられたからである[317]。そもそも、この分類は全国の教育研究所や教育センター

などで使われたものである。

　小泉には『教育相談室』（1971年）や『学校教育相談』（1973年）という編著もあるが、日本学校教育相談会の発足（1990年）は、そうした著作に影響を受けた者たちが彼を会長として擁立することで成ったものらしい。その二代目会長は、小泉を評して「不登校研究の権威者」と言っている。[318]

　さて、『登校拒否』の「まえがき」には次のようにある。

　「登校拒否—客観的にはなんら学校に行けない理由はないにもかかわらず、心理的な葛藤や障害のために登校できないケースは、親や教師にとってはもちろん、われわれ相談担当者にとっても、はじめは、不可解な、そして難物のケースであった。しかし、その原因や形成過程が明らかになるにつれて、登校拒否は、現代社会、特に核家族の日本特有の「落とし子」ともいえる興味深い現象ではないかと思えるに至った」。[319]

　ここで、登校拒否は「客観的にはなんら学校に行けない理由はないにもかかわらず、心理的な葛藤や障害のために登校できないケース」と定義されている。そして、それは社会現象として説明されている。

　ところが、「まえがき」にはまた次のようにある。

　「ただし、本書で主な対象としているケースは、神経症的な登校拒否ケースに限られていること、また、治療方法としては、関係療法としての心理療法（カウンセリングや遊戯療法）に限定されていることをお断りしておく」。[320]

　しかし、「ただし」も何も、「客観的にはなんら学校に行けない理由はないにもかかわらず、心理的な葛藤や障害のために登校できないケース」とは、「神経症的な登校拒否ケース」に他ならないのである。小泉は両者を恣意的に区分した上で、しかも後者を「治療」の対象としている。[321]

　ここには、「神経症的な登校拒否ケース」を原型として、「学校ぎらい」などを理由とした長期欠席を登校拒否と読み替えていく過程がある。もっとも、小泉が次のように言うのであれば、あながち認識を違えていたとも言えないようである。

　「最初は、児童が心理的な理由から学校へ行きたがらない状態を、＜学校に対する恐怖症＞と見なして、「学校恐怖症」School Phobia という診断名で呼ばれた。この言葉は、主として児童精神医学会で使われたが、研究が進むにつれて、必ずしも、恐怖症（恐怖症というからには、対人恐怖、不潔恐怖、高所恐怖などのように、強迫神経症の一種とみなされる）と診断できる

ものばかりではなく、原因論の上からも、種々の仮説、または解釈が試みられるので、恐怖症の一種というみかたは、適当でないという意見が強くなってきた。そこで、登校拒否（症）という症状名で読んだ方が無難であるということから、最近は、学校恐怖症にかわって、登校拒否という言葉が用いられるようになったのである。事実、実際のケースにあたってみると、さまざまな場合があり、そのほとんどは、心因性のものであるが、恐怖症とまではいえないケースがかなりあるので、われわれも、登校拒否という名称を使っている[322]」。

　ここで言われていることはおおよそ正しいが、恐怖症とは言えないために登校拒否という名称を用いるにしても、それは結局のところ、「学校恐怖症」を（神経症的）登校拒否と言い換えているだけである。結局のところ、小泉自身が言っているように、それは「心因性のもの」である。

　ところが、小泉は次のように続けるのだ。

　「登校拒否とは、単に症状を指しているに過ぎないので、くわしく調べてみると、同じく登校拒否をしても原因や心理機制が異なる場合がある[323]」。

　しかし、「症状」とされる登校拒否とは、例によって心因性登校拒否と言われるものだけであって、それ以外のケースはただの長期欠席である。小泉は教育相談員として登校拒否を「治療」していたため、本来的に精神医学の対象となるような例とそうでない例とを混同して、どちらも「症状」と一括りにしてしまったらしい。

　その結果として、小泉は神経症的登校拒否を「狭義」の登校拒否として、怠学や病気などによる登校拒否をまとめて「広義」の登校拒否と分類することになった。

　具体的に言うと、例えば「精神障害によるもの」として、「精神分裂病、うつ病、神経症などの発病の結果登校拒否を起こすもの」が広義における登校拒否の一つとして分類される。それに対して、狭義の登校拒否である「神経症的登校拒否」とは、「従来学校恐怖症とよばれたものを含む」ということであるが、具体的には「優等生の息切れ型」とされるＡタイプと「甘やかされたタイプ」とされるＢタイプのことである[324]。

　しかし、この場合、どのような意味で前者とは区別されながらも後者が「神経症的」とされているのか不明である。「神経症」とは区別されながらも「神経症的」と言われることによって、長期欠席が相談員のような非医

師による治療の対象とされる——、

　ここに一つのレトリックがあった。

　1988年には国際児童精神医学会セミナーが日本で行われた。

　この時には、小泉も東京セミナーにおいて「教育相談の立場から見た不登校の問題」という題で発表している。その際、小泉は、「都道府県指定都市教育研究所長協議会の資料によりますと、1984年度1年間について、年間30日以上の欠席者で、登校拒否ないし登校拒否傾向、これは別に用意されたチェックリストにより神経症的登校拒否の疑いありと判定されたものですが[325]」云々として、登校拒否の「出現率」について述べているが、やはりこの神経症とは区別された「神経症的登校拒否」なるものが曖昧さを残していることは否めない。

　この時の発表では、国際学会であったためか日本における教育相談事情も詳しく触れられている。

　教育相談とは、教育研究所や教育センターで行われていたカウンセリングのようなものであるが、それについて小泉は次のように説明している。「担当者は、教師出身でカウンセリングの研修を受けた指導主事か研究主事、または心理学ないしその関連学科を専攻し、臨床経験をもつものなどで、他の相談機関と比べて、学校との連携がとりやすく、担任教師との協力がえられやすい点が特色の一つでもあります[326]」。

　要するに、教育相談とは教員によってなされるものである。

　従って、専門的な鑑別や心理療法を行うことはできない。

　ところが、小泉は例の「広義」での登校拒否のうち、怠学によるものを「狭義」での登校拒否から区別することが「学校の教師にとってはまず必要です[327]」と言うのである。

　登校拒否とは、「心因性のもの」であるから、怠学は除くという条件が必須なのである。しかし、それが精神病や神経症によるものであるならともかくとして、「神経症的」とされることで怠学とは区別されるのであれば、恣意性があると言わざるを得ない。

　また、小泉は次のように述べている。

　「不登校（non-attendance at school）という用語もありますが、これは学校へ行かないという現象を示すと同時に、なんらかの精神病理的な問題をもっている場合を総括して称しているもので、ここでは登校拒否と同義語

と考えます。そこで、登校拒否（または不登校）とは、「心理的理由により、学校へ行くことをこばみ、さまざまな特徴的症状を呈する現象」と若林慎一郎はまとめています」。[328]

怠学とは区別される登校拒否とは、それが心因性登校拒否であるならば精神医学の領域においては正当化される。しかし、その外部でそれが怠学とは区別されるのであれば、それはただ一つ、そこに「神経症的」とされる「心理的な理由」がぼんやりと認められるからである。ともあれ、それが「心因」を含意しているところに、「登校拒否児」を治療の対象とする教育相談員の論理はあった。[329]

後に述べるように、その「心因」が社会病理化されることによって、小泉の言うところの「広義」での登校拒否は「不登校」と言われるようになる。個人病理としての「心因」を社会病理化する論理はあくまでも精神科医の発言を俟たなければならない。しかし、それによって社会問題化されることになる「不登校」を「広義」における登校拒否として行政の側で用意していたのは小泉なのである。[330]

後に、小泉は早稲田大学の教授となった。

2．神経症的通学？

1974年には有岡巌と勝山信房による『学校恐怖症』という著作が出されている。

二人は、第65回日本精神神経学会総会において「学校恐怖症の原因に関する研究」という題で、続く第66回総会においては「高校生の学校恐怖症とその類似状態」という題で発表を行っている。[331][332]

これらが論文としてまとめられたのが、1968年に『精神医学』誌上に掲載された論文「学校恐怖症に関する考察」であろう。同誌には、また翌年になって、「高校生の学校恐怖症—原因に関する考察—」と「学校恐怖症—ことにその原因と発症時期支配要因について—」という論文が発表されている。

1974年の著作は、こうした業績の総括として書かれたものと言えるだろう。

この著作は、精神科医による単行本としては、若林愼一郎の『登校拒否症』（1980年）と並んでまるでクレペリンの教科書のような趣を見せている。

114　　　　　　　　不登校とは何であったか？

これまでに見てきたように、「学校恐怖症」に関する論文は、『児童精神医学とその近接領域』誌を始めとして、『精神神経学雑誌』誌、『臨床精神医学』誌といった精神医学系の医学誌に数多く掲載されているが、『精神医学』誌上に掲載された論文としては、なぜかこの有岡と勝山による論文しかない。

　まずは、そのうちの一つ「学校恐怖症に関する考察」である。

　この論文は中高生の９例の症例を扱ったものに過ぎないが、成因論に特化した論文として注目される。しかし、ここで着目したいのはその論の帰結である。

　例のごとく、有岡の論文もジョンソン等の所説を紹介することから始まっている。それは、端的に言って「学校恐怖症」の定義に関することである。「この状態は登校することに関する強い恐れで特色づけられており、そのため数週・数カ月ときには数年もの間学校に行かなくなるものである。そして、さらに、この状態は精神神経症的なものであり、恐怖症的傾向のうえに、さらにヒステリー的または強迫神経症的傾向が overlap したものであるとしている。この概念からみると、phobia なる表現をもちいてはいるものの、その構造は複雑なものと解しうる」[333]。

　従って、「筆者らは、以上のような複雑な内容や構造を有していると解せられる状態に対し、単に神経症の１臨床型にすぎない phobia なる表現をもちいていることに対し若干の疑問を持つものである」[334]。

　そこで、彼らとしては、いま一度その「成因」を問うのである。

　彼らによれば、基本的にこれまでの議論においては、学校恐怖症の成因に関して、「１）分離不安ないしその variant におもきをおくもの、２）対人関係の失敗に根本を求めるもの、および３）非現実的・自己愛的な self-image がおびやかされることを本質的な原因とするもの」の三種類が認められている[335]。

　しかし、このうち「分離不安」説に該当するものは、我が国においては最初期の論文を除いてはほとんど認められないことは既に見てきた通りである。彼らとしても、これに該当するものとしてはアメリカの児童精神医学の論文を挙げるのみである。

　では、彼らの立場はこれらのうちのどれに該当するのかということであるが、言われていたように、「phobia なる表現をもちいてはいるものの、

その構造は複雑なもの」ということであった。また、以上の三種の成因のうち、複数を認めている論もあるということである。

彼ら自身がはっきりと述べてはいないため、その立場がどれに該当するのかは定かではない。理由は後で述べるが、実のところ彼らは「分離不安」説に則っていたのではないかと考えられる。

彼らはまた次のような点にも着目している。

「われわれは、通学をつづけてはいるが、学校生活に関係した問題から、登校（通学）に関する強い葛藤にもとづく神経症の例を経験した。そこで学校恐怖症や登校拒否というような名称がある以上、葛藤をもちながら通学している状態を表現する名称があってもよいと考えた」。[336]

そこで、彼らはまず「神経症的登校拒否」という用語を提案する。[337] 事情は伊藤論文におけるのとよく似ているが、彼らとしては、むしろ「登校（通学）に関する強い葛藤にもとづく神経症の例」がある以上、それを恐怖症と一括することに疑いを挟みながらも、いわば「学校にいっている学校恐怖症」のようなものを認める必要を訴えているのである。[338] そうした一群を「前駆症状」という観点から見た先行研究もあったようだが、彼らとしては、「前駆症状という以上、登校拒否を前提としており、この表現を使用しにくい」[339] ということである。

そこで、彼らはこれを「神経症的通学」と名付けたのである。

ところが——、

続けて『精神医学』誌上に発表された論文「高校生の学校恐怖症—原因に関する考察—」では、上で論じられたような事柄が、「学校恐怖症の根本的な要因に関するものではなかった」[340] と言われている

事情は次のようである。「学校恐怖症例においては、学校生活に関係した self-image のおびやかされや、依存的適応の失敗に際して出現する不満・不安や恐れにより、学校という事態にのぞむことと、その事態から逃避するということの間の強い神経症的葛藤に容易におちいっている」。[341]

彼らは、こうした症例に対して、「学校恐怖症におちいることなく高校を終えた大学生 25 名」[342] を対照例として選んだ。そして、そうした例を「人格特徴」の上からして「学校恐怖症」例と比較するのである。そのために、まずは対照例において、「高校での序列が不満なものであったり、進学志望大学への合格可能範囲内にいたらぬ成績であったりした場合の、態度・

116　　　　　　　　　　　　　　不登校とは何であったか？

反応や経過像を検討した[343]」ということである。とくに言うまでもないが、こうした例においては、各々が努力工夫し、浪人するなり第二志望に進学するなりして「現実的に反応した[344]」ということである。ところが、「人格特徴」の上からしてこうした例を「学校恐怖症」とされる例と比べても、大した違いはなかったという。

このことからして、論文は次のように結論する。

「日常のありふれた学校生活にすら適応しにくい程度に未熟さないし偏った人格が学校恐怖症の根本的要因であり、要するに人格の質的特徴ではなく、その未熟さないし偏りの重篤さが問題である[345]」。

第94回近畿精神神経学会（1969年）では、「学校恐怖症」という題で発表がなされている。

この時、辻悟が次のような質問をした。

「われわれも思春期精神医学の対象として多くの高・中校生不登校例を観察しているが、これらの症例では屡々不登校の状況に陥ると家庭内にとじこもる。それを親に依存的といえるかも知れないが、親に対してはむしろ批判・対立的な姿勢を示す者が多い様である。幼稚園・小学校低学年不登校者が親に直接密着して依存を示すのとは質が違う様に思うが如何？[346]」

これに対して、彼らは次のように答えている。

「separation anxiety とは、1つの傾向の特徴の表現とも言えよう。演者らはその severity をとり上げているのである[347]」。

しかし、これでは辻の質問に答えたことにはならないと思うが如何？

そもそも、彼らが「神経症的通学」を認めた理由は、「登校（通学）に関する強い葛藤にもとづく神経症の例」があったからである。「神経症の1臨床型にすぎない phobia なる表現」を用いることには問題があるとしても、そこにはやはり「通学」をめぐる葛藤があったわけである。

共著『学校恐怖症』（1974年）では次のように言われている。

「学校恐怖症、school phobia というものは、神経症の状態に陥り学校を長く休んでしまう状態であることから、教育上の問題として重視されている[348]」。

しかし、それは精神医学の問題ではないのか？

「神経症である以上、このようなものを改めて検討することは不要で、

普通に神経症としておけばよいではないか、との考え方もあろう。しかし、いわゆる心理的な要因で学校を休んでいる例がある場合、そのなかから特徴あるものを抽出し、あるいは分類づけを行うことは、学校精神医学というものにとっては不可欠のことがらである。すなわち、学校恐怖症なるものは、怠学と同じく、学校精神医学の立場の必要性から生れてきたものであり、その価値は大きいのである[349]」。

　そうは言っても、なぜそれは「怠学」とは区別された上で改めて問題とされるのであろうか？それが神経症とされることの理由も、一つにはそれとの鑑別にあったはずである。

　彼らの論の優れたところは、まずは「学校恐怖症」の誘因を「学校内の生活においてみられる範囲内のことがらに限る[350]」としたことにある。その素因を「根本的な要因」として問うた論の展開には問題もあるが、それは「神経症の1臨床型」に過ぎないとしながらも「学校恐怖症」の成因を問うという論の立て方に問題があったからである。その彼らが結局のところ次のように言っていることからすると、高木がつねに症候論の上からしてそれに迫っていたことも理解されようか。

　「学校恐怖症なるものは、たとえば高所恐怖を有するひとが、高所に臨むことへの恐怖のため、高所に至りえないのとは異なっている。学校に行くことは、自分にとっては wollen あるいは sollen 的なものであり、一般人の高所恐怖症患者に与えられている逃避の自由性はありえない。高所での作業を続けなければ、自分ならびに家族の生活が成り立たないと考えている高所恐怖症の患者に一応例えられよう[351]」。

3．治療教育学の立場から

　1970年代において影響力を持った発言者の一人として、平井信義（小児科医）の名を挙げることができるだろう。平井は、創刊号から『児童精神医学とその近接領域』の編集同人として名を連ねていた、日本の児童精神医学の立役者の一人である。もちろん、「学校恐怖症」の議論にも早くから加わっていた。

　しかし、論文を発表するのが遅かった。

　最初に発表された論文は、「School phobia あるいは登校拒否の類型と原因的考察並びに治療について」（1966年）であるが、以後、「思春期におけ

る登校拒否症」（1968年）、「登校拒否児の治療過程からみた自我形成に関する試論」（1972年）、「登校拒否の発生機序について」（1975年）などが続いた。

また、平井には、『学校嫌い─こうして直そうこうして防ごう─』（1975年）や『登校拒否児─学校ぎらいの理解と教育─』（1978年）といった著作がある。東大出の大学教授の発言は世間的にも強い影響力を持ったことだろう。ちなみに、法務省の人権擁護局による「不登校児人権事態調査」に際して「調査項目」を作成したのも平井である。

平井は、西ドイツに学び、「治療教育学（Heilpädagogik）」を修めている。[352] これは、児童精神医学に関わる多くの医者がアメリカに留学していることを鑑みれば特徴的なことである。[353] 子供に「まかせる」という彼の方針はここから来ているのだろう。もっとも、その彼も自身が「平井式強奪療法」と呼ぶところの荒治療を行っていた頃もあった。

　「昭和三十年代に入ってから、私立小学校の四年生の登校拒否の子どもを扱いました。父親は学者で、四人兄弟の末っ子です。

　その両親は、年をとっているんですよ。つまり、子どもと対決する意欲がない。そしてその頃は、僕にもあせりがありまして、その子どもをこの家に置いておいたのではだめだ、どこか子どもをきちっと育ててくれるような所へ連れて行こうと考えた。

　幸い自分のところで非行少年を扱ったという牧師さんがいまして、その人がやってあげましょう、といってくれたので、そこに預けることにしたんです。

　しかし「当然、行こう」といえば、その子は「いやだ」というにきまってる。そこでマイカーで乗りつけて、学校の先生と一緒に強引に牧師さんの家に連れて行くことにしたんです。まずは、両親がその子を応接間まで連れてこようとしたけれど、まあ大変な騒ぎでした。父親はひっかかれて血を出して、「階下まで連れてこられない」という具合です。そこで私は先生と一緒に二階にあがって行って、逃げるその子をつかまえた。僕もその頃はまだ力がありましたから（笑）、ソファーにがんじがらめにして。結局二時間ねばった。その子もだんだん力が抜けてきて「行きます」といったわけです。牧師さんのところに着く頃には、何事もな

かったような顔をして、「お願いします」なんていってその家に入って
いった。

　それでこれに味をしめて、「平井式強奪療法」と宣伝してね（笑[354]）。」

このような治療法を「砂漠の嵐作戦」と命名した精神科医もいた。

　とまれ、平井は小児科医である。その平井の発言は、高木隆郎や高木四
郎といった精神科医を中心として始まった児童精神医学会における有力な
アンチ・テーゼとなっている。[355]

　さて、平井の論文「School phobia あるいは登校拒否の類型と原因的考
察並びに治療について」であるが、この論文は問題点を四つ挙げることか
ら始まる。

　その第一点は、「学校恐怖症（School phobia）」という診断名における
phobia についてである。

　平井は次のように述べている。「phobia を問題にする限り、従来の範疇
から言えば、神経症 Neurose に属するものと考えられる。すなわち、神
経症に見られる多彩な phobia と同一の系列において考えることになる。
しかし神経症理論、とくに強迫神経症の理論をここに導入して、school
phobia の解明に当たることが適当か否か、真に phobia があって学校にい
かないか否かの検討が必要となる[356]」。

　そこで、第二の問題点は、「登校拒否という際の拒否という現象を、ど
のように把握するか[357]」ということである。これは、例によって心因性登校
拒否や「神経症的登校拒否」とされるものとその他の「長期欠席」一般を
どのように区別するのか、ということである。

　また、第三の問題点は知的能力に関することであるが、これについては、
「知的能力は、正常またはそれ以上あり、登校さえ実現できれば相応した
学習成績をあげることのできる子どもたちである[358]」と言われている。最後
に、第四の問題点は症状の初発年令であるが、平井としては思春期（小学
5年生から中学生まで）におけるものを症例として論じるということである。

　このうち、重要なのは最初の二点である。

　まず、第一点に関しては、「学校に対する phobia が子どもに起きてい
るか否かは、神経症の概念で考える限り、否定することができる。（中

略）学校に関する話が出ると、顔面が蒼白となったりして、強迫的と考えられる身体症状が認められる者もあるが、それは学校そのものに対するphobia か否かは判然としない」ということである。

そこで、第二点に関して、「school phobia という言葉は適当でなく、拒否の内容を規定した上で「登校拒否」と名付けることが適当と考える」と結論される。

この点については、続く「思春期における登校拒否症」（1968 年）においても次のように言われている。「恐怖症である限りは、神経症の中の強迫神経症の範疇で考えられる可きであろうが果して登校拒否は強迫症状として、捉えられるであろうか。筆者は、それを否定している。すわなち、神経症ではなく、学校という対象に対する強迫症状ではない」。

しかし、この点に関しては、そもそもアメリカの児童精神医学においても「学校恐怖症」は、「広場恐怖」や「対人恐怖」といった「強迫」とは区別されて扱われていたことに注意しなくてはならない。山本由子なども、「恐怖症」とするのでは紛らわしいとしていた。それに、強迫神経症ではないから神経症ではないという論理はおかしい。もっとも、平井はもともと小児に対して神経症の診断を下すことには反対であった。

さて、平井が扱っているのは、昭和 35 年以来、彼自身が治療に当たった 23 例ということである。

これに関して、平井は次のように述べている。「対象になった 23 例とも治療の後に登校しているが故に、治療成績は 100% である。但し、両親との第 1 回の面接において、治療の指針を述べた結果、じ後、クリニックに来なくなった症例が 1 例、及び転居に伴ってクリニックとの関係が消滅した 1 例があり、それらは除外してある。すなわち、両親があるいは母親がクリニックに通ってきていることが、治療効果をあげていることになる」。

しかし、このような二例を除いた上で、治療結果を 100% の成功とすることには問題があろう。これが精神分析であれば、そうした例も含めて失敗例とすることだろう。

ともあれ、平井は登校拒否の発生機序を次のように説明する。

「自己中心的な面が多く、自我の未成熟が認められ、情緒的反応は幼児期の段階に止っている子どもが多い。欲求不満に対する忍耐力は乏しい。すなわち、「つらさを乗り越える気持」が不足している」。

Ⅲ．1970 年代における論調　　121

これが、いわば登校拒否の平井説である。その説は、言われているように「自我の未成熟」と「つらさを乗り越える気持」という二つのフレーズにより成り立っている。

　それはどういうことかと言えば、例えば先に言われていたように、そうした子どもの知的能力は「正常またはそれ以上」ということであるが、「しかし、努力しないために成績は不振となり易く、それが自尊心を傷つけている。つらさを乗り越え、努力を重ねて、良好な成績を獲得しようという気持は未熟である」ということである。

　しかし、「自我の未成熟」ということで平井が具体的に何を考えていたのか定かではない。

　別の論文「登校拒否児の治療過程からみた自我形成に関する試論」（1972年）では、これが「主体的自我」と「客体的自我」ということで説明されているが、「素因的に自我が弱い」などという表現もあり多分に思弁的である。もっとも、平井自身、次のように断ってはいる。「未熟な状態とは、その子どもの年令以下という意味であり、中学生や高校生であっても3〜4歳の状態にあったり、7〜8歳の状態にあることである。その際の年齢にふさわしい行動の基準については、今日、明確な指標が得られていないが、一応、Gesell, A の記述を参考にしている」。

　いずれにせよ、「自我（とくに主体的自我）が、その年齢にふさわしい段階に到達したときに、登校を開始する」ということである。

　ところで、平井は「登校拒否児」に対してどのような「治療」をしたのだろうか？

　具体的に言えば、それは親に対するカウンセリング（指導）である。

　しかし、これは「登校拒否症」が病気ではないことを両親に悟らせるためのものである。平井の論文には、「両親によって作られた登校拒否症」とある。学校恐怖症が神経症ではないことを確認した平井は、それを親の養育によって惹き起こされているものと考えたのである。従って、「治療」とは言っても、本人に対する精神療法ではないから、大学の児童臨床相談室においても行われている。

　平井は、当時はよく行われていた入院治療や収容治療には反対していた。

　この点に関しては、「思春期における登校拒否症」（1968年）において次

のように言われている。

「精神病院から退院した数例を扱ってみると、強制入院に対する自我の損傷が残っている例が多く、或いは再発する例がある」[369]。

では、平井はどのような仕方で「治療」をしたのかと言うと、まずは子どもに一年間かそれ以上の休学をさせたようである。具体的な治療方法についてはここでは触れないが、休学届を出すための診断書について平井が述べていることは示唆的であるので少し検討しておこう。

平井は「登校拒否症」に伴う「周辺的問題」として、「詐りの診断書」と「病への逃避」の二点を挙げている。診断書を出す以上、何らかの病名を記さなければならない。

しかし、平井としては「登校拒否症」は病ではないと考えている。

そこで、次のような問題が生じる。「偽りの診断書の問題がある。長期欠席となるので診断書が必要となるが、提出された診断書の多くが肝臓疾患や腎疾患に類する病名や、中には脳障害という病名が附されている。このような診断書を得た子ども、しかも、医師によって病名をつけられた子どもは、登校拒否を合理化するのにそれを用いていることが少なくない」[370]。

また、「自律神経失調症という診断は、頭痛・腹痛・疲労などの訴えに対してつけられたものである。これらは、登校拒否児によい口実を与えることになる。このような子どもは、自己中心的であるだけに、合理化の機制を用いたり、他罰的になったりすることが多い。他罰的な発言の例としては、学校の教師や友人に対する非難であったり、通学路における非行少年からの強迫（詐話）であったりする。身体問題は、彼らにとって最も都合のよい口実を与えることになっている。或いは、フロイドの言う「病への逃避」Flucht in die Krankheit（心身症）が見られた例も若干ある」[371]。

いずれも、いわゆる疾病利得に関して言われていることであろう。

ここで「心身症」という言葉が使われているが、ここに平井が強迫神経症ではないという理由からして、「学校恐怖症」が神経症であることを否定した論理の甘さが露呈しているように思われる[372]。

第一、ここで言われているようなことは全て「病への逃避」として括れなくもないことである。

また、別の論文においては、登校拒否という「問題行動」について、「身体的な異常を訴えたり、あるいは種々の症状を顕著に現わす場合もあるが、

器質的疾患はなく、あってもそれが登校拒否の原因とはならず、むしろ、心身症と考えられるものが多い[373]」と指摘されている。

上に挙げられた問題点のうち、二点目についてもまた次のように言われている。

「この疾病への逃避にも、①訴えが著しいが、客観的な医学的所見の認められないものと、②自律神経失調の状態を明らかに現わす子どもとがある。①の場合に、医師が病名をつけたり投薬などを行うと、その症状は固着し、訴えがくり返されることがあり、登校拒否が永続する危険性がある。②の場合には、自律神経失調という素因の上に登校拒否が起きたのか、登校拒否の状態が自律神経失調を招いたのかが問題となるが、筆者は後者の見解をとっている。すなわち、両親に対する counseling によって養育態度が改変し、子どもの自我の確立が始まると、症状は消失し、それ以後再び繰り返すことがないからである。しかし、自我の未成熟と、自律神経失調にもとづく症状の発現との間の相関については不明である。仮説的には、あるいは自律神経失調に傾きやすい体質があることを考えることができるが、この体質も、たとえば精神的訓練などによって変化させることの可能性を考えるならば、基本的な問題とは考えられない[374]」。

しかし、「自我の未成熟」などという恣意的な仮説を立てるよりも、それこそ「神経質」という素質を認めてしまった方が自然であろう。中学生ともなれば、年齢的にそもそも自律神経系に失調を来たし易い時期であることも考慮しなくてはならない[375]。

平井は後にその著作『学校嫌い』（1975 年）において次のように述べているが、それはあたかも「世界没落感」とでも言える終末論である。「このままの状態が続けば、二十一世紀の日本は、精神的に虚弱な大人たちによって支えられることになり、何らかの危機場面に遭遇すれば、もろくも衰退する危険性のあることを予言しておきたい[376]」。

既に述べたように、平井は児童精神医学会における最初期からの論者の一人である。

平井は学会設立の経緯を振り返って次のように述べている。

「児童精神医学会は、同志の呼びかけによって発足した。その意味は、二つに大別されると思う。その一つは、精神医学のなかで、児童を対象と

して研究をすすめなければならないという意志であり、もう一つは、小児医学のなかで精神衛生を重要視すべきであるという意志であった。精神医学のなかにおいては、児童の問題は片隅におかれていたし、小児科学会は、精神的な面での演題を出しても紙上発表に回されたりしたし、精神衛生などは小児科医としてはマスターベーションなどといった友人さえもいた」[377]。

そこで、同学会における第1回総会でのパネル・ディスカッション「児童精神医学とその近接領域」においてもパネラーの一人として平井の名が見られる。

この時の討議では、黒丸正四郎が次のような意見を出している。

「精神科医が児童精神医学を担当するためには、正常の子ども含めて子供一般を知る必要があるが、同時に小児科医の方も精神病や神経症の子どもを理解するためには、精神分裂病や depression というものの研究が必要であろう」[378]。

この意見はおそらく平井に対して出されたものであるが、これに対する応答は記録されていない。

しかし、司会を務めた高木四郎が次のように述べていることからして、おおよそのことは知られる。「平井氏は精神科医は正常な児童について知らないと述べたが、それに対して精神科医の側からは小児科医が成人の精神病や神経症を知らないで小児の精神病・神経症を論ずるのは困るという反論がでた」[379]。

この点に関して、高木としては次のように述べている。

「わたくしは平井氏の主張にたいする精神科側の反論に共感を覚える。これはわたくしが精神科医だからではなくて、児童精神医学を専攻し、児童相談に従事するものの立場からそう考えるのである。小児科医のくだす診断が検討違いであり、小児科医の間で誤った概念が横行していることがいかに多いことであろうか。このようなことでは混乱を招くだけであり、学問としての進歩は望めないとさえいいたいのである。このことは心理学者についてもどうようにいえよう」[380]。

辛辣である。高木は『児童精神医学総論』や『児童精神医学各論』、或いはそうした内容を平易に書き下ろした『問題児─その心の医学─』(1966年)などにおいても繰り返しこのようなことを述べている。

思うに、ここで言われていることは、「学校恐怖症」についても言える。

Ⅲ. 1970年代における論調　　　　125

なぜなら、高木は「小児神経症」と題された論文において、「学校恐怖症」を、息止め発作（憤怒痙攣）やかんしゃく発作、夜驚、仮性喘息などと並んで不安神経症の一つとしているからである。[381]

高木は次のように言っている。

「神経症を器質性疾患と誤るほうが器質性疾患を神経症と誤るよりもまだ罪が軽いといわれるが、なんともいえない。不安神経症や心気症を医師が身体疾患と誤って投薬し、安静を命じ、はなはだしいときは手術までしたりすれば、患児は自分でも身体疾患と思い込み、ますます神経症傾向を強めてしまう。このような医原性（iatrogenic）疾患はずいぶん多いので、医師は神経症に十分な理解と関心を持つべきである」[382]。

長期欠席者の中に、「学校恐怖症」とされるような何らかの神経症の一群が認められるとしたら、「登校拒否児」に「自我の未成熟」や「つらさを乗り越える気持」の不足を認め治療するような平井の手法には問題がなかったか。平井は登校拒否が強迫神経症であることを否定したが、それではなぜそれが不安神経症など、別の神経症例ではないのかとさらに問うことをしなかったのであるか？

高木は「医原性疾患」について語っているが、多くの「登校拒否児」たちが入院治療や投薬治療の対象とされて来たことを思えば、登校拒否とは多分に「医原性疾患」であったのではないかと思うのである。

ただし、それは「学校恐怖症」なる心因性登校拒否が最初から「医原性疾患」であったと言うのではない。そうではなく、その神経症的なメカニズムが専門医の手を離れて、いたずらに心理学者や小児科医、相談員などによって様々に論じられてきたことによって「医原性疾患」としての性格を持ち合わせていったのではないかと思うのである。

高木四郎はそうしたことの危険性を早くから見抜いていたのである。

しかし、その高木を失った精神医学界には、彼の業績を振り返り検討する余裕などなかった。

4. 金沢大会以降

このように、1970年代における議論はこれまでの議論を踏まえながらも主として単行本を舞台として繰り広げられたのであるが、数は少ないがやはり論文も発表されている。論文の発表数だけ見れば、1960年代に比

べて数が少ないだけに議論が低迷したかの印象も受けるが、それは一つには発表媒体がまとまった形での単行本や編著へと移ったことによる。

しかし、その背景には「学会解体」という出来事があった。

そして、この時期の医学論文においては、「不登校」という言葉が使われている。

登校拒否をめぐる論議は、1970年代において決定的な転機を迎えたのである。

これまでの議論においては、症状とされる登校拒否のことがしばしば「現象」と言われていた。これは、「心的現象」（die psychischen Erscheinungen）の「障害」（die Störungen）──「精神障害」（die Geistesstörungen）を対象とする医学に特有の用語法である。精神医学においては、「現象学的」とされる記述の仕方があるように、症状のことが「病像」（die Krankheitsbilder）、或いは「状態像」（das Zustandsbild）といった用語でもって表現されることがある。従って、この場合の「現象」（像）とは症状のことである。しかし、それはまた「臨床像」（die klinischen Bilder）という用語があるように、精神科医によって確認される他覚症状である。

河合洋が指摘していたように、登校拒否は「臨床的事実」として登場したのであった。

それは、「臨床像」として臨床家の前に現れたのである。

しかし、それはまた「新しい現象」として社会現象化されたのであった。

その背景にあった論の転回を追うことが本書の一つの目的である。

そうした意味で重要な論文の一つが、住田征夫の「不登校児からみた教育に関する精神医学的一考察」（1972年）である。これは精神医学を専攻している院生の論文であるが、これまでの議論を刷新したものとして評価できる。この論文は、「不登校」という言葉を意味のある仕方で用いるようになった最初の医学論文である。掲載誌が全国学会の学術誌ではなかったため、影響力はあまりなかったようであるが、これが登校拒否と区別して「不登校」という言葉を用いた最初の医学論文であったことは間違いない。[383]

住田の論文において、「不登校」という用語は、「学校恐怖症」や「神経症的登校拒否」という用語と等置されるものではない。ここには、心因性登校拒否の「心因」をめぐる解釈の転換があった。外延的には、それは小

泉が言うところの「広義」における登校拒否と等しい。

　しかし、内包的には、それは登校拒否の社会病理化を意味していたのである。

　確かに、「不登校」という言葉自体は、例えば1966年の段階において既に使われている。それは、第59回日本精神神経学会総会における分会「思春期心性と精神障害」でのこと、「思春期の精神障害と不登校」という題で発表がなされているのである。

　発表者の長岡青遠と宮尾美代子が次のように述べている。

　「最近何故特にこの思春期の不登校乃至は登校拒絶という社会的現象が問題にされるかは次の観点にある。即ち今日は中学校の3年間が義務教育になり、小学生はそのままほとんど全員が進学している。そして更にその半数以上の者が高等学校に進学しているのが実状である。このように今迄なら小学校だけで教育を終えていた者が多数進学し就学人口をふやしている。そしてこれらの中には精神医学的観点からみた場合、当然ながら学校生活に適応し得ない疾病をもった者も含まれていることである。これが上述の一因をなす」[384]。

　この場合、「不登校」が「社会的現象」とされているのは、それが本来は長期欠席に過ぎないということを意味している。ここで発表者たちが問うていることは、就学率の上昇という社会状況は別として、そうした中には「精神医学的観点」からして問題とされる例があるということである。

　従って、ここでは「不登校」そのものが社会状況からして説明されているわけではない[385]。

　その点、同じ「不登校」という言葉であっても、今日における「不登校」は社会現象として論じられているものである。そうした意味における「不登校」概念は、しかし心因性登校拒否を社会病理化する心因論における論理転回を俟って確立されたものである。

　和田慶治の論文「不登校」（1972年）も、「不登校」という言葉を用いた最初期の医学論文の一つである。同様の観点からして、辻悟の論文「不登校」（1973年）、並びに「青年期における主体の硬着的な退去とその現代的背景─不登校、いわゆる学生のApathieを中心に─」（1973年）も重要である。

　とくに、後者は副題にApathieとあるように、当時はよく使われていたスチューデント・アパシーという症候群を登校拒否に重ね合わせて論

じたものである。辻によると、「不登校症例や、大学におけるいわゆる Apathie は、本質は同一のもの[386]」ということである。しかし、あの「無気力症」がこのアパシーの訳語であったことも忘れてはならない。これが「退却神経症」とされて、「不登校」との関連から論じられたことも記憶されて良い。

もっとも、和田や辻の論文においては「不登校」という言葉がとくに登校拒否と区別されて使われてはいない[387]。そうした意味において、それはまだ概念として機能してはいないのである。ただ、この言葉を使い始めたのが他ならぬ彼らであったことには十分な理由があったように思われる。

和田の論文は、辻が編集した『思春期精神医学』（1972年）という著作に収録されたものである。「わが国精神医学は、ここにはじめて、一つの主張をもった思春期精神医学の概説書を持つことができた[388]」。それには、笠原嘉などによる編著『青年の精神病理』（1976年）や、中井久夫と山中康祐による編著『思春期の精神病理と治療』（1978年）などが続く。

この頃は、思春期、ないしは青年期の精神病理ということが盛んに言われていたのである。

それに応じて、登校拒否の症例としても主として中高生の例が挙げられるようになった。

しかし、このような論の展開は精神医学界という精神科医の社会における変動とリンクして起こったことでもある。あの金沢大会で紛糾する評議員会の最中、そのまとめ役として議長団の一人に選ばれたのは辻であった。

平成元年、精神神経学会は「金沢大会以降20年を振り返って」という特別シンポジウムを開くが、その席で司会を務めたのも辻である。その彼が回顧して次のように述べていることは印象的である。

「金沢学会を経験して、私は明らかに精神科医として変わりました。[389]」

中井久夫はその編著の「まえがき」において次のように述べている。

「思春期が大きく問題になってきたのには、社会的事情が大きく影響している。笠原嘉氏が「学園紛争」を契機として青年の問題が大きくクローズ・アップされたことに注目されたのは『青年の精神病理』（弘文堂、一九七六年）への序に記されたごとくであるとすれば、本書にはその反動としての「教育爆発」ともいうべき事態が影を落しているであろう。大学における「学園紛争」の時代にすでに中等教育の重圧は存在し、増大しつづけていた。

しかし、今日では多くの失調は中等教育にすでに始まっている。大学ももはやいかなる意味でも祝祭の場ではなくなった。それは「ほんの昨日」だったのだが、今は重苦しい祭の後の時代である」[390]。

しかし、「学園紛争」はまた「学会闘争」でもあったはずである。精神科医が社会を語る時に見逃しているのは、この彼ら自身を取り巻く医学界という社会の変化——「金沢大会以降」である。

当時、辻は阪大の助教授であった。その編著『思春期精神医学』は、彼自身と「辻門下の精神科医」たち[391]によって執筆されたものである。「不登校」という言葉が、和田慶治、藤本淳三、清水将之といった辻の周辺に位置していた精神科医たちによって使われ始めたものであることは、こうした事情を背景として理解されるべきことであろう[392]。

辻は次のように言っている。「精神医学での「学」は、これから述べますような性質をもっています。少し極端な言い方になりますが、それが治療に役立とうが立つまいが、私たちがかかわりあっている事象に対して、充分考えることができる論理、世間一般的に言えば、筋道が見出されますと、それは「学」として成り立ちます。そのために、時に「学」というものは、医学の、治療にはじまり治療に終るという筋道から離れていく可能性をもっているのです。治療とは無関係に、さらに言えば、治療には役立たないような考え方が、成り立つ可能性もあるわけです」[393]。

現実として、彼らは必ずしも登校拒否とは区別されたものとして「不登校」という言葉を用いていたわけではない。しかし、その「可能性」はやはりあった。

住田論文に始まり、その区別は、彼らの論を踏まえて書かれた渡辺位の論文「青春期の登校拒否」（1976年）において確立される。その背景にあったのが、例えば藤本論文の表題にある「登校拒否は疾病か」という問い掛けである。「不登校」という言葉が意味のある仕方で使われるようになったのも、この問いにおいてである。この言葉を用いることには、登校拒否は個人病理ではなく社会病理である、という含意がある。以下においては、その意味が生成された過程を追うことにしよう。

5. 「不登校」が内蔵する教育問題？

住田征夫の論文「不登校児からみた教育に関する精神医学的一考察」

（1972 年）は、医学部研究科の院生による論文である。しかし、そのため[394]もあってか、これまでの医学論文とは随分と趣を異にしている。この論文には憲法第 26 条が出てくる。そして、梅根悟の名が出て来る。この二点だけでも、識者にはその内容が推し量れるであろう。「杉本判決」以後、ということであるか。

住田は「教育とは何か？」と問うのである。

「著者は、過去数年の臨床経験から、不登校に至らなくても学校に関する事柄で悩み治療を求めてくる群もあることを知っている。すなわち、現在の教育体系がかかえている問題点を患児が「不適応」という形で呈示している場合がある。そのような視点から従来のいわゆる「学校恐怖症児」、「登校拒否児」、「怠学児」をみるとき、Johnson、Talbott らの指摘している分離不安に基づくと思われる群の中にも、現在の教育体系が症状発現、症状持続に関与し、そしてその症状が「教育とは何か？」を提起していると思われる群を認めざるを得ない」。[395]（傍点は引用者）

例えば、「分離不安で理解されうる不登校児は、低学年層に多いが、彼らにおいても「とにかく学校だけは出てもらいたい。」という家族側の学校偏重主義が存在する」[396]。

そこで、「不登校児を中心として「学校適応障害児」の臨床の中から教育の意義を考察し、彼らに対する精神医学的関与を明らかにしよう」[397]ということである。

このように、この論文では「不登校」という言葉が用いられていることが特徴的である。

それは、「学校恐怖症」や「登校拒否」といった概念と同義のようであるが、「不適応」という教育概念に包摂されるもののようである。ただし、ややこしいのだが、住田としては、そうした「学校適応障害児」の中でもとくに「教育とは何か？」という問いを提起しているような「不登校児」を中心に考察する、ということらしい。

論述は例のごとく先行研究を列挙して始まる。

しかし、それは主としてアメリカと日本におけるものであって、フランスやドイツにおけるものではない。実際のところ、学校恐怖症に関する報告はフランスやドイツでは稀である。このことについて、住田は「日本の教育制度がアメリカから導入された点を考えると興味深いこと」[398]と言って

いる。

　既に何度か述べたことであるが、この点に関しては、日本の児童精神医学がアメリカの児童精神医学を輸入したものということも同時に考えなくてはならないように思うのだが、どうであろうか？

　確かに、次のような指摘は示唆的である。

　「学校へ行かない子、行けない子については、一般の疾患におけると同様に、その原因を受診初期の段階で断定することには、非常に困難なことが多い。何故ならば、彼らは自ら悩んで来ることが少なく、むしろ受診意欲に乏しく、親、教師などからの受診の勧めに対しても拒否的態度をとることが多いからである」。[399]

　ここで、「学校へ行かない子、行けない子」と言われているが、これがおそらく或る時期から標語のごとく使われるようになった「行かない、行けない」という冗語の最初期の用例の一つである。しかし、こういう仕方での「不登校」理解が、「心理的な理由」があるために子供は学校に「行かない、行けない」ということを意味しているのであれば、やはりどこかで心因性登校拒否の面影を払い切れていないのである。

　それはそうとして──、

　「著者は、受診初期の段階においては診断的分類をせず、学校へ行かない子、行けない子、その他の学校適応障害児を一括して「学校適応障害児」と名付けた。従ってその中には、いわゆる学校恐怖症の定義からは除外されている精神分裂病、うつ病、ヒステリー、および反社会的行為を伴う怠学等も当然含まれてくる。従来これらが学校恐怖症の定義から除外されている主な理由は、彼らの示す「不登校」と、学校恐怖症児の示す「不登校」とは、形が同じであってもその発現機制が異質であるという観点からである」。[400]

　ところが、「これらの疾患のために休学し、二次的に学校恐怖症を呈する例が存在することも確かであり、たとえ二次的であっても「不登校」という訴えの中に、<u>学校恐怖症児の呈する「不登校」が内蔵する教育問題</u>を含んでいる。すなわち、学校適応障害という観点からとらえるならば、彼らと学校恐怖症児とは異質なものとは思われない。そこであえてこれらをも含めて「学校適応障害児」と一括し教育の意義を考察したい」。[401]（下線は引用者）

要するに、小泉の言葉を用いて言い換えれば、「狭義」での登校拒否である「学校恐怖症児」と「広義」での登校拒否である「学校適応障害児」は、従来は区別されていたが、後者にも前者が内蔵する「教育問題」が含まれていることからして、両者は一括りにされる、ということであろう。

　もっとも、これまでにおいても、この場合の前者である心因性登校拒否は、この場合の後者である「不登校」、つまりは怠学や非行を含む「広義」での登校拒否の下位分類であった。

　それが、住田としては、「学校恐怖症児」の症状、つまりは「不登校」が呈している「教育問題」という観点からして、それらを一括して「学校適応障害」と名付けることで「教育の意義」を問うと言う。

　では、その「教育問題」とは何か？

　「義務教育とは、文字通り親にとっては子供を学校に行かせる義務をもち、子供は学校に行く義務を負わされている。それに従えば治療者も当然行かせるようにすべきであろう。しかしその場合に、彼らが通学する場＜学校＞は吟味される必要はないであろうか。治療として不登校児を学校に復帰させる場合、復帰に価する場所に復帰させるべきであると思われる」[402]。

　このような意見が医療の側から出されたのは、これが最初であろう。今となっては何でもないことのようであるが、治療の目的とされた復学を疑うことは、この当時では珍しい見地であった[403]。同様の見地からして、「情緒障害児短期治療施設」に併設されたいわゆる院内学級に関しても疑問が投げ掛けられている[404]が、こうした意見が精神医学の内部で出されたのもこれがおそらく初めてのことだろう。

　住田は一貫して「学校一辺倒主義」[405]を問うている。

　ともあれ、この場合の「教育問題」とは医療関係者にとっての問題なのではないだろうか？

　言い換えれば、住田の主張は、いわゆる「学校恐怖症」であれ、精神病や非行の結果としての登校拒否であれ、いずれも医療関係者にとっては復学という価値を治療に持ち込むべきではないという観点からすれば同列に論じ得る、ということではないのか？

　そうでなければ、そうした例を全て「学校適応障害」として括るというのは暴論である。

　しかも、住田はただそうした例を一括して論じると言っているのではな

い。住田は、「学校恐怖症児の呈する「不登校」が内蔵する教育問題」が、その他の登校拒否の例においても見られるために、それらを一括りにしよう、と言っているのである。

　しかし、これは「学校恐怖症」を社会病理化して、「その症状が「教育とは何か？」を提起していると思われる群」とすることで、「内因性」、器質性の別なく他の精神障害も含め、また怠学と非行もひっくるめて「不登校」として問題化するということである。

　「不登校」という言葉は、このように登校拒否を社会病理化する論理を俟って初めて意味のある仕方で使われたのである。住田は一見して登校拒否に「教育問題」を読み込むことで、それを脱病理化しているようでもあるが、むしろそれを社会病理化することで精神医学に固有の問い掛けを悉く棚上げしてしまっている。心因性登校拒否という神経症の亜型を精神科医が社会病理化することは、登校拒否を「不登校」問題として社会現象化することの端緒でもあった。

6．登校拒否は疾病か？

　藤本淳三の論文「登校拒否は疾病か」（1974年）にも「不登校」という言葉が見られる。

　「この school phobia あるいは学校恐怖症という用語は不適当であるという意見があるが、phobia 恐怖症という用語自体の概念規定が元来曖昧であり、学校恐怖症と言う呼称を閉所恐怖とか対人恐怖などと、並列的に扱うのも止むを得ないと考えられる」[406]。

　その通りである。

　もともとこの用語は明快な定義を持ってはいないのである。

　しかし、我が国においては、それが高木隆郎によって心因性登校拒否として問題化されたものであったことはこれまでに見てきた通りである。「学校恐怖症」とは神経症的登校拒否とでも言われるような神経症の症例として問題とされていたのである。

　ところが、「初めは母子間の分離不安と主題に展開していた神経症的な児童の長期欠席についての研究が、自然にあるいは必然的に、対象と考察の主題を拡大し〔て〕きているのが現状であろう。対象は幼稚園児から大学生までを範囲とし、対象を考察する視点は母子関係のみならず、父親

の在り方をも重要視した全家族的背景の分析に拡がり、さらには本人およびその家族の置かれている社会的状況も不登校の成因と指摘されるようになっている。そしてまた最近では学校という状況の解明も背景状況の分析に加えられている」[407]。

藤本は、「自然にあるいは必然的に」と言っているが、住田論文に見られたように、敢えて「不登校」という言葉が用いられることには何らかの意図があってのことであろう。

彼自身、「疾病学的診断の問題」ということで次のように述べている。

「精神医学的には学校に出席していないことだけが障害として現われるのでなければ、不登校あるいは学校恐怖症として特にとりあげる必要はないと考えうる。この論旨は精神医学上では形式論理的には正しいはずである。しかしながら、学校に出席しない症例について、これまでに発表された研究報告の中には、それらの症例を精神医学上の既存の疾病分類に従って診断分類することを主題とする報告も含まれている」[408]。

しかし、心因性登校拒否とは、何も「学校に出席していないこと」だけを訴えているものではない。「学校に出席しない症例」と言われているが、そもそも学校に出席しないこと自体はただの長期欠席である。それが「症例」として精神医学の対象となり得たのは、そこに何らかの神経症の症状を併発している様子が見られたからである。そこには、「成因」（病因）としての「心理的な理由」、つまりは神経症的な心的機制が認められた。

「不登校」という言葉が使われることで失われるものは、この「心因性」というそれが精神医学の対象であり得ることを示す概念である。それが、「不登校」という言葉が使われた途端、心因性登校拒否とその他の長期欠席との違いは見えなくなる。いや、むしろそれを意図的に混同するところにこそ、「不登校」という言葉の意味はある。

この点は、藤本による「不登校」の定義に関しても言える。

まず、例によって、非行と怠学、そして「病気」は除外される。しかし、非行については、「いわゆる非行化の途上に生じている不登校」[409]と言われていることからしても、これもまた「不登校」の一つとされているようである。また、「病気」とは、「精神医学の既存の疾病概念に該当する病態にある症例」[410]ということであるが、これはまた別の問題を呼び起こす。

次に、藤本は残りの事例を「不登校」として、それらを「従来、学校恐

怖と呼ばれていたもの」と、「さいきん登校拒否と呼ばれているもの」、そして「とりあえず学校脱落と表現しておく群」の三群に分ける。このうち、「さいきん登校拒否と呼ばれているもの」が何のことであるのかは不明だが、とりあえずは、これまでに問われてきたものが第一群の「学校恐怖症」群であったことは確認されよう。また、第三群の「学校脱落」とは、どちらかと言えば「怠学」や「非行」に近いものであるから医学の対象からは外れよう。

ところが、藤本は次のように言うのである。

「第（1）群は不安神経症あるいは不安ヒステリーと名付けられている病態と類似し、また小学校あるいは中学校低学年に多く、われわれが最も関心を抱いている高校不登校には少ないので、通常われわれが不登校と呼ぶ場合は第（2）および第（3）群であることが多い[412]」。

意外なことに、「不登校」からは「学校恐怖症」群が除外されているのである[413]。

確かに、藤本が対象としている高校生の例ではあまりそうした症例は見られないようである[414]。

しかし、そうすること今度はなぜただの「不登校」が医療の対象となるのか、それに答えなくてはならないはずである。藤本が「症例」として挙げている事例は、高校を中退してから受診した例と、留年したが復学のために診断書をもらいに受診した例である。

藤本は、「精神医学的には学校に出席していないことだけが障害として現われるのでなければ、不登校あるいは学校恐怖症として特にとりあげる必要はない」と言っていた。

それでは、「不登校」とはいったい何の症例なのだろうか？

既に述べたように、不登校の「症例」からは「精神医学の既存の疾病概念に該当する病態にある症例」が除かれていた。しかし、また不安神経症やヒステリーとされている病態と類似する「学校恐怖症」の症例も対象外とされているのであった。

これについてはまた次のように言われている。

「精神病はもちろん、病的反応あるいは神経症と診断しうる症例は不登校の中に含めていない。ただし、神経症と診断しうる症例を除いているのは、神経症を疾病と断定しているからではない。周知のように精神医学は

身体医学におけるような普遍的で確実な診断基準を有していないし、すべての合意の上で新しい疾病概念を設定することもまだ行っていない。神経症についての研究は科学的であると、Freud, S. が主張しても自然科学的には神経症は疾病とは認められていない」[415]。

　従って、「不登校は疾病か否かを問うとき、その前提として神経症が疾病か否かを問い直さなければならないだろう。しかし、ここでは神経症が疾病であると認められるにしても、それと同一の次元では不登校が疾病と認められるべきでないと考え、従来の神経症から不登校を区別しようと試みている。すなわち不登校を、登校していないことを単一症候とする神経症とは考えていない」[416]。

　奇妙な論理である。

　藤本は、神経症と「同一の次元」で「不登校」を疾病と認めることはできないと言っているが、そもそも「不登校」そのものが疾病でないことなど明らかである。「不登校」そのものはただの長期欠席か不就学であって、それが医療の対象となり得たのは、むしろ神経症と「同一の次元」で起こっているそれこそ神経症的登校拒否とでも言うべき例が多々あったからである。

　藤本の論文は、その表題にある通り「登校拒否は疾病か」と問うているが、結局のところ神経症と区別しただけで、しかもその上でなお「症例」として報告される「不登校」という概念を打ち出した罪深い論文である。

　確かに、藤本は次のように結論している。「いわゆる不登校、特に高校不登校を筆者たちは疾病としてでなく、思春期の危機と現代の環境状況の以上の複合の所産だと考えている」[417]。

　しかし、これは「不登校」が神経症という「疾病」ではない、という意味でしかない。心因性登校拒否を神経症と区別したところでそれを脱病理化したことにはならなかった。むしろ、その結果は社会病理化された「不登校」によってそれを置き換えながらも拡大することだったのである。

7. 学校原因論

　藤本論文を踏まえて発表されたのが、渡辺位の論文「青春期の登校拒否」（1976 年）である。

　渡辺は言わずと知れたこの件に関する第一人者であるが、同論文を嚆矢

として、「登校拒否の心理と病理」(1977年)、「登校拒否の治療」(1977年)、「登校拒否の病理(発現のメカニズム)とその対応」(1979年)、「登校拒否児に見る勉強ぎらい―彼らは何を訴えているのか―」(1979年)、「病める社会で病む子ども」(1980年)、「学校教育の病理と登校拒否」(1981年)、「学校病理と登校拒否」(1981年)、「学校を拒否する子どもたち―登校拒否とその周辺―」(1982年)、「登校拒否の予後」(1983年)などを立て続けに発表し、論者としての地位を確かなものとして行った。

渡辺の主張は、こうした論文の表題からして推し測ることができるだろう。

彼の主張は、最終的には『児童精神科―親も教師も考えたい「登校拒否のこころ」―』(1984年)や『不登校のこころ―児童精神科医40年を生きて―』(1992年)においてまとめられている。

「私が登校拒否の子どもに出会ったのは、一九六〇年代の後半の頃であった。怠けや病いでもないので学校に行けない子どもたちの全国初の学級が、国立国府台病院の児童精神科病棟内にできたという噂が伝わってきた。医者や親たちの動きによって出来たという話に魅かれて、私はそこを訪ねたのだった。

迷子になって秋雨の降るグランドに立つ私の視線の先に、雨に濡れながらコスモスを手折っている白いブラウス姿の少女がいた。それが彼女であった。小さな花束を持っているその手で示してくれた平屋建ての木造校舎。後で知ることになるのだが、この木造校舎は帝国陸軍病院時代の戦争ノイローゼの将校たちを収容していた病棟だった。

戦争ノイローゼの将校たちが収容されていた病棟が、時代が変わり登校拒否の子どもたちの校舎になっていたのだ。ノイローゼが時代を反映する「病い」であることを知った私は、妙に納得して翌年異動を希望。そこの住人になったのだった。

秋雨、コスモスの花、濡れそぼった白いブラウス、元将校病棟、時代の「病い」としてのノイローゼ。これが私の原風景であった。」

そう語るのは、研究員として同病棟に勤務することになる横湯園子である。彼女の論についてはまた後で検討するが、もう十年ほど遡れば、そこ

にはまた違った光景が見えたはずだ。

渡辺は過去を振り返って次のように述べている。

「最初に登校拒否の子供に出会ったのは、昭和二十九年か三十年ごろで、国立国府台病院の児童精神科病棟に子供たちを無理やり入院させたりもした。そのころはまだ、こうしたケースそのものが散発的できわめて少なかったために理解が十分でなく、いま考えてみるとずいぶん間違ったこともしたと反省している」[419]。

渡辺が公式の場で発言したのは第61回日本精神神経学会総会（1964年）が最初であろうか。その時、彼は「登校拒否について」という題で発表している[420]。この時の発表内容については抄録を見てもよく分からないが、翌年の総会において渡辺自身が次のように述べていることからしておおよそのことは推し測れる。

「国立国府台病院精神科では、外来または病棟において所謂登校拒否の児童を診療しているが、幼児期より引込思案、小心で孤立、自閉傾向を示し発症すると時に注察・関係念慮などを示し精神分裂病との境界線と思われるような症例（I群）、自己中心的で他との協調性、感情統制力の乏しい性格傾向を有し、責任はすべて他に転嫁し外罰的傾向の強くみとめられる症例（II例）、引込思案、小心ではあるが自閉傾向は強くなく感情交流も自然で硬さがなく、むしろ神経症的傾向を示す症例（III群）に分類し、夫々の特徴と家族殊に両親の性格、態度等につき検討し、これを第61回日本精神神経学会において報告した」[421]。

この渡辺が後になって登校拒否に強い理解を示した精神科医の代表格となったのである。この「学校原因論」[422]とも言われる渡辺の理解は、「登校拒否は病気じゃない」という登校拒否論の理論的な支柱であった。

しかし、ここで私は敢えてその理解の仕方を問うことにしたい。

数多くある渡辺の論文の中でも最も影響力を持ったのが、1976年に『臨床精神医学』誌に掲載された「青春期の登校拒否」[423]である。この論文は複数の論者によって参照されている。

その冒頭には次のようにある。「身体的、精神的に疾患が認められず、また明らかな意識的ないわゆる怠学にも属さないにもかかわらず、"不登校状態"に陥る子どもがあり「学校恐怖症」あるいは「登校拒否」とよばれているが、その不登校という現象は学校教育上からみてきわめて重要な

問題であり、精神医学、心理学各分野から数多くの研究、報告がなされている」[424]。

明らかに、渡辺は「不登校」を現象としている。

それも、病像としての状態像ではなく、「状態」として、である。

この論文では明確ではないが、渡辺は登校拒否と「不登校」を分けて考えている。

渡辺は後に次のように述べている。

「自分が意図して行かない場合は従来から「怠学」ということばで呼ばれていたのですから、それを用いればよいので、あえて登校拒否ということはない。もし心身の病気や怠学による不登校まで、ひっくるめて登校拒否というと、どういうものが登校拒否かわからなくなってしまいます。だからそういう言い方はしたくないので、当面は心身の病気によるものでも自分の意思で怠けることによるのでもなくて、本人も学校というものに対して大いに関心があるにもかかわらず学校に行けなくなる、そういう状態でおきてくる場合に限って登校拒否といいたいのです」[425]。

まず、ここで言われている登校拒否が心因性登校拒否そのものであることを確認したい。渡辺はそのこと自体を問うているわけではないのだ。彼が問題にしているのは、それが「そういう状態でおきてくる」とされるその状態——「不登校」という社会現象なのである。

「なぜ不登校がおこるのだろうとか、不登校が正常か異常かとか、それをあらためて問い直すこと自体これはおかしいのではないか。不登校となる子どもも別に問題ではなく、あたりまえの子どもなのです。だからここで「病める社会」ということばをあえて使わせていただければ、不登校というものを自然な現象としておおらかに、肯定的に受けとめられない、受けとめるわけにはいかないような、非常に懐の狭い狭量な価値観でしか見られない社会、あるいは狭視野的な「常識」のなかで、不登校というものを問題だ、以上だと決めつけたり否定したりするような価値観の広がっている社会そのものが病的なのではないか」[426]。

心因性登校拒否を否定はせずとも、学校へ行っていないということ自体を、つまりは「不登校」を社会現象として問う、これが渡辺の論理——「心因」の社会病理化である。

渡辺は6件の症例を挙げているが、その「症状形成メカニズム」は次の

ように説明される。

「まず"学校状況に対する不安"に基づく場面回避としての不登校状態が現れ（一次反応）、その状態はさらに不安を生じ、その不安回避のため再び登校を自らに強制するという葛藤状態が生じ、これに対する諸適応が出現（二次反応）し、多彩な臨床症状を示してくる」[427]。

つまり、「不登校」が一次反応であり、神経症の症状は二次反応に過ぎないということである。

そこで、渡辺としては次のように結論するのである。

「「登校拒否」は結果として多彩な症状を示し、神経症症状、抑うつ状態などを呈することはあっても、元来「登校拒否」それ自体は神経症あるいは抑うつ状態その他の特別な精神疾患とはいいがたく、むしろ不登校状態を惹起させる社会的文化的背景にその病理性を求めるべきであろう」[428]。

この一文においては、心因性登校拒否の社会病理化がありありと示されている。

その社会病理性を裏付けるために、渡辺は東京都立教育研究所における登校拒否の相談件数と、自身が勤めていた国立国府台病院の児童精神科における登校拒否の診断実数を挙げている。確かに、1960年代の後半以降、それらが他の案件を差し置いて一位となっていることは事実である。しかし、そのことからして次のように結論されるのであれば疑問である。

「これは、「登校拒否」発現の原因は単に子ども個人の生物学的資質や心理的傾向にのみ帰すべきではなく、より社会構造論的認識において探求すべきものであることを示していると考えられる」[429]。

渡辺は登校拒否そのもの、つまりは「不登校」が病気ではないことを繰り返し述べている。

そもそも高木隆郎の言うところの心因性登校拒否とは、登校拒否そのものを神経症的な症状としたものではなかった。それが、長期欠席とは区別されて登校拒否という病像として立ち現われたのは、それを「臨床像」として捉える「臨床家」の視点があったからである。確かに、それが欠席の「心理的な理由」に神経症的な心的機制を読み込む心因論なのであれば、心因性登校拒否とは欠席していることへの不安が生じさせた心因性の反応状態と定義することはできるだろう。しかし、それを二次反応とするために欠席そのものをいわば一次的な社会因性の反応としたところで、いたずらな

心因論の拡大に過ぎないのではないか？

　病理性という比喩的なコトバで語られる「不登校」という論理がここに
ある。

8．新たなる不登校現象？

　1977 年には、『季刊精神療法』誌上において「登校拒否」特集が組まれ
ている。

　この特集号には 9 本の論文が掲載されているが、本書でも何度か参照し
ている高木隆郎の論文「登校拒否の心理と病理」を除けば、とくに目ぼし
いものはない。筆者にとっては、どちらかと言えば同誌に掲載されている
宮本忠雄氏によるクレペリン『精神医学百年史』（1917 年）の訳書の評の
方がおもしろく読める。

　とはいえ、同誌に掲載された岩井寛などによる論文「新たなる不登校現
象の症例と理論」は無視できない。これによると、「新たなる不登校現象」
が見られるというのだから。

　「登校拒否あるいは不登校を論ずる場合、時代および文化を除外してこ
れを見るわけにはゆかぬであろう。なぜなら、教育問題はつねに時代・文
化の焦点であり、登校する学生は、まさに家族や社会状況をひきうけなが
ら学校へ参加する存在だからである。したがって不登校学生（以後、school
phobia、無為的に通学をせぬ者を含めてこう呼ぶ）の問題を考えるときに、単
に通学せぬことの、家族での先生・学友間のダイナミズム、家族の関わり
など、直接に関係をもつ問題のみに焦点を合わせず、社会における不登校
の在りかたをも含めて検討してゆかなければならない」[430]。

　もはや、「怠学」は除く、という条件はどこかに行ってしまったらしい。「社
会における不登校の在りかた」というのが何のことなのかよくわからない
が、とりあえずはここで「不登校」が教育問題とされていることを確認し
ておこう。なぜなら、それに続けて、「不登校現象とその背後に在る家族・
社会問題のかかわりを中心に、精神病理的な手がかりを求めてみる」[431]と言
われているからである。論者は、「不登校」現象を自明視した上で、そこ
に精神病理を見出そうとしているのである。

　これと似たような論法は、発表年数をやや前後するが、既に挙げた辻悟
の論文「青年期における主体の硬着的な退去とその現代的背景―不登校、

いわゆる学生の Apathie を中心に─」においても見られる。

それが「病理法」というものなのだろうか？

スチューデント・アパシーは笠原嘉の紹介によって有名になったが、その笠原によると上の岩井の論文における例こそ、「すべて筆者流にいえば退却神経症ないしスチューデント・アパシーである」[432]。これについて検討することはここではしないが、この「神経症性アパシー」とされるものの原型が「中学生の登校拒否、学校恐怖」にあるという笠原自身による証言は重要である[433]。なんとなれば、あの山本由子もまた後に「学校恐怖症」を「退避型の神経症」と概念化したからである。ここには、明らかに戦前の対人恐怖から戦後の学校恐怖、そしてそれが一転して、自閉（性）、内閉、退却、引き籠り、社会的ひきこもりと概念化されていった日本的神経症論の一連の系譜がある。

また、これを笠原が「退却神経症」と名付ける前にアパシーの訳語として「無感動」と並んで、「無気力」を挙げていたことも銘記しておこう[434]。あの「無気力症」の根もまたここにあるのだから。

さて、辻の論文においても「不登校」は社会現象として論じられている。しかし、辻はそれをまた別の現象と結び付けて論じている。時は学園紛争の最中、それは笠原も「学生たちに半ば公然と敵意や攻撃性の表現がゆるされる奇妙な時代だっただけに、それにもかかわらず、前線から退却して沈潜しているこの人たちが、対照的に目だってみえたのかもしれない」[435]と振り返ったあの頃である。

辻は次のように述べている。「学園における学生を中心とした批判・告発の活動が、社会的な現象として表面化する以前に、大体昭和38年度大学入学の世代から、留年率が飛躍的に増加する現象が見られた。いわゆる大学における大量留年といわれた現象である」[436]。

辻によると、この現象と「不登校」現象は「本質」を同じくしているという。

事情は次のようである。「不登校症例は、学校恐怖症、登校拒否症例などとも呼ばれ、その特徴や分類、成因などについての報告がかなりの数になってきている。一方、大学においては、その後に生じた上述の学園の混乱によって、大量留年をここで問題としている現象の現われとして直線的

にとらえることができなくなった」⁴³⁷。(傍点は引用者)

　現象の「現われ」とは奇妙な言い方であるが、どうも辻は現象を「本質」という意味で使っているようである。そこで、辻は「現われ」を「現象形」として、その「展開」を論じるのである。

　「青年期においては、それまでの家庭空間が主であった存在様式から、より社会的に広がった空間が主となった存在様式への転換が迫られる。しかも主体は、その空間に独立主体として、回避傾向を示さずに参与しなければならない。上述の症例に共通して見られる重要な特徴は、それまでの空間（家庭）よりも、より負担の重い広がりを増した社会的空間（学校・職場など）で困難に遭遇すれば、比較的容易に主体としての自由と対応の可能性を失い、困難を生ぜしめている空間そのものから硬直的に退去するという点にある」⁴³⁸。

　ここで、辻は「主体」とその「存在様式」をめぐる「存在構造」を問うている。

　「この存在構造の、既存の臨床的な精神病理像との相違は、問題がこの硬直的な退去という点に限定的に集中しており、この縮小が許されている限り、既存の精神病理像は示されないか、あっても、部分的・副次的な位置を占めるにすぎないという点にある」⁴³⁹。

　従って、「不登校症例や、それと本質を同じくするものの増加は、精神医学が今までの視点の向け方にとどまり、それでよしとすることを許さない問題提起をしていると見ることができる」⁴⁴⁰。

　しかし、ここにあるのは、社会的な「現象」を既存の「精神病理像」と重ねてしまう論者の姿ではないか？「硬着的な退去」という病像が既存の「精神病理像」にないのも、それが笠原嘉の提唱による「退却神経症」の病像であるとすれば納得できる。辻は、別の箇所ではこの「精神病理像」を「病理的な現象」⁴⁴¹とも言っているが、問題はそうした病像と社会的な現象とが、現象とその「現われ」として重ね合わされることにある。

　その結果は、もちろん「精神病理像」の社会現象化である。

　「青年期の諸現象は、それが病理を問わねばならない側面をたとえ持っている場合でも、単にそれをその個人の病理に還元して、既成社会の社会防衛的な立場や、既成社会人の自己防衛的な立場から、その問題、ひいてはその青年個人を社会から切り捨てるということのできないものなのであ

る」[442]。

辻は、青年期の現象に病像を写し出すことで、逆にその病理性を社会に求めているのである。そこに現象するのが、「思春期分裂症様病像」[443]としての「不登校」であることは言うまでもない。この論理が自覚されないままに、辻は清水将之と共に「思春期青年の病識のなさ」[444]を嘆くのであった。

「病識とは、見方によっては、自分が変化したことに対する洞察」[445]、そう言うのは清水と頼藤和寛の共著論文「思春期危機について」（1976年）であるが、問題はその「見方」が精神科医の見方であることにある。

頼藤には井上洋一との共著論文「不登校」（1981年）がある。

彼らは次のように言っている。

「不登校は広い背景をもった現象である。二次的に神経症的加工がなされるにしても、神経症という病態は結果を表わしているにすぎない。病態のみを問題としてとりあげ、その背景を看過するならば不登校現象を全体として把握することはできないであろう。不登校問題に携わったことのある者はひとしく、家族間精神力動・学校教育のあり方、現代日本社会の構造など、不登校問題の裾野の広がりに驚かされる」[446]

ここにもまた、神経症の病像を「不登校」現象に重ね合わせる論理が見られる。

しかも、そこで問われているのは「不登校」問題なのである。

「不登校児たちが、いかにレトリックを弄しようとも現実にヒーローとしては描きがたい有様を呈していること、また本人と親など当事者に結果的には物心両面における損害を蒙らせることになる可能性から考えて、「疾患性」を括弧にくくったうえで、なお大きな「問題性」は残すものとせざるをえない」[447]。

しかし、レトリックを弄しているのはどちらであろうか？

彼らは「不登校」現象に病像を写し出しながらも、その背景に「問題」を読み込むのである。否、それはむしろその「問題性」のゆえに問われていると言える。清水と井上の共著論文「不登校」（1988年）にも同じような論理が見られるが――、

「疾患性」を括弧にくくる見方、それが「不登校」という論理なのである。

9．第19回日本児童精神医学会総会

　1970年代の終わりを飾るのが、1978年に行われた第19回日本児童精神医学会総会におけるシンポジウム「思春期登校拒否児童の治療処置をめぐって」である。

　発言者は、永田実、小泉英二、十亀史郎、渡辺位、清水将之、小倉清、また指定討論者として、小澤勲と二橋茂樹の二名を加えている。彼らは皆、かなり早い段階から「登校拒否児童」と関わりを持ってきた人たちである。そこで、彼らが挙げる事例、ないしは症例には、その「治療処置」がかなり長期化したものが含まれている。「思春期」という限定も、一つには、そうした例において子どもの年齢が上がっていったことにより、彼らの関心が思春期にわたる例へと向けられたことによると考えられる。

　その一方で、高木や鷲見といった最初期からの発言者が姿を消しているためか、ここでの討論にはこれまでの議論展開との断絶が見られる。一口に言えば、彼らの大半は登校拒否が病気であることを否定している。しかし、彼らはそれでも「登校拒否児」には何らかの処置が必要であると考えている。

　渡辺の論については既に述べたが、こうした理解ある医者の発言があったにも拘わらず登校拒否をめぐる議論は却って社会現象として問題化されていったのである。

　登校拒否は医学の手を離れ、脱病理化されて社会現象化したのではない。むしろ、それは医者たちが登校拒否という病態像としての「現象」に社会病理性を認めることにより社会現象化されたのである。

　後の第24回総会（1983年）では、「登校拒否と現代社会」という提題で再びシンポジウムが開かれている。しかし、このように社会と結び付けて登校拒否を医学会が論じるその論理は、既にこの第19回総会におけるシンポジウムで出されている。また、さらに後の第34回総会（1993年）におけるシンポジウムは「不登校をどう考え、どう対応するか」と題されているが、「不登校」という用語が精神科医によって公に用いられるようになったその端緒も、この第19回総会におけるシンポジウムにある。

　この時のシンポジウムを境に、登校拒否をめぐる議論は大きく転回していくのである。

　ところで、このシンポジウムは総会での実施を踏まえて、学会の理事会

において予備討論というものが行われている。この予備討論は発表者と指定討論者のみによる密なものとなっており、総会当日でのシンポジウムにおける公開討論よりもはるかに中身のあるものである。[448]

　そこで、以下においてはこの予備討論を中心としてシンポジウムの模様を振り返ることにしよう。

　まず、予備討論に当たっては、司会者である河合洋がシンポジウムの提題について次のように述べている。「このテーマをとりあげたいきさつについて簡単にふれておきますと、〈登校拒否〉の問題がわたくし達の臨床的課題のひとつの重要な側面をなしているにも拘わらず、この10年ぐらいの間に、その診断・治療などについて非常に拡散的な議論がされてきてしまっている、ということ、また各現場でもその処遇をめぐってかなりの混乱が起きている、ということ、またとりわけ思春期の登校拒否の問題の中に、これらの諸問題が集約されたかたちで出てきているのではなかろうか、などといったことが話されたわけです」。[449]

　以後の討論は紙面の分量からして20頁に及ぶが、その最後の頁において指定討論者の小澤勲が次のように言っている。「いま、ずっと聞いていて、登校拒否のことについて具体的な話をしていってみると、それぞれの先生方でずいぶん違うなという感じがして、話が非常に拡散しちゃって、どこへまとまっていくのかわからない。たとえば、登校拒否には特有なつき合い方はいらないといっておきながら、やはり登校拒否児の特殊性みたいなところに行きついちゃう、ということになってきている」。[450]

　これまでの議論が広がり過ぎて、その混乱を収めるために討論を行うということであったが、その結果は、このように却って取り留めのないものになってしまった、ということである。それどころか、この時の議論は、「登校拒否には特有なつき合い方はいらないといっておきながら、やはり登校拒否児の特殊性みたいなところに行きついちゃう」という負の展開を見せたのである。

　小澤は発言者たちの主張をまとめて次のように言っている。「非常に大きな問題からひとついえば、たとえば清水先生が「病気であるのかどうか」という問題を出されたし、あるいは十亀先生なり渡辺先生は学校に行かないということの中にいわばかなり positive なもの、反抗し拒否する能力の

Ⅲ. 1970年代における論調　　　147

ようなものをどう見出すのかという考え方をなさっているような気がするんです。そのこと自身は非常に正しいと思うんですが、いっぽうでたとえば永田先生は、それからこれは各先生に割と共通していえることだろうと思うんですが、いままで登校拒否の問題を学校の問題としてきちっと語り切れなかったというところからやっぱり学校の問題として語ろうというふうな流れがあると思います」。[451]

　清水たちの主張については後で検討するとして、ここからして小澤は次のように彼らを批判するのだ。

「登校拒否の問題というのを、学校をこわがって学校へ行かないんだという原点にたちもどって、学校の問題としてひとつはきちっと考えるほうがいいと思う。学校の問題として考えたいということをどうも精神科の医者がいいたがる。そんな風潮がだんだん強くなってきているように思うんです。じゃそういうふうにいっている精神科の医者が本当に学校の問題に一緒に取り組んでくれているのかということを僕はいつでも疑問に思うんです。でないとそれは非常に無責任だろうと思うんですね」。[452]

　小澤は「登校拒否の問題」と言っているが、「病気であるのかどうか」という問いが出された以上、やはりそれは「問題」とでも言う他ないのであろう。ここが一つ重要な点であって、それが精神医学的な「問題」ではないとすれば、医学はここで身を引くべきであった。

　しかし、医者たちはそれを言うために、登校拒否の問題を「学校の問題」としてしまった。

　小澤は、「学校をこわがって学校へ行かないんだという原点にたちもどって」と言っているが、ここにはその「原点」を正当にも「学校恐怖」としつつも、その問題を「学校の問題」としてしまう精神科医の姿がある。皮肉なことに、その帰結は小沢自身が危惧していたように、「登校拒否には特有なつき合い方はいらないといっておきながら、やはり登校拒否児の特殊性みたいなところに行きついちゃう」という負の展開である。

　では──、その清水たちはどんな主張をしていたのか？

　まずは、順番から言えば、情緒障害児学級に勤めていた永田実と、東京都立教育研究所の相談部に勤めていた小泉英二が発言しているが、あまり重要な論点を含んではいない。小泉などは、登校拒否の小学生に青少年相談センターで遊戯療法を施した話をしているが、これは彼が医師ではない

148　　　　　　　　　　　　　　　不登校とは何であったか？

以上、不適切である。

　この時、小泉は中高生の登校拒否を３タイプに分けた上で、そのうちの最後のタイプについて次のように述べている。「これは分け方の基準が違うわけですけれども、精神障害の可能性が非常に症状としても強い、あるいはそういうふうに診断できるような分裂病ないしうつ病ないし神経症というふうに精神科の方で診断できるようなケース。（中略）たとえば親のどちらかとか兄弟とか近い親戚とかにそういうノイローゼなりうつ病で入院したり、いま現在悩んでいるというふうなこともかかえ、それから親子関係の中でも、非常に幼児期ないし小学生の初めのころに未成熟な育ち方をしていて、そして症状としても単に心理的な葛藤による登校拒否とだけは考えられないような症状が出てくるというようなもの」。

　この後半部で言われていることはかなり混乱していると思われるが、要するに他の二例とは「分け方の基準が違う」ような例があることを指摘したいのだろう。これを小泉はＣタイプとした。

　この点については、続いて発言した十亀史郎も同様に次のように述べている。

　「わたくし、タイプによって分けるということの必要性を認めるわけですけれども、しかし実際問題としては個人ひとりひとりのケースを詳しくみるということ、たいへん違っている子がおりまして、中身がたいへんちがっているということが多いと思います。それを辿っていきますときわめて neurotic なケースがあります。あるいははっきりとしたヒステリーその他の神経症などがある」。

　この「neurotic なケース」とは、小泉のＣタイプと同じような例を指していると考えられる。

　これに対して、清水将之は次のように述べている。

　「scool-phobia、school-refusal、それから school-drop-out、というそういったものを一括していいのか、あるいは果してそのものなのかどうかという疑問を持って、わたくしのグループでは表現としては〈不登校〉とまとめてとり合えず対処しているわけです」。

　なぜなら、「たくさん精神科の外来にやってきたり、あるいは入院せざるを得ないケースがあって、なんとなく病気のようになってしまって、それで〈学校恐怖症〉という病気、もっともらしい病気の名前がついてしま

う。病気なんだけれど、確かにうつ病を考えなきゃいけないケース、それからわたくしも失敗を経験したけれども、登校拒否だと思って一緒につき合っている間に分裂病になっているケースもありますし、要するに、登校拒否を病気であるとしていいのかということです[458]」。

　そこで、清水としては、ドロップ・アウトした例も含めて「不登校」として括ろう、ということなのだろう。

　これは、一見して「学校恐怖症」の脱病理化であるが、そうとは言えない。

　まず、「不登校」と「学校恐怖症」という概念は外延を異にしている。

　また、清水としても「neuroticなケース」があることを認めている。

　この点に関しては、続いて発言した渡辺位も似たようなことを言っている。

　渡辺は、「なぜ登校拒否を精神医療の中で扱わざるを得ないのか」と問いながらも、次のように言う。「一応主訴として〈登校拒否〉を捉えまして、それから見ていって分けています。主訴という形で捉えてカルテにおさえています。ですから確かに皮を剥いでみたらいろいろpsychoticな場合があるわけです。psychoticだから全部不登校状態になるとは限らないし、限るのもあるが、そういう個人別の背景にあるいろいろな問題はともかくとして、たとえば夫婦喧嘩をしてうまくいかないその背後には、確かにどちらかが精神病であったからということもあるけれども、精神病だから夫婦仲が必ずしもよくないとか、悪くなるかもしれない、それが不登校の第1条件にはなり得ない。不登校というか登校拒否をめぐってさっきもお話がありましたけれども、ひとつは制度化された学校教育とそれからもうひとつは生物学的な発達へ移行する子ども個人のニードと、葛藤といいますか、つまりタテマエ的なものとホンネ的なものとのからみ合いの中で出てくる現象として捉えていいのではないか[459]」。

　渡辺は、「psychoticな場合」があることを認めながらも、それが原因で登校拒否に陥るわけではないのだから云々と、例によって「二次反応」説を述べているわけである。

　まとめると、予備討論のトピックとしては大きく分けて二つある。

　一つは、「不登校」という言葉を持ち出した清水の主張である。

　この点については、小泉が次のように言っている。「さっき〈不登校〉

という言葉が使われていましたね。あれは school phobia・学校恐怖症という言葉が非常に教育関係からすればなじめなかった。そのうちに〈登校拒否〉という現象を症状で呼ぶようになった。そこで今度また〈不登校〉という言葉が出てきた」。

　小泉は「〈登校拒否〉という現象を症状で呼ぶようになった」と述べているが、この認識は転倒している。登校拒否を、つまりは「学校恐怖症」の症状を、「広義」の登校拒否の典型として問題化したのは——それを「不登校」という現象として問題化したのは、他ならぬ小泉なのである。

　こうした認識の転倒を可能とした論理こそが、「不登校」を概念として機能させた。

　清水がまた次のように述べている。「わたくしが〈不登校〉と申し上げたのは、中学生の始めごろまでは school-phobia という表現があたるような不安が前提に出てきているケースが圧倒的に多くて、中学生の後半から高校生にかけてはまさしく拒否をするという動機で連れてこられるケースが多い。これはそういう高校生のケースをみていても、ずっとつき合いを深めていくと、school-phobia という表現の方がより妥当になって、不安というのが主題になる。いずれにしても、わたくし達はいろいろ考えて〈不登校〉という現象そのものを示す言葉を使っています。それでさきほどいった不登校予備群からは精神科的な要求を背景にもった学校へ行かない子どもへ一連の spectrum がつながってしまって、切ることがどうもできないようなタイプというのが、ますますみえてくるようになる。ついでに申し上げますと、〈登校拒否能力〉というこれは離人症に関しても離人症能力というのがあり、妄想に関しても妄想能力という概念があるんですけれども、どうも精神科医の得意の言葉のような気もするんですが、わたくしが今までつき合ってきた不登校の子どもで能力を感じさせる子はあまりなく、やっぱり心底では〈いけない〉ということが中心にきている。ごく一部拒否能力という表現を与えてもいいケースがあることはありますが、一般論としてはちょっと無理じゃないか」。

　ここで、清水が「不登校」という「現象そのものを示す言葉」を用いることの理由は、「ついでに申し上げますと」と言われていることにある。これは、要するに「neurotic なケース」をどう考えるかということである。実際のところ、これがこの時の討論のもう一つの重要なトピックである。

ここで言われていることからして、清水は「学校恐怖症」を分離不安の意味で用いていると言えよう。文意はやや不明を残すが、清水が扱っていたような中高生のケースにおいては、拒否というよりも不安ということが当てはまるということなのだろう。そこで、清水としては、「拒否能力」のようなものを認めることはしないわけである。[462]

　しかし、その結果として、清水が言うところの「不登校予備群」なるものから「精神科的な要求を背景にもった学校へ行かない子ども」を強い仕方で分けることができなくなった。そこで、清水はむしろそこに精神医学の用語で言うところのスペクトラムを認めることにしたのである。

　そして、清水はそれらを総称して「不登校」と呼ぶことにした。

　つまり、「不登校」という概念を用いることは、本来的に精神科医が関与するような「neurotic なケース」をどう認めるのかということに掛かっているのである。

　ところが、この時の討論で起こったことは、この「neurotic なケース」の社会病理化であった。[463]

　渡辺がまた次のように述べている。

　「自分で外来を持って実感として、それは登校拒否というより学校を基点として始まった neurotic な状態、あるいはもっといってしまえば、学校神経症みたいな、そういったようなものにけっこうぶつかる。anorexia nervosa〔＝拒食症〕だけじゃなくヒステリーとか、そういう場合学校を休まないですね、行っているんです。そういう状態で結局 neurotic になって、結果としては行かなくなるんですけれども、やっぱりものすごい葛藤で、つまり〈ねばならない〉から行くんであって、〈行けない〉のだけれど〈ねばならない〉から行く、そういう形で、〈ねばならない〉のがつまり超自我的な支配が強くなっちゃって、それで学校は行けちゃって、(中略)そこに自主性みたいなものが抑圧されていて、だから中学生になればなるほど、本来の自我みたいなものが育ってくるから、一層強くなるわけですよね。小学生はそれが少ないから親のいうことを聞いちゃう」。[464]

　しかし、それはそうとして、「neurotic な状態」を精神医学としてどう扱うのか、という問題が残っているはずである。渡辺がしているのは、その力動的な説明に過ぎない。

　実際、この時の予備討論では次のような意見も出された。

「登校拒否の問題をなぜ精神科医が扱わなければならないか、という問題提起がされましたが、わたくしの経験からすると、精神科医のところに送られてくる以前の段階で、多くは教育相談なんですが、そこできちんとした対話がされていなかったり、いたずらに長引いた後でようやく精神科医のところに連れてこられる、という事情があるように思う。また、ひとつには精神医学の基盤の問題もあって、とくに精神分析的な、力動精神医学的な観点からするとあらゆる問題、現象が扱われることになってくる。それで関与するのは良いのだが、なかなかそれで解決されてはいない。けっきょくは誰かに問題をわたしてしまっているということも問題である。要するに、精神科医が、何ができて、何ができないのか、ということをはっきりとさせていくことも大事なことではないだろうか」[465]。

ここに日本の児童精神医学の難しさがあったのだろう。

前半部で言われているように、児童相談所や教育相談所から「登校拒否児」が連れて来られる例が多いということ、そして、アメリカの児童精神医学において主流を占めていた力動的なアプローチでは、登校拒否が「現象」の一面においてのみ扱われ疾病分類学的に難を残したこと……。

日本の児童精神医学はここで立ち止まって、彼らが言うところの「neurotic なケース」、つまりは心因性登校拒否とは何なのか、それを改めて議論すべきであった。

この点を彼らは詰めることをしないままに、いたずらに「学校」を論じたのである。それは、心因性登校拒否を脱個人病理化しながらも、社会病理化、或いは「学校病理」化することであった[466]。

「心因」の根は学校にあり、とされたのである。

しかし、そこにまた「不登校」という概念でもって、登校拒否を広く「現象」として捉える余地も生じた。登校拒否という心因性登校拒否の病像を社会現象として現象化する際に用いられた論理が「不登校」なのである。従って、その「一連の spectrum」なるものは、精神科医が登校拒否を個人病理ではなく社会病理として捉え直すことによって現出した仮象である。

シンポジウム当日には、小澤がまた次のように発言している。

「じゅうらいの登校拒否論の総括を抜きに、のりうつり的に学校の問題といいきってしまうことで逆にいろいろな問題を見落とすことにならないだろうか」[467]。

しかし、問題を見落とすどころか、この時の議論は登校拒否を学校の問題とすることで「不登校」問題という新たな問題を作り出してしまったのである。

　清水は後に次のように述べている。「わが国においてはすでに、登校拒否は医学臨床をはるかに越えて、一種の社会問題にまで拡散しているようにみえる。そのため、医学領域内でこの主題を語る場合には、それなりの慎重さが求められる。たとえば、登校拒否という命名からも明らかなように、この病態は学校や教育制度とさまざまな関連を持っている[468]」。

　なぜ「不登校」は社会問題とされているのか?

　それは、まずは精神科医がそれを学校の問題として問うたからである。しかし、それが問題として問われている事の本質は、「不登校」が病態とされる登校拒否とどこかで重ね合わされているところにある。その連なり、つまりは「一連のspectrum」という仮象において「不登校」問題はある。

Ⅳ. 1980年代における論調

　この時期に書かれた著作として、まずは佐治守夫、神保信一編『現代のエスプリ 登校拒否』（139号、1979年）が注目される。これは、主として1970年代の諸論文を再録したものであるが、冒頭には神保による「概説」が付せられている。専門誌に掲載された論文は必ずしも読みやすいものではないが、それを読みやすく抄録したものとしてこの特集号は簡便なものである。

　特徴的なことに、1980年代に入ると、詫摩武俊、稲村博編『登校拒否—どうしたら立ち直れるか—』（1980年）、玉井収介監修『学校における登校拒否の教育相談』（1980年）、小泉英二編『登校拒否（続）』（1980年）、金沢嘉市、丸木政臣編『登校拒否—学校ぎらいの深層心理—』（1983年）、内山喜久雄編『登校拒否』（1983年）、高橋良臣『登校拒否のカルテ』（1984年）、西条隆繁『登校拒否—誤解と偏見からの脱出—』（1987年）といった非医師による著作が相次いで出されている。

　心理学者との共著ではあるが、ここに至ってあの稲村博の名が出てきたことは後の議論の推移を窺う上で重要である。なぜなら、1980年代後半における議論は、言うならば「稲村事件」をめぐってなされたものであるといっても過言ではないからである。

　そんな中でも、奥地圭子の『登校拒否は病気じゃない』（1989年）は、こうした当時の模様を描いた太平記として読める。全国各地で「親の会」の活動が活発化したのも1980年代であった。

　また、この時期には渡辺位の編著『登校拒否・学校に行かないで生きる』（1983年）など、子供たち自らが発言した著作が出されてもいる。これまでは、「登校拒否児」を治療した側による一方的な発言であったのが、この頃からは「当事者」たちによる自発的な発言も目立つようになる。フリースクールができたのもこの頃である。

　それにしても、「登校拒否は病気じゃない」と言ったところで、それは「不登校」と姿を換え今に至るまで生き延びたのである。その端緒は、1970

年代における登校拒否の社会病理化にあった。一見して、その論理は個人病理としての登校拒否を換骨奪胎したかに思えた。しかし、それはまた「不登校」現象という「新たな現象」を社会に現出させもしたのである。

「不登校」という言説がここに生じる。

この頃の論調としては、例えば1986年に組まれた『社会精神医学』誌の特集「登校拒否と現代社会」の冒頭、「特集にあたって」において言われていることが典型例として認められる。

「現代のわが国において、登校拒否は一つの社会病理現象としてクローズアップしてきている。どの地域においても、登校拒否は年々増加の傾向をたどっている。これまで、時代によって、子供たちのとる病理現象は異なっていた。すなわち、自殺、家庭内および校内暴力、心身症、いじめ……等々、さまざまな様相が次から次へと出現してきた。しかし、これらのいずれの病理現象をとってみても、その基盤にあるものは、登校拒否である」[470]。

登校拒否が社会病理化されることで、却ってこのような論が一般的となったのである。

また、以下に見るように、1980年代においては、登校拒否が「症候群」――シンドローム（die Symptomenkomplexe とは異なる）と看做されることが一般的となる。これは、一つにはアメリカの精神医学の診断基準が改正されたことによる。神経症概念の解体は、しかし神経症論の衰退でもあった。

そこに、あの「無気力症」が入り込む余地もあったのである。

1．稲村事件

詫摩武俊、稲村博編『登校拒否』は、1980年代の論調を予測する上で重要な著作である。この編著には、伊藤克彦の論文「精神障害と登校拒否」なども載っているが、稲村の名が編者の一人として挙げられていることに着目される向きは多いであろう。

稲村は『心の絆療法』（1981年）、『思春期挫折症候群―現代の国民病―』（1983年）、『登校拒否の克服』（1988年）、『若者・アパシーの時代―急増する無気力とその背景―』（1989年）、『不登校の研究』（1994年）など、著作を多く著した論者でもあった。稲村の発言が広く世に影響を与えたのも、

こうした執筆活動に追うところが大きいと言える。ことに、『若者・アパシーの時代』は斎藤環の新書で有名になった「社会的ひきこもり」というコトバを最初に用いた著作である。

論文としては、「思春期の新しい精神障害—思春期挫折症候群—」（1983年）や「思春期挫折症候群」（1985年）などがある。「思春期挫折症候群」は、『臨床精神医学』誌における特集「現代の精神症状と症候群」において、「話題の精神症候群」の一つとして紹介されている。

それにしても、1970年代の流行が「青年期」であったならば、1980年代の流行は「現代」であったようだ。あの高木隆郎ですらも、1984年には「登校拒否と現代社会」という論文を発表している。

とまれ、また稲村は「症候群」という医学用語を用いている。

これもまた一つの流行である。

井上洋一と頼藤和寛による論文「不登校」が掲載された清水将之等による編著『神経症の周辺—「境界領域症状群」について—』（1981年）にしても、その副題から判断されるように、「境界領域症状群」の一つとして「不登校」を論じているのである。

その前書きでは次のように言われている。「DSM-III の中では、「神経症」は解体し、もはやその名を留めていない。成立して100年に満たない神経症概念は、今や大きくその実体を問われている⁴⁷¹」。

そこで、かつては「境界例」とされていたような症例を「境界領域症状群」として一括するということである。伊藤論文（1961年）に見られたように、登校拒否を単一症候とする見方は早くから疑問視されていた。しかし、それが「神経症」概念の診断学的な解体を受けて「登校拒否症」と括られることで棚上げされたのは、心因性登校拒否の心因をめぐる神経症論である。

この点に関しては、例によって高木隆郎による指摘が参考となる。

高木は、ジョンソン等によって1941年に発表された有名な論文「学校恐怖症」を振り返って次のように述べている。「この最初の論文で、かの女たちはすでに "この症状群はひとつのクリヤ・カットな単位ではないように思われる。というのは、恐怖症的傾向がヒステリー的ないし強迫的な性質等、他の神経症のパタンとオーバーラップしているからである" と記しているのは、その後の問題点を見とおしているようで興味深い⁴⁷²」。

確かに、「学校恐怖症」はヒステリーとも強迫神経症とも重なるところ

があることらして「症状群」である、とジョンソンたちは最初から言っていたのである。

しかし、そこにまた診断基準の改訂があった。

登校拒否が社会現象として現出したことの象徴は、1988年9月16日の『朝日新聞』夕刊に掲載された有名な記事であろう。この報道に対しては、主として「登校拒否を考える会」のメンバーたちによって、「登校拒否を考える緊急集会　えっ！『早期治療しないと無気力症に』だって？」という会が開かれ世間の耳目を引くことになる。

これに応えて、稲村は「登校拒否の論争をめぐって」という論文を『学校保健研究』誌の1989年1月号に掲載した。それによると、例の新聞記事を受けての相談は1000件を超えたそうである。その翌月に出された『月刊こども』誌では、稲村と遠藤豊吉（教員）による「登校拒否は病気か？」という対談が掲載されている。

遠藤は例の記事に対する抗議文を朝日新聞に寄せたのである。

「あの記事をお書きになった記者さんは、登校拒否という現象の本質をご存じなのかどうかということが問題なのです。おそらくご存知ないだろうというのが、私の推測です」。

なるほど、ではこの方は「現象の本質」をご存じなのだろう。

「病んでいるのは子どもではありません。病根は学校に象徴される教育の全状況の側にあり、子どもたちは、その病根に発する病みの現象を社会にさらしているだけである。」（傍点は原文強調）

ここにある論理、つまりはその病理性を認めながらも「登校拒否症」を「治療」するという稲村説を批判するという論理は、しかし危うい。社会にその「病根」を求めることは、結局のところ登校拒否を病態とする精神医学の論理を無批判に踏襲しているに過ぎない。

また、例の記事に対しては、石川憲彦（精神科医）が「登校拒否の『治療』とは何か―稲村助教授の言説に即して―」という異論を『世界』誌の1989年5月号に寄せた。

石川は次のように述べている。「近年、社会病理を個人病理に転嫁してゆく傾向が強まっているのではないだろうか。登校拒否に対する治療主義の抬頭は、そういった危惧の念を与える」。

そこで、石川はこの「治療主義」を「科学的治療主義」として批判するのである。

　ともあれ、問われるべきことは、どちらかと言えば、個人病理をいたずらに社会病理化することではなかったかと思われる。例えば、石川自身が挙げている次のような例が社会病理と言われるのであれば、むしろその方が問題である。

　　　「ずうっと、一人ぼっち。いつも、さびしかった。登校拒否するずうっと前から。そして今でも。」ふだん端正な標準語で話すのに、この時Ｍはずっとを〝ずうっと〟と強調した。登校拒否、家庭内暴力そして自殺企図。何度か入院させ、指導や治療によって生命を救ったことがある。しかし、そんな彼女の人間としての土台は、治療によってとても変えられなかった。現に、詩の作品が認められて受賞し、大好きな友人とも婚約したと二重の喜こびを告げに来たこの時でさえ、ずうっとさびしいというのだ。[477]

　石川はまた次のように述べている。「彼の著作を冷静に検討するなら、その正当性は別にして、子どもの神経症が増えているとだけ言えばすむはずである。朝日新聞にわざわざ「登校拒否症」などという死語をよみがえらせる必要など全くない。なぜ安易なことばのすりかえが行われたのか」[478]。

　この批判にはかなり無理があるようだが、石川の言わんとしていることは、先にも言われていたように、社会病理を個人病理にすりかえることの危険性であろう。しかし、それが神経症の心因論でしかない以上、「治療主義」の批判は登校拒否の脱病理化を意味してはいない。

　第一、石川は「子どもの神経症が増えているとだけ言えばすむ」と述べているが、そう簡単な話ではない。この点に関しては、むしろ稲村の再反論の方が示唆的ですらある。

　稲村は、石川の批判を受けて、「いわゆる登校拒否問題をめぐって―本誌五月号論文による誤解をとく―」という論文を『世界』誌の 1989 年 9 月号に掲載した。そこで、稲村は「診断学上の激変が起きている」[479]と述べて、その事情を次のように説明している。

　「たとえば、今日世界で最も広く用いられているアメリカの学会の診断

基準 DSM-ⅢR では、とくに青少年問題は広範なものを含めている。また WHO の診断基準 ICS-9 もほぼそれに準じている。しかも、両者とも病気という用語はほとんど用いなくなり、前者は障害、後者は状態といった表現に変えている。その趣旨に照らせば、わが国で問題行動とか習癖といっているものはほぼすべて精神障害になるわけで、登校拒否も含まれるのはいうまでもない[480]」。

　稲村を擁護するつもりはないが、問題はその批判の仕方である。

　この頃の常套手段、つまりは登校拒否の社会病理化は、却って「不登校」問題なる社会問題を現出させることにつながった。その批判が有効なものであれば、この時点で登校拒否は医療のもとを離れたはずである。しかし、そうはならなかった。それは、その批判の仕方に問題があったからである。

　ここで問うべきであったのは、診断を下すのは診断基準ではなく医師であるという基本的な事実ではなかったか? 診断は医師によって下されるのである。登校拒否を DSM-Ⅲ のような過度に力動的な傾きを見せた診断基準に照らし合わせて、それを何らかの仕方で分類、診断することは可能であろう。しかし、その前に、そのような診断を下すことの意味を医師は問わなくてはならい。

　その主体性が稲村には欠けていた。

　事件を受けて、児童青年精神医学会も調査に乗り出した。

　1989 年 6 月 18 日付けで、渡辺位や小澤勲など五名の会員が同学会に「要望書」を出したのである。これを受けて、同学会の理事会は「子どもの人権に関する委員会」を設立した。委員長は川端利彦、委員として高岡健、また臨時委員として山登敬之を加えた[481]。

　彼らは次のように述べている。「われわれは、要望書を検討した結果、次のような認識を得た。すなわち、直接の契機となった新聞記事の与える影響は大きく、しかも、要望書に記された内容は登校拒否をめぐる人権の問題と深く関連するものであること、したがって子どもの人権を重視するというわれわれの立場から稲村会員の活動が妥当なものであるか否かを調査する必要があること、などである。なお、このような調査を行うにあたっては、登校拒否の定義やそれに関連する諸概念の位置付け、予後研究における方法論といった学術的議論が不可欠であるが、それらは人権との関連

上必要とされる最小限度のものに止め、他は学会全体の議論の深化に委ねることとした」[482]。

　ここで言われていることは大きく分けて二つある。

　まずは、「子どもの人権」、それも「登校拒否をめぐる人権」である。

　しかし、そのためにまた、「登校拒否」をどう定義するのかといった「学術的議論」は最小限度に留めるということである。

　提出された「要望書」は、例の新聞記事に関して四点の「危険性」を指摘するものであった。

　このうち重要なのは、その第一点目である次のような危険性である。

　「登校拒否症、無気力症といった、病気として医学会が公認をしていない病名を使用することによって、「学校へ行かない」という個人の社会に対する意思表示を、個人病理化する危険性」[483]。

　しかし、個人病理としての心因性登校拒否を、このように「社会に対する意思表示」として社会病理化することの危険性もあった。それは一見して、登校拒否を「学校へ行かない」こととして脱病理化することのように思えたが、それはまた登校拒否を「不登校」として社会現象化することでもあった。

　委員会による調査は稲村本人に対する聞き取り調査であったが、その前に「予備的調査」がなされている。これは、新聞で報道された内容と、稲村の著作の内容とを比較検討したものであるが、ここでも委員会の関心は主として「登校拒否症」、或いは「無気力症」といった病名に向けられている。

　それによると、「登校拒否という用語を用いず、あえて「登校拒否症」と呼ぶことについての根拠は著作中では必ずしも明確ではない」[484]、或いは「学校恐怖症や神経症性登校拒否と呼ばず「登校拒否症」と呼ぶのかという理由は記されていない」[485]。

　しかし、登校拒否を個人病理化する危険性を指摘したその調査が、「登校拒否症」を問いながらも「学校恐怖症」を不問に付すのであれば矛盾している。石川憲彦は「わざわざ「登校拒否症」などという死語をよみがえらせる必要など全くない」と言っていたが、このあたり、専門家の間でも用語上の混乱が見られることを確認しておきたい。

　この点、稲村は聞き取り調査の席で、「論文や学会発表でそう呼んでおられる方がたくさんいます。その方の名前を後日、調べることはもちろん

可能です」と述べている。

　稲村は、後にこれをリストとして提出しているが、それには稲村自身を除いて58名の執筆者による計74本の論文が挙げられている。興味深いことに、この執筆者たちは大半が小児科医である。

　つまり、「登校拒否症」というような中途半端な呼称は、主として小児科医によって使われ始めたものなのである。或る小児科医などは「登校拒否症といわれる心因性の不登校」と述べているが、近からず遠からずといったところか。ともあれ、その「症」とは何を意味しているのか？という疾病分類学的な問いを精神科医は不問に付すことはできない。

　この点は、この調査の結論にも関わってくる。

　聞き取り調査を踏まえて、委員会による再度の「お尋ね」、そして稲村による治療が行われていた精神病院などの施設職員からの事情聴取の後、調査委員会は調査報告をまとめた。この報告は、「登校拒否症」について、その概念、治療、予後という三つの観点からなされているが、ここではその概念規定に関する結論のみを挙げる。

　まずは、「登校拒否症」という概念についてである。

　「稲村会員は「登校拒否症」という用語が使われている文献をリストアップしているが、これらの間に概念の共通性があるとは到底いえない。つまり「登校拒否症」は精神医学的に厳密に規定された臨床単位ではなく、稲村会員からみた重症度の表現に過ぎないといえる。もちろん、われわれは単に「登校拒否症」という用語を登校拒否という用語に統一すべきだと主張しているのではない。稲村会員から判断された「程度の強い」「こじれた」という現象を、「登校拒否症」という病名を装うことによって一元的に医学概念化あるいは精神医学化（psychiatrization）していくことの危険性を指摘しているのである」。

　また、稲村による「思考障害」の概念規定に関しても調査報告は鋭く迫っている。

　稲村は、「思考障害」という精神医学の用語を「責任転嫁」というような俗な意味合いを持たせて用いていた。しかし、「すでに社会的な価値観が含まれていることばを不用意に精神医学へ導入することは避けるべきである」と報告書は説く。

　同様の理由からして、稲村が用いていた「耐性欠如」や「虚弱体質」、

はてまた彼による造語「自我不全症候群」という用語が問題視される。

「これらは概念の規定があいまいである限り、登校拒否児（者）へのラベリングにしかならない」。

こうしたことからして、調査は次のように結論する。

「われわれは、「登校拒否症」「無気力症」といった病名を用いることで登校拒否を一元的に医学概念化あるいは精神医学化していくことの危険性を指摘してきた。また、恣意的な用語と数値の使用が登校拒否児（者）へのラベリング以上のものにはなりえないと述べてきた。これらは換言するなら、登校拒否とそれに関連した事象を、社会病理も含めたような要因を持つにもかかわらず、すべて個人—家族病理へと還元していくという危険性を意味する。このように稲村会員による「登校拒否症」とその関連概念は、単に精神医学上、厳密さを欠くというばかりでなく、登校拒否児（者）の人権という視点からみた場合、正当な学術的根拠を欠きながらもなお医学概念を装うことによって当事者に対し著しい不利益をもたらすものであるといえる。」（下線による強調は引用者）

この調査報告を受けて、稲村は「意見」を提出しているが、それには次のようにある。

「登校拒否や学校恐怖症の用語が適当かどうかは内外に長い議論がありますが、ごく初期から、さまざまなタイプを含む症候群とする考えがあり、また各種障害の症状の1つに過ぎないとする考えなどが、近年は広まっているように思います。その結果、登校拒否に代って不登校の用語が使われていますし、DSMの考え方もそうした立場とみられます。私がこれまで臨床家として登校拒否の用語を使ってきたのは、神経症的タイプが主でしたが、他にも精神病圏などいろいろで、DSM-Ⅲ-Rに従うと20数項目にもおよびます。他の方々も同様と思いますが、それをまるで1つのもののようにわが国で扱う風潮が今なおあるところに問題があるのではないでしょうか。そうした混乱を防ぐための分類方法を私どもは委員会などで検討していますが、当学会でも、用語・概念、対策などについてより積極的な取り組みをする必要があるのではないでしょうか。」（下線による強調は引用者）

稲村を擁護するつもりはないが、今となっては彼の意見の方が調査報告よりも示唆に富んでいると言えよう。登校拒否を「症状群」とする見方と

Ⅳ. 1980年代における論調　　163

しては、「登校拒否症」という用語は精神科医によっても使われていたし、それよりも早く、それが単一症候であることを疑うことから「神経症的登校拒否」という用語が使われ始めていたことも事実である。そもそも、この調査報告が掲載された『児童青年精神医学とその近接領域』誌の第33巻第1号に「会長講演」が掲載されている同学会の第32回総会において会長を務めた若林愼一郎の著作名が『登校拒否症』（1980年）である。[496]

この時の調査で問われていたのは「登校拒否症」の診断学的な位置づけではない。

そもそも、「要望書」が問うていたのは、それを棚上げしながらも、それが個人病理化されることの「危険性」であった。その「危険性」は、しかしそれを社会病理化する論理を俟って生じたものである。

心因性登校拒否をめぐる初期の議論は、その「心因」として性格因や家族因を数えていた。それが、後になって、社会因や環境因、はてまた「学校因」をそれとして認めるに至った。その結果は、登校拒否の社会病理化であり、「不登校」問題という社会問題の現出であったが、その段に至って、それを個人病理化することの「危険性」がようやく感じられ始めたのである。

調査報告は、登校拒否の「精神医学化」を憂いているが、そもそも登校拒否という用語はアメリカの児童精神医学の用語に他ならない。「社会的な価値観」ということにしても、社会病理とは「社会的な価値観」なくしては言い得ないことである。ラベリングということに関しても、そもそも長期欠席児（者）とは区別して登校拒否児（者）という呼称を考案したのは児童精神医学とその近接領域である。

稲村を擁護するつもりはない。

「不登校の問題は」と始まる彼の大著『不登校の研究』を典拠として挙げている学術書や学術論文が多々見られるが、学問的な不見識である。少なくとも、彼の著作や論文に関しては、この調査報告で言われている通り問題含みであるから、学術的にはそれらを典拠として発言することは控えるべきであろう。

ともあれ、この時の調査報告は、その核心において「要望書」における「危険性」を鵜呑みにしたものである。どんなに登校拒否の社会病理性を強調したところで、それが結局のところその「心因」の一つに他ならないこと

は明らかである。学校に行っていないこと、或いは学校に行かないこと自体を個人病理とすることは間違いである。しかし、そもそも精神医学がそれを個人病理として「臨床的事実」足らしめたことは事実である。そのことを忘れて、いたずらにそれを社会病理化するのでれば、そこにこそ本当の「危険性」があったと言わざるを得ないのである。

2．登校拒否心性の時代を超えた本質？

1981年に発表された辻平次郎の論文「登校拒否児の自己意識と対人意識」には、その冒頭において、次のようにある。「登校拒否に関する議論は一時期非常に盛んであったが、この約10年間は、ほとんど目新しい論文があらわれていない[497]」。

その理由としては、確かに辻が述べているように、一つには「登校拒否の研究は、家族力動について定型化した見方が一般化するとともに低調になった[498]」ということなのかもしれない。つまり、母子関係に重きを置いた初期の「分離不安」説が批判されて、父子関係にも着目するような力動論が出たことで、議論は一段落した、ということである。

また、別の理由としては次のような事情がある。

「登校拒否の社会的経済的背景や知育偏重の学校教育状況についても70年前後に活発な議論が行われたが、これも評論の域を脱しなかったように思われる[499]」。

確かに、それは「評論の域を脱しなかった」とは辻の言う通りであるのかもしれない。

しかし、それは同時に登校拒否の社会病理化という積極的な面も持ち合わせていたはずである。

辻の論文は「登校拒否児の自己意識と対人意識」と題されているが、この場合の「意識」とはマルクス主義的に「社会的に規定された意識」とでも言った方が良さそうである。

その結論部には次のようにある。「登校拒否を対人恐怖として見ようとする視点は、1966年の高木他の論文にすでに現われているのであるが、この構想はその後まったく発展させられることなく今日に至っている。我々は高木らによって示されたこの方向が、登校拒否心性の時代を超えた本質の解明に導くものと考えて、この方向を継承するとともに最近の社会

心理学の成果をとり入れることによって、登校拒否の研究に一筋の道を拓こうと試みた[500]」。

確かに、高木は「学校恐怖症」の心的機制が対人恐怖や赤面恐怖といった強迫神経症のそれに類似していると指摘していた。しかし、それは「登校拒否児」に見られる「劣等感」やその裏返しとしての「完全癖」をいわば神経症の素因として認めるものであり、あくまでも個人病理として「学校恐怖症」を論じたものであった。

その点、辻は社会病理として「学校恐怖症」を論じている。

辻によると、「登校拒否児には＜普通でない＞という意識が共通に見られる[501]」。そして、「このような＜普通でない＞という意識を決定的に突出させるのが、自己の弱点を人目にさらしたという＜恥＞の意識あるいは体験である[502]」。

こうした「意識構造」からして、「登校拒否児」は対人恐怖症者と似たところがあるということらしい。辻によると、この「普通でない」という意識と「恥」の意識は、例えば三好郁夫が言うところの「うぬぼれ[503]」や、笠原嘉が言うところの「半知り」といった対人恐怖症の心的機制に近いということである。

これが、「登校拒否児」の意識構造ということである。

「それでは登校拒否児はどのような人を＜普通＞と見、また＜普通でない＞と見るのか。その意識内容の方を見てみると、個人差はあるが、現代社会で一般化している価値評価基準をそのまま自己に適用して自己を無価値と見なすものが多い[504]」。

例えば、辻が挙げているBという症例においては、「自らを＜暗い＞と規定し、明朗、活発、社会的などの＜外向的美徳＞をもたないという点で＜普通でない＞と考えていた[505]」。

これは、確かに「明るい」という外向性を、「暗い」とされる内向性よりも好む社会的な価値評価に則っての自己評価である。つまり、「このような評価を受けいれ、自己をそのように意識するところにこそ、神経症的登校拒否児の問題がある[506]」。

そこで、辻は次のように結論する。「登校拒否児の治療には彼らを＜普通でない＞という意識から解放することが必要である。このためには、ステレオタイプを打破して＜普通でない＞ことを積極的に再評価させ、自己

の価値を再発見させなければならない」[507]。

　しかし、実は辻自身がこのステレオタイプに陥ってしまっているのである。

　辻が挙げている症例Ａは、家に閉じこもっている中学生の男の子の例である。転居してから後、学校に行かなくなったという。暴力を振るうこともあるため、親が病院に連れてきた。

　「Ａに対しては、彼が不登校という＜普通でない＞方向へ進み始めたのだとすれば、直ちに普通に戻ることを考えるよりも＜普通でなくてよかった＞というものを発見すべきではないかと助言した。そして丁度登校拒否児の指導をしている牧場へ行こうとしている時期だったので、登校拒否の先輩たちとこの問題を議論してみるよう勧めた。約１ヵ月後に我々を再訪した彼にその成果を訪ねてみたところ、かつて登校拒否児であったその牧場のリーダー格のひとりは、明瞭に、自分は登校拒否になってよかった。その理由は、この牧場とその指導者に出会うことができたからだと話した、とうれしそうに語り、また、普通に登校している友達からはいろいろないやがらせをされたが、登校拒否児たちは問題もなかったわけではないが、やさしく思いやりがあった、と述べている。こうして自己を他の登校拒否児達に投影することによって＜普通でない＞ことの意味を見出した彼は、さらに１ヵ月の牧場生活を過ごした後、母親の心配をよそに養護学校へ通い出している」[508]。

　辻は「登校拒否児」の意識内容を論じていたのであるが、それがむしろ社会的に規定されたものであることは、辻がこの牧場にいたリーダー格とされる者について次のように述べていることからしても明らかである。

　「友達と共に生活する中で、思考、感情、行動などを相互に確認しあうこと（consensual validation）、これが彼にどれほど大きな力づけになったかは容易に推察できよう。しかもその相手は、過去に登校拒否児であったという点でＡと共通点をもちながら、すでにそれを克服しているという点では＜普通＞の人の側にいる」[509]。

　結局のところ、それを「普通でなくてよかった」と肯定することは、それが「普通でない」ことを認めることである。ここに、「不登校」を「普通でなくてよかった」と肯定することの限界がある。

　ところで——、

辻は「登校拒否心性の時代を超えた本質」を論じているのであった。

確かに、それは意識構造の上からすると対人恐怖症者に見られる心的機制と類似しているのかもしれない。その限りでは、両者には症状形成における共通した「心性」が見られるのかもしれない。

「登校拒否が戦後のときに高度経済成長期以後に急増したといわれる事実について考えてみると、戦後のこの時期から学校という場の許容力が低下し、対人恐怖症的心性をもった子どもが自己を＜普通でない＞と意識し登校拒否症状を呈しやすくなったと考えることができるのではないか」。

しかし、この「心性」もまた対人恐怖症を「日本に固有の現象」とする日本的神経症論にその「本質」──論理を求めているのであった。「日本文化」として登校拒否を論じた山中康裕もまたその系譜に連なるであろうか。

山中は河合隼雄に教育分析を受けた医学博士である。

その論文「思春期内閉 Juvenile Seclusion」（1978 年）では次のように言われている。

「最近、思春期にちょっとしたきっかけを契機に不登校が始まり、さしたる要因があるとも思えぬのにそれが長期化するといった症例に出会うことが多い。かつて一九六三年に高木隆郎が経過分類において報告した第三期の「自閉的時期」に一気に進行してしまうケースである」。

そこで、山中は「内閉神経症」、或いは「思春期内閉症候群」という診断名を提唱するのだが、ではなぜそれが「自閉」ではなく「内閉」なのかと言えば、もともとそれが Autismus の訳語であることに変わりはないが、精神病性のそれとは区別して「内閉」という訳語を選んだとのことである。確かに、E. ミンコフスキーの著作が訳された時に、autisme が「内閉」と訳されたこともあったようだ。

この論文では明らかではないが、続く論文「登校拒否と日本文化」（1993年）において、山中はこれを「内閉論」と名付けている。ここではそれを検討する暇はないが、山中はそこで「内閉（seclusion）」を江戸時代における「鎖国（seclusion）」と重ね合わせて論じている。もともとは Autismus の異訳であった言葉になぜ山中が改めて seclusion という横文字を当てたのか不明だが、それによって江戸時代の鎖国文化との関連から「引き籠り」を論じるという展開が可能となったのだから愉快である。

山中の説については「時代を映す少年たち」の症例を御伽草子風に綴った『少年期の心』(1978年) という著作が中公新書から出されているから、それを参照されたい。その一つ「文交い繭子」の物語は次のように締め括られる。「学校恐怖症という一個の神経症から思わぬ方に話が進展してしまいましたが、それは私の一方的・恣意的な論述ではありません。わが繭子の場合も、こうした荒波との「戦い」がありました。彼女の場合、しかし敢然とそれらと戦い切り、自ら、「夜間高校」を選択する、というすばらしい結論を出しているのに注目してほしいと思います。学歴云々より、真に学校で「学ぶ」ことを求めつつ、他方、競争社会の外側に忘れられた部分に自らの場を見つけ出している彼女の生き方は、今の教育のあり方そのものや、それに幻想的あるいは戦略的期待をかけて、学校へと拍車をかけている学歴亡者たちへの頂門の一針とも思えるのです」[512]。

　しかし、私にはこれがやはり定時制高校（Aは養護学校であった）を選択せざるを得なかった、という競争社会の内側での出来事のように思える。中学校の出席数がゼロであった私もまた通信制高校へと進学したが――、

　それが学歴社会というものなのではないか？

　最後に、山中もまたあの金沢大会での発言者の一人であったことを記しておこう。

3．第24回日本児童青年精神医学会総会

　1984年には、日本児童青年精神医学会（旧、日本児童精神医学会）の第24回総会において、「登校拒否と現代社会」という提題でシンポジウムが開かれている。提題者は3名に過ぎないが、活発な討論が行われたようである。なお、この時には高木隆郎が特別講演として、「登校拒否と現代社会」という題で発表しているから、ここではそれについて検討してみよう。

　この講演において、高木は過去を振り返っている。

　それは、児童精神医学を志した1956年のことである。京都大学附属病院の精神科に児童精神科外来が設けられたという。

　「その前後、わたくしは今でも忘れることのできない、奇妙な少年の2例に遭遇した」[513]。

　一人は小学校6年生の男の子で、家にこもりきりであった。先生が来ると、押し入れにこもるという。家族によって児童相談所まで連れてこられ

Ⅳ．1980年代における論調　　　　　169

たが、口を閉ざしていた。もう一人は小学校5年生の男の子であった。もう一年もの間、六畳一間の部屋にこもったままで、銭湯に行くこともしなかった。家は質屋さんであったが、その子の部屋はウナギの寝床と言われる京都らしい狭い土間を通って、急な階段を上ったところにあった。その子が朝から晩までぐるぐると歩き回っていたその部屋の畳は円形に擦り切れていた。

「二つの例とも診断は分裂病だと思った。というのも、当時の知識では、こうした深刻な自閉状態を呈する病気は、分裂病以外にはあるはずがなかったのである」。

つまり、この診断は「誤診」であった。

どちらの例もしばらくしてあっさりと解決してしまったからである。

高木は今で言うひきこもりのような状態と「自閉（Autism）」とを区別できなかった。

これが「誤診例としての心因性登校拒否」である。

長期欠席の中に心因性登校拒否とでも言えるような例があることが、高木の論文「長欠児の精神医学的実態調査」で最初に発表されたその事情については既に述べた通りである。この調査の結果、高木は、「精神医学的理由による長欠は全体のごく一部である、子どもはずい分さまざまな要因によって学校を休んでいる」ということに気付かされた。

しかも、「こうした子どもたちは、客観的には福祉に欠ける〈不幸な〉子どもたちなのだが、実際上大部分はきわめて生き生きと逞しく人生を送っていて、当時としては学校へ行っていないことに対して決して神経症的な挫折感や劣等感を抱いていなかった」。

すると、そうした子どもたちは長期欠席というよりも、ただの不就学である。家の事情により就学していないだけなのである。高木の証言からして、そうした子どもたちを今風に「不登校」と呼ぶのでは、その語感からしてそぐわないであろう。

高木自身も次のように述べている。

「登校拒否は本来社会的、家庭的に多要因的なものであり、また〈学校ぎらい〉と言ったところで、truancy（〈怠学〉と訳されているが適切な訳語であるとは思わない）を含めて、それもなかなか明確な概念ではない」。

その一方で、「〈神経症〉としての登校拒否は、1955年以降われわれの

前に姿を現わし、1960年くらいでやっと本態が把めた臨床症状群であるといえる[519]」。

　高木の言うところの神経症としての登校拒否、つまりは心因性登校拒否が、本来的に「学校ぎらい」や「怠学」とは区別されたものであることを再確認されたい。この神経症が、鷲見の言うように「分離不安」を成因とした不安神経症の一つであるのか、高木の言うように対人恐怖症の一つであるのか、1960年代における議論は、一つにはこの点をめぐってなされていた。

　ところが――、

　この時の結論はこうだ。「何の理由にせよ長欠に陥った子どもが神経症化せざるをえないような情況は、むしろ今日的特徴なのである[520]」。

　では、そうした「情況」が何により惹き起こされているのかと言えば、それは例によって戦後における家族構成の変化であるとか、父性の喪失、経済成長といった社会的な変動であるという。

　あの高木が、登校拒否を「現代社会における深刻な病理[521]」としている。

　登校拒否は、そもそもは経済的な理由や家庭的な理由による長期欠席や、「怠学（truancy）」という語の本来の意味においてむしろ優れて社会問題的な長期欠席とは区別されるものであった。ところが、その神経症論の展開において、結果的には社会病理という仕方で社会問題化されたのである。

　しかし、その「現代社会」には、戦前には存在しなかった児童精神医学というものの存在性が含まれているはずである。高木の講演がそもそもその時点を振り返ることから始まっている。家族構造の変化や経済成長のみが社会変動ではないだろう。長期欠席児童の中に小児神経症の一群を見出した児童精神医学の存在もまた、戦後日本という社会の大きな特徴なのではないか？

　精神科医たちが登校拒否を社会病理化した際に見逃しているのは、精神医学そのものの社会性である。

　個人病理を社会病理化する精神医学の論理がなければ、今日的な意味における「不登校」問題という社会問題はなかったと言える。「病気」とも「怠学」とも区別される登校拒否なるものは、そこに「心因」を認める精神医学がなければ確認され得なかったものである。

　高木が次のように言うとき、見逃しているのはこの点である。

IV. 1980年代における論調　　　　171

「治療者がこれこれの実績をあげ、これだけ頑張ったからといって、けっして登校拒否児の数が減ずることはない。治療者の努力とは無関係に、統計的数字は推移するであろう。それは、ちょうど非行の出現率の年次推移と同じなのである。しかし、そのような数的増加や症状の出現の様態が深刻化すればするほど、その犠牲者たちは治療者を求めるのであり、治療の意味が問われるのだということを、認識しなければならない」[522]。

この高木の講演を受けて、第24回総会では「登校拒否と現代社会」というシンポジウムが開かれている。これは、先の第19回総会におけるシンポジウムから5年目のことである。学会名も日本児童青年精神医学会と変わった。

シンポジウムの司会者による挨拶は、当時の状況を伝えてくれる。

「この5年間の経過の間には、昨日の総会における理事長報告でも述べられましたように、戸塚ヨット・スクール、家庭内暴力に象徴されるように、家庭、学校、社会における子どもをめぐる情勢は厳しく変化してきました」[523]。

シンポジウムではまず三名のパネラーが発言しているが、あまり重要なものではない。

小澤勲の発表「登校拒否論の変遷と＜家庭内暴力＞」は評価できるが、「家庭内暴力」を主題としたものである[524]。登校拒否に暴力が伴う事例はしばしば報告されているが、それが「家庭内暴力」として社会問題化されたのはこの頃である。しかし、そこにはまたそれを「家庭内暴力症」として問う精神科医がいたものである……。

続く指定討論者による発言もさして重要なものではないが、この頃の論調をよく表したものであるので少し触れておこう。まずは、児童相談所の若杉陽が、「高学歴志向、競争社会、そのものが悪であるとはいえない」[525]としながらも次のように述べている。

「相談に来所する子どもたちに対し我々は個別の援助に努めてきたが、今日ではもはや個々の対応では追いつかなくなっている。まず学校教育の場で落ちこぼれを作らないことであるが、社会全般の病理状態を健全化しなければならない」[526]。

また、精神科医の堤啓が次のように言っている。

「思春期の成長過程は、それまでひたすら両親の庇護のもとに保証され
てきた自己の立場から、青年自らが管理社会の一員として貢献していくた
めの自己概念を獲得していくことであると考える。すなわち、家庭内で両
親からの庇護に支えられた精神的存在の中にのみ自己の立場を見い出すこ
とから、学校社会などで役割を獲得する中に自己の立場を確立していくこ
とであろう。登校拒否はこのような成長過程における挫折の表れとして考
えられる。本学会でも登校拒否の類型化が報告されているが、それがこの
ような思春期の人格発達の混乱を意味するものではない要因で生じている
不登校まで登校拒否としてとらえて類型化しようとする基本的な診断学上
の混乱が多くみられた[527]」。

　続けて、堤は「自立をめぐる葛藤である登校拒否の病態[528]」について述べ
ているが、あまり中身のある主張ではない。とはいえ、若杉の発言が登校
拒否の社会病理化を無批判に容れたものであるならば、堤の発言はむしろ
「不登校」とは区別した上で登校拒否を問うことでそれを批判していると
も言える。もちろん、それが「挫折の表れ」でしかないのであれば、なぜ
それが医学の対象となり得るのかを別に示す必要があろうが、少なくとも
「不登校」を医学の対象とはしないという表明として考えれば、堤の発言
はこの頃の論調にくぎを刺すものとして評価できる。

　さて、こんな調子であるから、シンポジウムの討論もあまり実りあるも
のではない。

　しかし、そんな中でもただ一つ際立っているのが、やはり小澤の発言で
ある。

　「思春期やせ症というものがあります。これに関して、成熟拒否とか女
性化拒否というようなことがよく言われます。しかし、私はこれは一般的
すぎる話だと思います。女の人が主として思春期にやせるということです
が、そういった子どもたちといろいろ話をしていると、ある年齢から、自
分の体が男によって見られるものになったという体験から出発しているよ
うに思われる。なぜこんな話をするかというと、登校拒否の問題は、まず
は考えることから出発しなければならないと思っているからです[529]」。

　その通り、この問題については「考えること」から始めなければならない。

　しかし、その小澤ですらも、続けて次のように言わざるを得なかったの
であれば、やや考えが足りなかったと言わざるを得ない。

Ⅳ．1980年代における論調　　　　　　　　　　　　　　　　　　173

「一般的な心理力動の問題とか神経症論の中で語ることもありますが、あえて、いいたいのですが、渡辺位先生が「学校がなければ登校拒否はないんだ」といっておられる。もっと別の言い方をすれば、学校というものが子どもにとって行くことに抵抗のないところであれば登校拒否はないはずだという出発点から、教育の問題として、学校の先生に考えていただきたいと思っている。病気の問題、神経症の問題、だから養護教員の問題、カウンセラーの問題、精神科医の問題、児童相談所の問題というように、次々とふっていかれるのではなくて、まずは自分たちの子どもの学級集団の問題なんだというところから出発しないと、登校拒否の問題は本当は見えて来ないんではないか」[530]。

しかし、このように登校拒否の「問題」を語る精神科医によって、それは初めて「教育の問題」となり得たのである。小澤は、「高木氏の所説の登場まで、登校拒否論に「学校ということ」をどう考えるか、という視点が欠落していた」[531]と過去を振り返って言ったこともあるが、その視点とは、あくまでも心因論としての登校拒否論に欠けていたものである。「学校がなければ登校拒否はない」という渡辺の主張は、「高いところがなければ高所恐怖はない」と言っているようなものであるが、そうは簡単に言えないことは、有岡と勝山の説くところであった。

彼らが考えなければならなかったことは、また別にあったようだ。

4. 弱い者いじめの精神医学

1986 年には『社会精神医学』誌上において「登校拒否と現代社会」という特集が組まれた。

既に引用したように、この特集号の冒頭では「特集にあたって」と題して森田療法の大家、大原健士郎が一言を述べている。それによれば、登校拒否は自殺や暴力、心身症、いじめといった「病理現象」の「基盤」にある「一つの社会病理現象」ということであった。

現象の底にまた現象がある――、

そこに「思想の矛盾」はなかったか？

論者の中には、若林慎一郎や渡辺位といった有名どころの姿も見られるが、池田由子や星野仁彦といった新しい名も見られる。ここでは、池田の論文について述べたい。

池田由子は1952年の設立当初から国立精神衛生研究所の児童精神衛生部に勤務し、最終的にはその部長となった方である。今ではセンターと名を変えたが、この研究所が児童精神医学の一つの中心点としてあったことは、例の鷲見たえ子の論文がその機関紙である『精神衛生研究』誌に掲載されたものであることからしても窺えよう。

　精神分析学会がまだ精神分析研究会だった頃、池田は「児童分析（その1）」と題した手書きの論文を、ガリ版刷りの『精神分析研究』（1955年6月号）に投稿している。彼女もまた日本の児童精神医学を盛り上げた役者の一人であったろう。

　その池田の論文「登校拒否と社会病理—中学生の精神衛生調査から」は、「当事者」という言葉が出てくることで注目される。しかし、この場合の「当事者」とは問題なく学校に通っている中学生のことである。なんと、池田は首都圏の中学生8,000名を対象として潜在的な「登校拒否願望」の有無を調査したのである。調査は文科省の科学研究「登校拒否の背景と防止に関する研究」（1983年度）の一環として行われたものだが、その責任者は誰あろう大原健士郎である。

　では、なぜ今また調査が必要なのか？

　「いわば当事者である中学生自身が、この問題をどのように受けとめ、理解しているか、また一応登校をつづけている生徒でもどのくらい潜在的な登校拒否の願望を持っているかを調査した報告はほとんどない」[532]。

　言われているように「登校拒否願望」ということであるが、調査の結果、登校拒否を「したい」という回答は全体の4,5%に過ぎなかったようである。その他にも、「時々したい」が34,7%、「したくない」は60,1%であったということである[533]。

　このことからして池田は、「登校拒否ということばについて」、「登校拒否生徒の存在について」、「登校拒否児への気持ち」、「親友について」、「対談相手について」、「異性の友人について」、「父親への拒否」、「母親への拒否」、「熱中するものについて」、「登校拒否の理由」といった設問の回答を分析した上で、登校拒否を「したい」群と「時々したい」群、「したくない」群の間に見られる有意な差を見出していくのである。

　しかし、筆者にはこの調査自体が無意味なものに思えてならない。

　池田は後に次のように述べている。

Ⅳ. 1980年代における論調　　　175

「大まかにいって、現在の中学生の5割から6割が一応健康、1割ほどがはっきりした精神障害や適応障害とすれば、3割から4割の生徒は精神的にやや不健康な潜在群で、表には出ないものの、ゆれ動く不安定な状況にあるのではないかと推測される。この潜在群をどのように指導し、精神健康を保持するかが、学校精神衛生の課題であると思われる」。

文意からすると、ここで潜在群と言われているのは「精神障害や適応障害」の潜在群ということなのだろうか？しかし、思春期にある年齢層が不安定な状態にあることは当然である。

調査は「登校拒否児への気持ち」ということで、「登校拒否をしている子をどう思いますか？」と問うている。この設問には、①助けてやりたい、②何とも思わない、③学校をやめてしまえばいい、④わからない、という四つの回答が用意されていたようであるが、結果は「わからない」という回答が44,9%を占めたということである。このことからして論文は、「これは学校教育の中で精神衛生問題への取り組みがもっと必要なことを示唆していると思われる」と結論している。

登校拒否は、高木隆郎による調査によって長期欠席の一群の中に確認された心因性登校拒否であった。この調査もまた精神衛生運動の一環としてなされたものであるが、池田はここで学校教育が「精神衛生問題」として登校拒否を問うことの必要性を訴えているのである。そして、それもまた精神衛生運動なのである。

おもしろいのは、「異性の友人について」という設問である。「異性の友人（ボーイフレンド、ガールフレンド）がいますか」という設問に対して、全体の9%が「いる」と答えたようである。これは、「ふつう想像するよりはるかに低率」ということであるが、内訳をみると、登校拒否を「したい」群と「時々したい」群、「したくない」群の間で「いる」と答えた率が最も高いのは「したい」群なのである。実に、「したい」群のうち19,8%が「いる」と答えている。それに対して、「時々したい」群では10,8%、「したくない」群では7,2%となっている。

この点は、敢えて評価すれば、この調査が示したただ一つの有意な差と言えるのであるが、論文はこれについては何も述べていない。論文はただ、「このように多くの生徒が登校拒否願望を持っていることをどのように解釈すべきであろうか？」と問うのみである。

これと似たような研究は他にもある。

例えば、渡辺直樹「中学生の行動様式の因子分析による構造解析―学校嫌いと関係因子―」（1988年）では、「朝学校へ出かけるころに「いやだなあ」と思うことがありますか」という質問に対して「はい」、「ときどき」、「いいえ」の回答を設け、「学校嫌い」の生徒群を割り出した上で、そうした生徒に「わがまま」で「易怒的」な性格傾向が見られることを指摘している。[538]

また、本保恭子と佐久川肇による論文「中学生の不登校願望に関する意識調査」（1993年）では、「学校を休みたくなることがありますか」という質問に対して、「よくある」「時々ある」「まれにある」「全くない」の回答を用意し、「よくある」、ないしは「時々ある」と答えた生徒たちを「不登校願望を持つ生徒」として、そうした願望を持たない群と比べている。それによると、両群の間には「有意な差」が見られたということである。[539]

しかし、仮に「登校拒否願望」があったとしても、そうした願望のある子どもが実際に登校拒否になるとか、なりやすいというデータが示されたことはない。渡辺による調査では、先の質問に「はい」と答えた一群は川崎市では男の子だと38%にも及んでいる。本保等の言うところの「不登校願望を持つ生徒」にしても、5人に1人の生徒がそれに該当することになる。

こうした研究が何のためになされているのか理解に苦しむが、一つ言えることは、例えば清水将之の用例にあるように、「不登校」という概念には、その「予備群」の存在が必然的に含意されているということである。[540]

登校拒否を「不登校」現象という社会現象として問うことの難点は、このようにそれが増えているということを前提として、なおかつそれに意味を与えなくてはならない、ということにある。単純に考えて、それが年々減っているのであれば、それを社会問題として問うことはできないであろう。また、なぜそれが増えているのか説明できなければ、それを社会問題として提起することはできないだろう。

長期欠席者の増加を登校拒否の増加として捉えることは、実に文部行政という体制の側にとっては都合の良いことだったと言える。このことは、1983年には、文部省が「学校ぎらい」として数えていた長期欠席者を登校拒否と同一視するに至ったことからしても裏書きされる。（これについて

は後述。)

　一見して、怠学でもなければ非行でもない「心理的な理由」による登校拒否の増加は、学校や社会のあり方を問うている社会現象であるかのように思える。そして、それを裏付けるかのように、学校精神保健はそうした「願望」のある生徒が増えていることを教える。

　しかし、それは「不登校」という概念自体が、登校拒否を社会現象化するための機能を担っているための必然である。「不登校」は増えていなければならないし、そのためにも、そのような願望をもつ「潜在群」がなければならないのである。

　こうした試みは学校精神保健（衛生）と言われるものである。
　高木による調査や、若林による調査もまたその一環として行われたことである。
　第7回日本児童精神医学会総会（1967年）においては、学校精神保健に関する演題をめぐって藤本文明と演者との間で次のような討論がなされている。

　　藤本「私は教育学の立場より質問する。アメリカの精神運動には、社会の矛盾を個人の心理や素質（テストやケース研究により）の問題にれい属させる傾向があるが、この研究もそのひとつではないか。今の学校教育の矛盾の結果表われる問題児を、テストでスクリーニングすることによって、いかにこれらの問題児が精神医学的問題があるようにとられがちで、その矛盾の原因である体制の問題を無視することになる危険がある。問題児は精神医学的欠陥をもっているというより、体制への抵抗という良き面も持っている（科学的認識をともなわず個人的反抗におわるが）。それをひとまとめにして問題児としてテストで現象的にとらえることに問題を感じる。弱い者いじめの精神医学ではないか」。
　　演者「私どもは必ずしも個人の問題に還元しているつもりではなく、またそのようにのみ考えてはおりません。ほとんど何もなされていない現状についてのべた訳です。アメリカ的精神衛生活動にかならずしも共鳴しているわけではありません。むしろわれわれの構えは、質問者などの研究（布施市の調査）と本質的にそうちがうものではないと考えてお

ります。たとえば、てんかん児の治療について東京教育大や大阪小児保健センターの発表とは逆に、ほとんどなされておりません。脳波検査をするには、まず無料でやらなければならないので、このための予算措置を要求中であります」。

藤本「答をきいても納得できない。これらの研究者は主観的には人民の健康と生活を保障する精神医学的研究と考えているらしいが、客観的には、この研究が体制に利用され、悪用される危険のみしか持っていないのではないか。一口に言えば、この研究法論では実態把握が対策と結びつかないと思う」。[541]

藤本が述べているように、学校精神保健の問題点は学校や生徒の問題を精神医学的な問題として実体化することにある。そして、それにより問われるべき体制側の問題点を覆い隠すことになる。教育者にとっての「問題児」が児童精神科医にとっての「適応異常児」、或いは「行動異常児」であるとは限らないのである。[542]この二つを無批判にも混同してしまうのであれば、それこそ教育の問題であると言わなくてはならない。

しかし、「現象的にとらえること」の問題はそれに尽きるものではない。[543]

5. 「不登校」の状態像？

1980 年代の後半には、再びあの鑪が発言している。その論文「登校拒否と不登校—神経症的発現から境界例および登校無関心型へ—」(1989 年)では、次のように言われている。

「登校拒否の問題ないし現象は児童・生徒の他の病理的な問題に比べ、発生の規模が著しく大きいといわれている。諸外国に比べ、日本の場合、国民的なレベルに蔓延した問題となっている」。[544]

また、続いて論文「描画テストを通してみた登校拒否の予後（将来像）に関する研究」(1992 年) では、次のように言われている。「「登校拒否」「学校恐怖症」「不登校」という表現には、それぞれ問題にたいする社会の態度に時代的な違いがみられる。この問題が注目された初期には、「学校恐怖症」が用いられ、また「学校恐怖症」が用いられていた。やがて病理的なものを示す「登校拒否」は用いられなくなり、最近では「不登校」の用語が多く用いられるようになった」。[545]

Ⅳ. 1980 年代における論調　　　　179

似たようなことは、佐藤修策の「「登校拒否」再考」（1987 年）や、本城秀次等の「登校拒否像の時代的変遷について」（1987 年）、また「不登校」を価値を含まない「現象用語」とする松田素行（教員）の「登校拒否か不登校か―用語問題についての一考察―」（1992 年）などにおいても言われている。

　しかし、こうした認識が誤りであることは再三にわたって述べてきた通りである。

　佐藤や鑪といった最初期からの発言者たちが、この時期になって登校拒否をめぐる議論を振り返っているわけであるが、彼らに欠けているのは「不登校」現象を現出させた論理への目配せである。彼らはその「状態像」について語ることで、それを知らず知らずのうちに社会現象化してしまう。

　佐藤の論文「「登校拒否」再考」には何とあるか？

　佐藤は、「怠学とは異なった新しい型の登校拒否、今でいう登校拒否症が、わが国で初めて専門誌に取りあげられたのは 1959 年ごろである」[546]として、佐藤論文（1959 年）と鷲見論文（1960 年）をその典拠として挙げている。

　何でもないことのように思われるが、この一文にはいろいろと難がある。

　まず、「怠学」とは異なった登校拒否とは、高木論文（1963 年）の表現を用いれば心因性登校拒否ということであったが、これを佐藤の言うように「新しい型の登校拒否」と言うことはできない。なぜなら、既に述べたように、高木論文（1959 年）がなかったならば、登校拒否などは問題とならず、「登校拒否児」なるものは長欠児であり続けたからである。そもそも、「怠学」を除いた上で登校拒否を問題とすること自体、医学的な問い掛けに他ならないのである。

　そうした問題意識がないために、佐藤はこの論文を典拠として挙げてはいないのである。

　また、そのようにして問題化された登校拒否を「今でいう登校拒否症」と佐藤が言うのであれば、それは佐藤の勝手である。何となれば、「登校拒否症（school refusal syndrome）」という用語を用いること自体が、佐藤の独断に過ぎないからである。[547]

　この点について、佐藤はまず次のように述べている。

　「「登校拒否」という呼称は、なんらかの理由で子どもが学校へ行くことを拒絶していることを意味するだけで、状態像を示しているにすぎないの

に、これが臨床的一般用語として、または現象的用語として、区別されないままに使用されていて、種々の混乱が生まれているのが現状である」[548]。

しかし、それが「状態像」として記述されるのは、「なんらかの理由で」ではなく、それが心因性の精神障害によるものであるからである。「状態像」もまた「病像」と並んで一つの医学用語である。それは、臨床家を前にして現出する臨床像なのである。

分別もなくこの言葉を用いているのは他ならぬ佐藤である。

続いて、かつては盛んに論じられていた登校拒否の「類型論」と「症状形成論」が今では下火になっている理由が述べられているが、後者については、とくにその理由が二点挙げられている。

「第一は、登校拒否症は症候群であるので、一つの理論ですべての事例を説明できる統合的理論は構築できないことであり、第二は、従来の形成理論の多くは診断の段階で仮定されたもので、必ずしも理論に固有の治療のあり方が策定されていないことである」[549]。

ほとんど意味不明であるが、二点目についてはまた後で述べることにして、ここでは一点目について、それも「登校拒否症は症候群である」という点に限って佐藤の認識を問いたい。

佐藤の言うように、「登校拒否症」が school refusal syndrome の訳語であれば、この場合の「症」とは「症候群」を意味している。しかし、既に何度か述べたように、登校拒否を「症候群」として捉える仕方は 1980 年代からの慣例であって、それ以前においては、それが「学校恐怖症」として括られる単一症候であるかどうかが問われていたのである。

ここに、アメリカの精神医学の診断基準の改正に伴う問題が伏在していたことは既に述べた通りである。それをさらりと「今でいう登校拒否症」と言ってしまうところに、佐藤の淡白な論理が露呈している。児童相談所の臨床心理判定員が児童精神医学における議論を無批判にも踏襲し、登校拒否論を発表し続けたことはそれ自体として問われるべきことであろう。

再び、鑪の論文「登校拒否と不登校―神経症的発現から境界例および登校無関心型へ―」であるが、これはその表題に「境界例」とあることがいくらか目を引くも、何のことはない、それは、「未熟なパーソナリティを基盤とした性格障害をもつタイプの登校拒否」[550]ということに過ぎない。

論文はまず登校拒否の「社会的背景」を論じた上で、その研究史を概観

している。

これは三期に分けられるものであるが、それぞれ「学校恐怖症」の研究時代、「登校拒否」の研究時代、「不登校」の用語が使用されるようになった時代ということである。

ただし、こうした認識が誤りであることは既に何度も述べた通りである。

まず、第一の時代について、鑪が「日本では1959年、佐藤の研究が最初である」と言うのであれば、やはり筆者としては高木論文（1959年）を挙げるべきではないかと思うのだ。この点に関して佐藤論文を挙げるか高木論文を挙げるかという選択は、論者の問題意識を反映するものであるから重要である。

また、第二の時代について次のように言われるのであれば、例によって鑪には医学的な問題意識がまるでないと言わざるを得ない。

「初期には「学校恐怖症」という用語が使用された。1970年代以降「登校拒否」という用語が一般化した。これは「恐怖症」という精神病理学的イメージを避け、もっと一般的な不適応行動としてとらえ、関わっていこうという風潮の表れだったかも知れない」。

最後に、第三の時代に関しても、鑪による指摘は問題含みである。

「1980年代ころから、登校拒否と並んで、不登校という用語が用いられるようになった。「不登校」は、学校に登校しないという状態を記述することだけであり、「登校拒否」よりも、「学校恐怖症」よりも、一層状態像ないし、行動像を記述するだけの用語である。一層漠然とした包括的な用語となったと言えよう。不登校には様々の症状や状態像が含まれる。ここには、神経症的な葛藤のみならず、学校に行かない児童・生徒を全体としてとらえていこうとする風潮が反映しているのであろう」。

ここで言われていることは相当に混乱している。

まず、「不登校」という用語が「状態像」を記述しているという疑似医学的な論理が問われよう。それ以上に、「不登校には様々の症状や状態像が含まれる」という一文はまるで謎である。これによると、「不登校」は状態像を示すということになる。しかも、鑪はそこに「風潮」の反映を見ている。

だいたい、「不登校」という鑪が言うような「一層漠然とした包括的な用語」が使われるようになった遠因は、やはり鑪自身も含めて1960年代

から1970年代にかけて、「学校恐怖症」という神経症の心的機制に迫り切れなかったことにある。高木や山本に見られた問題意識を棚上げして、いたずらに社会病理や「学校病理」を持ち出すことで、登校拒否を社会現象化した医療関係者たちが、結果としてそれを「不登校」という「一層漠然とした包括的な用語」でもって語ることを許したのである。

　もっとも、鑪としても次のように断ってはいる。

　「これまでの登校拒否に関する研究が、研究の初期において、慎重に弁別した類型を、不登校と言うような不鮮明な用語を使用することによってかえって曖昧になることを懸念した」[553]。

　しかし、そうであれば、論文の表題にある通り「登校拒否と不登校」としてこの両者を横並びにすべきではなかった。鑪は「神経症的な葛藤」と言っているが、個人病理としての「学校恐怖症」が社会病理化されることによって、神経症ではないが「神経症的な葛藤」を抱えた「不登校」という摩訶不思議な概念が形成されたのであるから、この二つの言葉は意味を異にするのである。

　鑪は、「不登校」に含まれる問題の状態像として、1）精神病、2）神経症的登校拒否、3）境界例、4）精神薄弱、5）経済的な理由によるもの、6）非行（家庭内暴力を含む）、7）いじめを受けてのもの、8）学校教育無関心型（明るい不登校ないしドロップアウト）という八つの「臨床群」を挙げている。

　このうち、3、7、8を除けば、初期の議論では1、4、5、6を除いた上で2とされるものが問われていたことになる。鑪としても、「ここではまず、登校拒否を基本症状としている神経症的登校拒否の心理力動性について述べ」[554]云々と言っている。その「心理力動」について、自身の説を含めて高木と山本の説が引かれていることからしても、この点は間違いないのだろう。

　問題は、それを「不登校」の状態像としたところにある。

　どんなに「不登校」の多様な状態像を語ろうとも、その核にあるのは、かつては「学校恐怖症」という個人病理として看做されていた「神経症的」とされるその心的機制である。それがあるがゆえに、それは精神医学の対象となり得たのであった。その状態像をいわば典型像として長期欠席一般を括る論理、それが「不登校」である。それは「風潮」などではない、イ

デオロギーの発生である。

6. 登校拒否像の変遷？

次に、本城秀次他の「登校拒否像の時代的変遷について」（1987年）である。これは名古屋大学の精神科外来を訪れた登校拒否患者の状態像の変遷を述べたものである。精神科外来とだけあって、調査項目は受診者数の増減や男女比、または初診時の年令であるとか随伴症状の有無である。

「登校拒否病像の時代的変化を検討するために、名古屋大学精神科外来を受診した18歳未満の登校拒否患者について、A群（1972年から1974年までの3年間）とB群（1982年から1984年までの3年間）に分けて比較検討を行った[555]」。

言われているように、病像の変化がテーマである。

ところが、その前提はこうだ。「登校拒否という現象は極めて社会的な現象であり、社会の時代的変遷と共に大きな影響を受けると考えられる[556]」。論文のアブストラクトには「登校拒否像」という表現もあるが、あながち誤記ということではないのだろう。

医学論文なだけに、今度は高木論文（1959年）が鷲見論文（1960年）と並び「先駆的な業績」として挙げられている。しかし、論文のテーマが「登校拒否病像」の変遷であるためか、登校拒否そのものの概念規定としては例のごとくジョンソンの定義が挙げられているに過ぎない。しかも、「強迫症状などの神経症症状が顕著なものや非行傾向を有するものでも、登校をめぐる葛藤が患者にとって第一義的な意味を有するような症例[557]」は対象に含めた、ということである。

この論文は、「患者」「受診者」「初診」といった言葉からして判断されるように、論者自身の医師という立場を明らかにしているものであり、そうした意味では好感が持てる。とはいえ、その前提にあった「社会的な現象」とされるところの「登校拒否という現象」が必ずしも外来を訪れる患者の病像と一致するとは限らないはずである。

この調査結果によると、総受診者数が減る一方で、登校拒否患者の数はとりわけB群において増えていることが示された。このことからして、論者は文部省の「学校基本調査報告書」における「学校ぎらい」の項目と比べながら、次のように結論する。

「名古屋大学精神科における実数が必ずしも全体的な実態を表わしている訳ではないが、このような受診者数の増加傾向は地域社会において登校拒否児が増加していることを示唆しているものと考えられる」[558]。

しかし、B群における初診時の年齢を調べると、13歳未満の患者数はむしろ減っている。ところが、「学校基本調査報告書」を見る限り、そうした年齢層の「学校ぎらい」が減っていることは示されていない。この事実は次のようにして説明される。「近年小学校年代の登校拒否は必ずしも減少していないが、児童相談所、教育相談所、精神衛生センターなどの施設が充実し、かなりのものがそれらの施設で取り扱われており、大学病院を受診するようなケースが減少してきているのではないかと考えられる。このような事は、近年われわれの許を訪れる小学生年代の登校拒否に難治例が多いといった印象を受けることからも推測されることである」[559]。

そうすると、外来患者の病像の移り変わりからして登校拒否という「社会的な現象」の変化を追うことには無理がありそうである。

この調査の問題意識は、「登校拒否という現象は極めて社会的な現象であり、社会の時代的変遷と共に大きな影響を受けると考えられる」ということにあったが、ここで論者が見逃している点は、この「社会の時代的変遷」ということに医学や医療のあり方の変化も含まれるということである。そもそも、児童精神医学がなければ、登校拒否という病像は決して確認されなかったし、その心因論における転回がなければそれが社会現象として現出することもなかったのである。「登校拒否像」とも「登校拒否病像」とも言われる、この現象概念の二義性がこの点を曖昧なものとしているのではないだろうか？

こうした観点からすると、時間的にはやや先立つが、古川八郎と菱山洋子の論文「学校ぎらいの統計研究（1）」（1980年）の方が優れているようである。

この統計研究は、必ずしも「学校ぎらい」とされている子どもの数が増えているわけではないことを示している。1970年代以降、多くの論者が「登校拒否児」の増加を社会病理として説明し、それを社会現象化していったのであるが、外来を訪れる「登校拒否児」の数が増えているからと言って、社会においても「学校ぎらい」の子どもが増えているとは言えないという

ことに気付いた者は少ない。

　彼等は次のように述べている。「〈登校拒否〉がクローズアップされてきた原因の一つに医療・教育機関での相談件数の増加があげられる。医療機関については医学会で思春期が注目をあびたころより、それに合わせて外来受診・入院治療が始められ、取り扱い件数の上でも増えてきたと思われる。いっぽう教育機関でも戦後長欠児のなかでは、経済的理由での欠席が多数を占めていたが、経済的安定に伴い、経済的理由の長欠児は減少してきた。それに伴い、〈学校ぎらい〉を理由とする長欠児の割合が他の理由を持つ長欠児を凌駕する傾向がみられるようになってきている」[560]。

　このようなことは単純には言えないということは既に何度も述べてきた通りであるが、ここではただ、この論文では高木論文（1959年）が参照されていないということを指摘するに留める[561]。

　この統計研究は本城等のように外来の受診者を対象としたものではない。

　その理由は次のように説明されている。

　「臨床場面においては、病院という形態が人脈を基盤にした受診が多いことと、交通機関や居住地域により受診地域が限定されている。また登校拒否の包括的な把握がまだ不十分なために、患者を理解しきれず外来継続が困難になり中断してしまう患者も多い。そのため医療サイドだけでは〈登校拒否の出現傾向および地域特性〉を正確に把握できないと考え、今回の研究を試みた」[562]。

　そこで、この調査は「長期に学校に行かない生徒」を対象とするということである。

　なぜなら、「この〈長期に学校に行かない生徒〉の実態が、全体のなかでどういった動向にあるのか把握されない限り、社会病理の一つとしての登校拒否を臨床の場で論ずることができない」[563]。

　事情は本城等の場合と逆であって、むしろ社会現象としての登校拒否が明らかとならなければ、社会病理としての登校拒否を論じることもできない、ということらしい。しかし、これでは「長期に学校に行かない」こと、つまりは長期欠席一般を病理化することになるが、このことに論者はまるで無頓着である。

　ところで、この調査では文部省の「長期欠席児童生徒調査」（1951年度

～1958年度）、或いは「学校基本調査」（1959年度～）ではなく、東京都の教育委員会による「中学生理由別長期欠席者調査」（1951年度～1966年度）が使われている。その理由は、東京が「現代日本社会の典型」だから、ということのようである。しかし、このことはまた別の問題を呼び起こす。

それは、「学校ぎらい」という項目がこの調査にはないのである。

この調査は、もともと文部省が行っていた「長期欠席児童生徒調査」をもとにしている。年度ごとの細かな異同を省けば、この調査は基本的に「本人によるもの」と「家庭によるもの」という二つの理由別調査である。そして、この「本人によるもの」には、「勉強ぎらい」や「本人の疾病異常」、はてまた「学校が遠い」などの理由が下位分類として含まれる。東京都の教育委員会は、この調査をまた別の仕方で集計したのである。その結果、例えば「勉強ぎらい」や「本人の疾病異常」は「精神的理由」として、或いは「家庭によるもの」は「経済的理由」や「家庭的理由」として再分類された。

論者たちは、この「精神的理由」を「学校ぎらい」として換算したのである。しかし、この「精神的理由」は、「家庭的理由」が女の子の欠席理由であるのに対して男の子の欠席理由として用いられていた可能性もあり、このような置き換えには疑問を残す。

ともあれ、この調査はいくつか有意な結果を示している。

まず、「学校ぎらい」の子どもは必ずしも増えていないということである。

事情は次のようである。「年度が現在に近づくにつれ、長欠生徒中の学校ぎらいを理由とした生徒の割合は高いが、学校ぎらいの実数および出現率そのものは高くなっていない。すなわち全長欠生徒のなかの学校ぎらいを理由とするものの割合（比率）は増えてきているが、それはそのまま出現率の増加に結びついていない」。

もう一つ、この調査は「学校ぎらい」の増減が、犯罪白書における「非行少年」の増減と一致することを示している。もっとも、この点からは論文としても有意な結論は導き出せていないが、この両者の年次的な増減が統計の上では不思議と重なることは事実である。オイル・ショックの時点においてその数が減少を見せたという奇怪な現象もある。

それはそうとして——、

こうした統計研究からして、論者が言うように、「社会病理としての、

あるいは社会現象としての学校ぎらいの実態をとらえる」[568]ことができるだろうか？

　確かに、「学校ぎらい」の出現率には地域差が見られる。

　しかし、それはただ社会現象としての「学校ぎらい」の増減について教えるだけである。論者はこのことからして、「あるいは」と一言で翻っては「社会病理」としての登校拒否について語ることはできないであろう。確かに、論者は次のように断ってもいる。

　「われわれとしては〈学校ぎらい〉のなかに登校拒否も含まれると想定しているのであるが、詳細にみれば、学校ぎらいのなかには怠学的なものもまた含まれていると考えられる。さらには、登校拒否が神経症ないし自律神経失調症などの診断のもとに〈理由別〉としては〈病気〉を理由にしたものに位置づけられていることも考えねばならない。これらのことまで考慮したときに、〈学校ぎらい〉のみで考察していくことの限界が浮かび上がってくる」[569]。

　しかし、事態は「学校ぎらい」とされるものの外延に登校拒否が含まれている、というような単純なものではない。この点については、高木論文（1959 年）が教えるところが多いのだが、もはや繰り返す必要はないであろう。「学校ぎらい」を社会現象とする論理——社会病理論を問わない限り、こうした統計研究が有意義な結論を導き出すことはないだろう。

7．唯物論研究協会において

　1989 年には唯物論研究協会が編集している『思想と現代』という雑誌に、「現代の子供の「受苦」から新たな共同へ—「登校拒否」問題から見えてくるもの—」という論文が掲載されている。

　論者は次のように言っている。「最近の教育論調では、学校批判論が顕著である。登校拒否問題はその恰好の素材となりえた感がある。子どもを権利主体として擁護する意図はわかる。しかし、子どもの言説に従って手をこまねいている状態は、果たして教育と呼べるのであろうか。もし、教育が強化・馴化もしくは形成と区別される子どもの発達に関する助成的介入行為だとするならば、登校拒否児とのかかわりがつきつける問題を自らの教育計画のなかに位置づけなければならないであろう。そのためにも、「拒否されているもの」が、「学校」と称されるもののうち何であるのかを明

らかにせねばならない時にきている」[570]。

　しかし、それが「子どもの言説」ではなかったことは既に見てきた通りである。「不登校」自体が一つの言説なのだということ、そしてそれは一人の精神科医に象徴される「学校がなければ登校拒否はない」という主張が人口に膾炙したものであること、この点を看過してしまってはどのような論も「学校原因論」の二番煎じとなる。

　「そもそも登校拒否問題は、子どもが学校に行かないことに何の疑問も抱かない社会であるならば、不登校・登校拒否という言葉すら存在しなかったような問題なのである。だからいま問題にしているのは、学校に行くことを当然視する立場にいる私たちの方なのである。登校拒否問題は、わたしたちを含めた現代の日本に生きる者にとって、時代の診断に関わる問題だという点は確認しておきたい。決してマイノリティの「病」ではないのである」[571]。

　ここで問われるべきことは、「登校拒否問題」なる社会問題を論じながらも、それが「病」であることを疑わない論者の姿勢――「思想の態度」である。問題は、それが「子どもが学校に行かないことに何の疑問も抱かない社会であるならば、不登校・登校拒否という言葉すら存在しなかったような問題」として提起されているその仕方にある。

　この論文では、K君とM子の事例が参考例として挙げられているが、そのうちK君の例を説明するために、論者は『児童精神医学とその近接領域』誌に掲載された二橋茂樹などの論文「登校拒否児の収容治療」（1977年）から「退嬰群」と分類される例の特徴を参考として挙げている。しかし、この論文は、児童院での「収容治療」に携わっていた論者（非医師）が「有効な治療的接近とつながった類型をつくること[572]」を目指して、「拒否群」「愛情抑制群」「退嬰群」「過保護群」という四つの類型を提示しているものであり、無批判に参照されるものではないだろう。

　確かに、「登校拒否問題」なる社会問題は学校化された社会においてこそ成り立つものであろう。しかし、だからと言って、勢いそれを「時代の診断」としてしまってはならない。

　ここにあるのは、社会現象を無批判に追認してしまう社会学である。

　戸坂潤はそれを「社会学的な現象主義」として批判したのである。

　戸坂には「思想現象」というコトバもあるが、「不登校」現象とは多分

に学問的な現象であると言えよう。それは社会現象としてあるというよりも、学問がそれを現象として問うことによりあらしめられている仮象である。それを研究対象とする学問は、その対象性を疑うことのない疑似学問である。科学的な唯物論が問うべきことは、「不登校」という現象ではなく、そのような「現象」が研究対象とされている一つの学問的な現象ではないか？

「一切の現象に対応する観念には、必ず思想が潜んでいる[573]」。

その「思想」の学こそが社会科学である。

戸坂は『日本イデオロギー論』（1935年）において、「インテリゲンチャ問題の問題の提起の仕方」を問いつつ、それが「知識階級」と訳されていることがその一つの「社会学的症状」であるとして、次のように述べた。「社会の基本的な生産関係から観点を導かずに、与えられた社会現象から勝手に観点を導く処の「社会学」的見地は、社会の表面に現象している階級層を、例えば社会的身分や生活程度や職業やを、すぐ様社会階級として記載することに躊躇しない[574]」。

戸坂は「サラリーマン」を「社会現象論的範疇」（常識的範疇）とも言っているが、「不登校」もまたそうした意味での範疇として認めることができるだろう。論者はなぜそれを括弧つきの「病」として問わなくてはならないのか——その問い立ての仕方こそ問われるべきであろう。

それが「イデオロギーの論理学」（思想の学）というものではないのか？

「不登校」は社会科学的な使用に耐えうる範疇ではない。

8. 「科学的教育学」は今

1989年には、遂に教育科学研究会の雑誌『教育』11月号が「登校拒否」という特集を組んだ。

「遂に」と言うのは、ここでやっと教育の専門誌がこの件を論じるに至ったからである。否、専門誌どころではない、この雑誌はあの「教科研」として知られる1937年に結成された教育科学研究会の機関紙なのである。第一次近衛内閣の時代、観念的教育学を批判して「実証主義」を掲げた科学的教育学の伝統は、ここに生きているであろうか。

同誌はまた、1993年の3月号において「登校拒否とつきあう」という題で、2010年の5月号においては「不登校はいま」という題で特集を組んでい

るが、最初の特集号以来、一貫して同誌において発言し続けているのが横湯園子（教員）である。

その最初の号に掲載されたその横湯の論文「登校拒否児の自立への連関を支えるネットワーク」では、「不登校・登校拒否は増加し続け現代を代表する社会病理現象となっていて、発言の年齢も幼稚園児から大学生にまでおよび、不登校・登校拒否を一様に説明することはますますむずかしくなっており」云々と言われ、その根拠の一つとして、齊藤万比古（精神科医）の論文「登校拒否の下位分類と精神療法」（1987年）から次のような一節が引かれている。

「登校拒否という概念は病態水準もしくは重篤さ、恐怖の源泉、発言の様式、年齢、性といった観点からさまざまに分類整理して理解すべき異質性をもった概念である」[576]

そこで、横湯によれば、「治療方法・治療的教育・教育現場における登校拒否児の指導のあり方もその対象との関係で考えなければならず、「これだ」と考えて理論化した途端に個々の登校拒否児は理論から離れていってしまう」[577]ということである。

しかし、ここでもまた齊藤の論文が典拠として挙げられていることは印象的である。[578]

そのことからして予感されるように、ここで横湯が提起している問題は、精神医学における社会病理としての「不登校」という概念を無批判に教育者が受け入れたことで生じた疑似問題である。もっとも、彼女は国立国府台病院の入院病棟に勤務していたのであり、その発言に「治療」の文字が出てくること自体は問われるべき事柄ではない。しかし、その発言が教科研の機関誌に堂々と掲載されていることには疑問を感じざるを得ない。

「最近は悩まない明るい登校拒否が多くなっているが、それとも異なり、非行でもなく登校拒否でもなく、さりとて怠け（大人が勝手につけたレッテル）でもなく、積極的に学校を拒否する理由やこだわりがあるわけでもなく、学校離れをしてしまった子どもたちが増加し始めているという感触がある。私たちはそのような子ども群をどのように定義するのか」[579]

そう言いつつも彼らを「登校拒否児」と概念化しているのは他ならぬ横湯である。「怠学」という訳語が「怠け」と恣意的に読み替えられていることも気がかりである。

一応、登校拒否の定義ということで横湯は次のように述べている。

　「登校拒否の症状は学校に行かなければならないと思いながらも心理的な理由で登校できない状態をいい、不安や怒り、しばしば鬱の気分をともない、登校時刻になると、頭痛・腹痛・下痢・吐気などの身体症状が起こり、その時刻が過ぎると症状が消えることが多いが、重症例では症状が固定化し、登校刺激を与えると悪化することも多いという辺が共通理解されているところであろうか」[580]。

　しかし、「学校現場から見れば、先ほど触れたようにこの範疇に入らない子どもたちがい、また学校にゆくことに価値を見出さず積極的に学校を拒否している子どもでは異なってくる。その登校拒否児にとっての行けないでいるという事実とつきあう以外にない」[581]。

　まず、ここで説明されている登校拒否が例によって心因性登校拒否であることは間違いない。しかし、それが精神医学に固有の論理によって初めて「臨床的事実」となり得る事例であることからして、「学校現場」においては必ずしもその典型例が見られないことは当然である。ところが、そのことが自覚されずに、本来は長期欠席、或いは不就学と言われていたような欠席の例が広義における登校拒否として、つまりは「不登校」として概念化されるところに今の「学校現場」における問題性がある。

　横湯は次のような例を挙げている。

　「つい最近、学校へ行かなくなって四年になり、金銭の窃盗、バイクの暴走、アルバイト、深夜のほうこうなどで時間を過ごし、世間の評価では非行あるいは問題行動児になるだろうと見られている中学生に出会った。真夏のねこが欠伸しているようなけだるく可愛い様子の中学生である。話をしていて解ったのは、本人の抱えている問題行動のアイデンティティーは「登校拒否」であるということだった」[582]。

　しかし、これがただの非行の例であることは明らかである。

　横湯は登校拒否の「アイデンティティー」ということで何を考えているのであろうか？

　それはやはり、非行でもなければ怠学でもない登校拒否という、あの心因性登校拒否なのではないか？それが非行とも怠学とも区別される理由はただ一つ、それが「心理的な理由」による欠席だからである。それは、本来的には神経症の成因としての「心因」を指していたのだが、それが社会

病理化されることで、第三者によって理解される——意味づけされるべき長期欠席のもっともな理由となった。登校拒否の社会病理化は、非行や怠学をも理解されるべきものとして学校社会のうちへと包み込んでしまう。

教育の現場における「不登校」問題とは、欠席の「心理的な理由」をわかってあげることにより生じる社会問題に他ならない。

「とにかく登校拒否をする子どもや自殺する子どもを出したくない、そういう子どもを出さないためにも学校は蘇らねばならない、それへの想いがある」。[583]

実のところ、この「想い」こそが学校問題を生じさせているのではないか？

多くの「不登校」生たちはこうした「想い」をうっとうしく感じることだろう。

公教育が100%の就学率を達成したことはいまだかつてない。

どんなに数は減ろうとも、いかなる理由によろうとも、長期欠席の一群はつねにいたのである。しかし、教育者たちは社会病理としての「不登校」という論理を精神医学から借りてくることで、この事実を心理的に理解されるべき社会病理現象として現出させる。そうした教育者たちにおいては、心因性登校拒否とその社会病理化による「不登校」現象の現出という事態が、本来的には学校の外部で起こっていた、ということがまったく認識されていない。

横湯は次のように述べている。「不登校・登校拒否にたいする原因の解明、定義と治療論の研究では児童青年精神医学とその近接領域学会の果たしてきた役割は大きく、多分この問題にたいしてはこの学会が今後ともリードし続けるであろうし、現在でもこの学会名が表わしているように、その近接領域が参加してはいるが、不登校・登校拒否がこれほどまでの社会病理現象となり、何か不穏な不気味な予感のする今日、各近接領域がもっと意識的に手をとりあって研究をしていく必要があるのではないだろうか」。[584]

しかし、むしろ不気味なのは、社会病理としての「不登校」という精神科医たちの論理が、無批判に教育関係者によって受け入れられている今日的な情況である。

1990年の夏に開かれた教科研の全国大会では、その「講座」の一つとして「不登校・登校拒否は怠け？病い？—その『対応』を探る—」が設け

られた。横湯はまたその場で次のように語っている。

「ある元登校拒否児は、『病と人間の文化史』という本の指摘を引用して、歴史的にみてみると、時代を反映する病にかかりやすいのは常に子どもたちと女性たちであったという話をしながら、「自分が登校拒否児であったということは、自分は現代史を主体的に生きたことになる」という表現をしました。
「登校拒否児だった自分は現代史を主体的に生きたことになる」というこの言葉に不登校・登校拒否問題の本質が語られているといってよいのではないでしょうか。
このような表現で語られる不登校・登校拒否が、果たして「怠け」「病気」といえるのでしょうか。この表現が語っているように不登校・登校拒否現象は現代社会と学校の病理を象徴的に浮き上がらせているわけですが、それをかっこつきの「病い」というなら、不登校・登校拒否は時代を象徴する「病い」といってよいと思います」[585]。

しかし、それが「病気」であることを否定するために、それを括弧つきの「病い」として肯定せざるを得ない点にこそ、「不登校・登校拒否問題の本質」が隠されているのではないか？
日本教育学会の機関誌『教育学研究』に登校拒否に関する論文が載ったのは驚くべきことに一度だけのことであるが、その思春期部会という所では議題に上ったこともあるようで、それをまとめた『現代社会における発達と教育』の第四集（1986年）には、「登校拒否児」の何とかと銘打った報告がいくつか掲載されている
この研究部会については堀尾輝久が次のように述べている。
「本研究では思春期の登校拒否児の内面にできるだけ入りこんで、その原因をその内―外の関係のなかにさぐりあて、それまでの自己の解体と再生を通して新しいレベルの自己の自覚と自立にいたる道をさぐろうとした」[586]。
とにかく、その機関誌に掲載された登校拒否に関する唯一の論文、広木克行の「登校拒否問題から学校と教師を問い直す」（1997年）が基本線として則っているのが、先の教研大会における横湯の報告「思春期の登校拒

否児における「自己の解体と再構成」プロセスの保障について」である。その模様をまとめた『不登校・登校拒否は怠け？病い？その対応をさぐる』（1992年）の「あとがきにかえて」において、横湯は次のように述べている。

「石坂先生が講演の中で「登校拒否」については百家争鳴、語り尽くされているといった感がありますとおっしゃられましたが、教育と教育学領域においては、これから百家争鳴の時代になるのではないかという気がしました」[587]。

石坂先生とは精神科医である。なぜ、精神科医たちの間で議論百出の事柄が「教育と教育学領域」においても問題とされるのだろうか？ここに、教育科学は臨床教育学へとシフトするのだが、その発端が一つには「不登校」にあったことを銘記しておこう。

『教育』誌の1989年11月号には精神科医の論文が二本掲載されている。

まず、上林靖子の論文「精神科医療からみた登校拒否」であるが、これは登校拒否の議論を怠学との区別から始めている点で特徴的である。この手の議論は、一般に1941年のジョンソンの論文から始めるのが常であるが、ここではブロードウィンの論文「怠学に関する研究への一寄稿」（1932年）から始められている。

上林は、「怠学（truancy）」について次のように説明している。「精神医学はこれを「親の知らないあるいは同意をえていない欠席」に限定して用いている。この診断カテゴリーは一般に、より広範な行為障害の一部分をなしている。とくに他の形の非行の予備群とみなされている」[588]。

しかし、このような共通の識見が精神医学にあるとは考えられない。アメリカの児童精神医学におけるtruancyという用語が日本語の語感における「怠学」とは異なっていることは高木隆郎が指摘していた通りであるが、それがむしろ「怠け」という意図的な読み替えを許したとも言えるだろう。

ともあれ、アメリカにおいて登校拒否の問題は「怠学」との区別から生じたものであるという指摘は重要である。この点は、アメリカにおける児童精神医学が先行する精神保健という思想から生じたものであることを考えればなおのこと重要である。つまり、「怠学」は除くと言っても、それはそれを精神保健の観点からして問題としないということではない。しかし、そうであるからして、「怠学」は除くという登校拒否の定義は我が国

においてはまた別の問題を生じさせるのである。

　この点は、続く小倉清の論文「日本と外国の「登校拒否」現象の比較」において明らかである。小倉は、1978年の日本児童精神医学会総会におけるシンポジウムでの発言者の一人であった。その発言は、小澤勲による発言と並んで、精神科医によるものとしては好感が持てる。[589]

　登校拒否を論じるに際して、アメリカやイギリスにおける用語法の解説から入ることは通則である。この論文にしても同様であるが、それは「日本と外国の登校拒否現象を比較するのは、なかなか無理なこと」と断りを入れてのことである。[590]実際問題、公教育の制度が異なる以上、このような比較は土台、無理なことである。もっとも、登校拒否を日本に特有の現象とするような向きもあるため、このような比較は全く無意味なものではない。

　まずは、アメリカ社会の現状である。

　小倉によると、一年間に100万人もの子供が誘拐などで行方をくらますという。実の両親と暮らす子供は全体の二割を切り、虐待を受ける子供の数も把握し切れないほどに多い。犯罪件数は増え続け、小学生ですら麻薬の売人となっている。子供の死因としては他殺が最も多い――、

　「アメリカの子どもの精神科の臨床では精神病的な状態、うつ的な状態をその基盤にもったさまざまの問題行動が主をなしているようで、日本でいうような登校拒否は存在しないようである。存在するのかも知れないが、そのようにはもはや見てもらいないといった方がいいのであろう。そんな状態はもう一種の贅沢であって、問題にされない」。[591]

　おもしろい指摘である。問題と看做されないがゆえに、そのような問題はないということである。しかし、それは精神科医によって問題と看做されない、という意味であることに注意する必要がある。

　「イギリスでも登校拒否は臨床の場で、大きな問題になることはないという。登校拒否という現象もほとんどないという。まったくないわけでもなかろうが、少なくとも臨床家の注目をひくということではないらしい」。[592]

　やはり、登校拒否という「現象」があるとすれば、それを現出させているのは臨床家ということになる。とりわけ、次のような指摘は示唆的である。「日本でいう登校拒否に近い状況のものがあったとしても、子どもが学校へいかないというのは、親の責任であり、学校は責任がない。ただ学

校は子どもがなぜ学校へいかないのか、その理由を調べる責任があるということのようである。その場合も子どものなかに何か深い病理をみるというのではないようである」。(傍点は引用者)

このような観点からすると、社会病理としての「不登校」なる問題を真に受けている教育関係者たちは実に愚かである。病態に病理を診るのは臨床家であって、教育者ではない。その臨床家ですら、国が変われば見立てを異にするというのである。

最後に、横湯が名を挙げている齊藤万比古と上林靖子は共に国立精研に勤務する精神科医であることを付言しておく。「現象」や「言説」といったコトバを使うことで、往々にして不問に付されていることが何かあるのではないか？

v. 1990年代における論調

　本書は、「「登校拒否」は昭和三十年代後半ごろから〝臨床的事実〟として登場するようになり、昭和四十年代から現在にいたるまで、増加し続けている〝新しい現象〟である」という河合洋の発言を引用して始まった。

　なぜ、「臨床的事実」として登場した登校拒否は「新しい現象」として現象したのか？

　それを問うために、それがいつから現象とされるようになったのか、それも誰によって現象とされてきたのか、ということを探ってきた。

　それは、1970年代における精神医学の議論、象徴的には1978年の第19回日本児童精神医学会総会におけるシンポジウムを前にした予備討論でのことであった。精神科医が登校拒否を社会病理として論じるようになったことで、それが「新しい現象」として社会現象化される途が開かれた。彼らが使い出した「不登校」というコトバは、この「新しい現象」を現出せしめるロゴスであった。

　1990年代にもなると、新聞紙上などにおいても登校拒否という言葉は使われなくなり、その後半には「不登校」一色となる。もはや、登校拒否と「不登校」が無批判に等置されるどころか、「不登校」という言葉しか用いられなくなったのである。しかも、それは「不登校」という言葉が「ごく現象記述的」⁵⁹⁴などという誤った認識からしてのことである。

　2001年には『教育社会学研究』（日本教育社会学会編）が「不登校問題の社会学」という特集を組んでいる。それに収められた論文「不登校問題の社会学に向けて」は、「不登校の原因についての議論は1990年頃までが活発であって、それ以降は下火になったという印象を受ける」⁵⁹⁵と述べて、1990年代における議論を次のように振り返っている。

　「不登校原因論については心理学者や精神科医を中心に展開されてきた。これに対して、教育社会学は逸脱行動にしても、いじめ問題にしても「なぜ」というリニアな問いを意識的にずらし、構築主義や言説研究を優先させてきたように思う。そこでは、不登校という実態をアプリオリに設定し

ないで、不登校に対する私たちの認識方法そのものを問題とする。しかし、この作業を進めていくと、非行でもいじめでも不登校でも、結局は同じような記述になってしまう場合がある。そこでは、現象そのものをブラックボックスにおき、問題にたいする私たちの認識そのものを問題としているのだから、ある意味で当たり前である[596]」。

　しかし、現象を問うことは、それを現出させているロゴスを問うことであると思うのだ。それが、登校拒否の「心因」を社会病理化することで現出した社会現象である以上、その現象を自明視している限り、「なぜ」という問いでもって個人に迫ることはできない。そうした意味では、「現象そのもの」をブラックボックスに置いているという指摘は正しい。

　構築主義は、構築されたものが構築されたその過程を追うことに熱心なあまり、その結果として構築されたもの自体を不問に付しているきらいがある。もちろん、ここで構築されたものとは、社会病理としての「不登校」現象である。しかし、それを「現象」として追認する限り、その構築過程を追うことはできないだろう。

　また、言説分析は発言の定量的な分析に終始し、発言の主体を不問に付しているきらいがある。それどころか、言説分析そのものが「不登校」という大きな物語のうちで展開されている感も受ける。例えば、「教育言説」論の代表的な論者である樋田大二郎による次のような主張は、社会病理としての「不登校」という言説空間にすっぽりと収まってしまっている。

　「一九七〇年代以降、学校現場では、三無主義、〝平目教師〟、校内暴力、いじめ、不登校など次々と学校病理が吹き出した。しかし学校病理の露呈のもとであっても、教師や精神科医、臨床家の多くは、病理の原因は個人や家族にあると考え、不登校の子どもに対して、病気なのだから早くなおして健康になって学校復帰するようにと強く促した。不登校は、なおすべき対象、治療すべき対象と見なされたのである[597]」。

　学校に行っていないという、学校の外にいる子供たちを語るに、しかし「病理」をもってする他ない、ここにこそ問われるべき言説があるのではないか？「学校病理」などという疑似医学的な概念でもって学校の問題を捉えざるを得ない、そこにこそ教育の問題があるのではないか？

　山本雄二の有名な論文「学校教育という儀礼—登校拒否現象をてがかりに—」（1991 年）にも次のようにある。「因果論的原因探求はそれを皆がこ

ぞっておこなえばおこなうほど、ひとびとが登校拒否をはじめとする教育病理現象にたいするときに「なぜ、それがおきるのか」という問い以外の問いのありかたを排除し、「病理」を定義づける基盤たる教育システム自体を不問に付し、自明化し、強化するという側面をもっていることもわすれてはならない。教育システムはその外部に「病理」を定義することなしにはシステムを維持できないといってもよい。そうだとすれば、このことは同時に教育システムによって「病理」と診断された現象を戦略拠点として、診断をくだす当の教育システム自身の姿をうきぼりにする可能性を示してはいないだろうか」[598]。

しかし、論者はなぜそれを「教育病理現象」として追認するのか？教育学はむしろその外部において「病理」と診断された病態現象を自らのうちに取り込むことによって社会の学校化を推し進めているのではないか？

「不登校」を学校の問題にしてはいけないのである。

それを問題として追認する教育学者たちの問題こそ問題として問うべきなのである。

1. あも

河合洋が1989年に『あも』という変わった名前の雑誌を発行しているが、その通巻第三号は「「登校拒否」—精神科医は考える—」と題した特集号となっている。

この特集号には24名の精神科医の発言が収められており、若林実の著作『アインシュタインも学校嫌いだった』（1993年）における表現では「百家争鳴の精神科医たち」ということであるが、実際のところそう違った意見が出されているわけではない。若林としては、発言者たちを登校拒否に理解を示す者とそうでない者とに二分して、その後者に当たる7名の精神科医を批判しているようである[599]。

しかし、そのような理解では重要な論点を見落とすことになる。

発言者の中には、最初期から登場していた若林愼一郎や清水将之、藤本淳三、川端利彦などの名も見えるが、渡辺位や大原健士郎を除けば大半が世間的には無名である。しかし、中には小倉清と小澤勲の名も見られる。この時、小澤は次のように述べている。

「私は、学校が嫌いだった。風邪をひいて熱を出して学校を休めるとき

などは、風邪のしんどさよりもほっとする気持ちのほうが強かった。仮病を使って休んだことも再三だった。私はほとんど登校拒否だったのである」。（傍点は原文強調）

　さて、まずはいくつか目ぼしい発言をピックアップしてみよう。

　牛島定信の「私にとって「登校拒否」とは」では、「登校拒否はさまざまな顔をもった病態である」と言われている。ここでは、どのような意味で「病態」という言葉を用いているのが判然としない。

　しかし、牛島はまた次のように言っている。

　「毎年、文部省から出される長期欠席児童をみると、必ずしも神経症的な不登校と怠学による不登校との区別ははっきりしないことが多い、とは学校現場の意見である。さらにまた、登校拒否例の長期経過をみていると、一過性の不適応から重篤な人格障害を基盤にしたもの（後々、ボーダーライン・パーソナリティー障害と呼ばれるような）まで、さまざまである」。

　これは当然のことである。「怠学」と区別された神経症的な不登校とは、あの心因性登校拒否に他ならないのであるから、教育関係者によって区別されることはできないのである。牛島は繰り返し「さまざま」と言っているが、その中でも精神科医療の対象となり得るような例こそが「怠学」とは区別される登校拒否なのである。

　登校拒否そのものは「病態」ではないのだ。

　この点、大原健士郎の「「登校拒否」を考える――専門医の関与が不可欠」ではもう少し正確に次のように言われている。「病気かどうかを判断するのは専門医である。登校拒否か不登校かを判断するのも同じく専門医である。この種の問題は、やはり専門医の関与なしには解決しない」。

　では、何によって登校拒否と「不登校」を区別するのだろうか？

　病気かどうかを判断するということであるから、そのどちらかが病気なのだろう。

　大原は戸塚ヨットスクール事件について述べている。

　それには貴重な証言も含まれているが、ここではその結論部だけを紹介しておこう。

　「戸塚さんは標準的な、いわゆる登校拒否を扱っていればいいものを、専門的な知識の欠如から、いわゆる不登校の子どもたちをたくさんかかえ

こんで、ワンパターンで指導し、墓穴を掘ったのである。その後の週刊誌によると、今でも戸塚さんは反省もなく、うそぶいているというから、空恐ろしくなる」。

ここから判断するに、大原は「いわゆる登校拒否」と「いわゆる不登校」を区別していることになる。この場合、戸塚宏が「専門的な知識」の欠如からして後者をも指導したことが問題だと大原は言っているのであるから、病気なのは「いわゆる不登校」ということになろう。

これでは逆のようであるが、「うつ病も神経症も区別のつかない人たちが、何で登校拒否を扱っているのか不思議で仕方がない」と言われていることからして、大原の言わんとしていることはわからなくもない。登校拒否の中にそのような医学的な例が含まれている以上、やはり精神科医という専門医が必要ということなのだろう。

とはいえ、大原が次のように言うのであれば、結局のところ登校拒否を何の区別もなく「病態」とした牛島と同じ穴のむじなである。

「登校拒否も頭痛も病名ではなくて、状態像である。頭痛でも、風邪を引いて頭が痛いのなら、風邪薬を飲めばよい。しかし、脳腫瘍で頭痛がするのなら、風邪薬を飲んでも治るはずがないのである。学校に行かない子どもでも同じである。うつ病が背景にあれば、うつ病の治療をしなければ治らない。神経症なら神経症の治療をすべきだし、病気とは無関係で怠け者であれば、それ相当の指導が必要である」。

しかし、登校拒否と頭痛は異なる。頭痛は症状である。

背景疾患のない登校拒否はただの長期欠席、或いは不就学である。

この区別を付けずに、登校拒否そのものを「状態像」として、その体を成すものを治療、或いは指導の対象としてしまうところに問題がある。

白橋宏一郎の「登校拒否を診療的に考える」もまた同様の問題を含んでいる。

白橋は次のように言っている。「まず、不登校状態という捉え方をする。つまり、「学校に行けない」「行かない」ことを共通の問題行動とする状態像を考えるわけである。症候群という見方もあり、そう考えたこともあったが、状態像とした方が妥当なように思われる」。

既に述べたように、登校拒否を「症候群」として括る見方は1980年代における主流であった。それは、「不登校」というイデオロギッシュな概

念の登場と共に 1980 年代の議論を特徴づけていたと言える。

白橋は、「症候群」という概念を用いないことの理由を直接には述べてはいないが、おおよその事情を推し量ることはできる。それは、白橋が次のように述べているからである。

「この状態像を呈するものとして、次の三群を想定し、診療経過においてその群別を検討する。第Ⅰ群が通常言われている登校拒否である。第Ⅱ群は自己臭恐怖、思春期妄想などといわれている病態や思春期に入るにつれて顕著に、しかも執拗・強固になる種々の強迫現象などである。いずれも思春期心性に密接に関連する一連の病態から二次的に学校に行けない、行かない状態を呈する。第Ⅲ群は精神分裂病、うつ病など狭義精神病に含まれる精神症状と関連するものである」。(傍点は引用者)

要するに鑑別診断である。

このうち、第Ⅲ群については、例によって「病気」は除くということであるから問題ないだろう。第Ⅱ群についても、それが古くは山本論文にあった「辺縁群」であることは明らかである。そうした例を除いた上で、さらに「怠学」とも区別された神経症による例こそが登校拒否という「臨床的事実」として精神科医の眼にとまったのであった。

では、「通常言われている登校拒否」という第Ⅰ群とは何か?

神経症によるものは除く、ということであれば、それは山本由子の言うところの「中核群」に相当するものだろう。しかし、「二次的に学校に行けない、行かない状態」と言われていることからしても、精神科医によって問題とされてきた登校拒否とは、むしろ神経症的とされる第Ⅱ群なのである。

この点に関しては、白橋自身「第Ⅰ群と第Ⅱ群の群別は、実際にはしばしば困難で、明確さを欠くことが少なくない」と認めながらもまた次のように述べている。

「あるときは強迫神経症を疑い、あるときは性格障害や境界性人格障害を考えるなど、対象の理解に苦慮することがある。さらに、これらⅠ群とⅡ群の転帰をみると、再登校している、あるいは進学し、社会生活を営む上で大きな支障はないか、全く支障なく暮らしているものもいる一方、強迫症状が持続しているもの、定職に就きがたいもの、円滑な対人関係をもてないもの、情緒的な不安定さ・むら気・無気力などを示すものがあり、

Ⅱ群に転帰の悪いものが多いように思われる」[611]。

先に、「診療経過において」云々と言われていたが、こうした事情からして第Ⅰ群と第Ⅱ群を最初から区別することは難しいようである。もっとも、「通常言われている登校拒否」が何なのか不明であるから仕方ないことでもあるが、裏を返せば、それは心因性登校拒否として「臨床的事実」足り得た登校拒否であれ、神経症によるものだけではなく性格異常によるものなども含まれており診断が難しいということなのだろう。

従って、次のように結論されるのであれば、それは少なくとも精神医学に固有の論理によって「臨床的事実」となり得た登校拒否の問題点を的確に突いているのである。

「このような実態を考慮に入れて、不登校の初期段階でⅠ群とⅡ群の鑑別や転帰の予測がどこまでできるのか、重要で困難な問題を抱えている。登校拒否概念や診断基準設定の難しさはこのような未解決の問題点から由来するものと思われる」[612]。

しかし、心因性登校拒否が社会病理化されて「不登校」問題が登場したこともまた事実である。

どうやら、「通常言われている登校拒否」とはこの「不登校」のことのようである。

白橋は次のように述べている。「それにしてもⅠ群のいわゆる登校拒否は何か。それは環境因性、あえて言えば、社会因性とでもいうべき心因性障害とでもいうべき心因性障害そのもので、パーソナリティの発達上の躓きを生じ、それが学校に行けない・行かない表現をとるものを考える。言うまでもなく、内的不安・葛藤・防衛機制などは発達段階の違いや個人的に自ずと異なり、治療的には再登校を当面の目標とするにしても、再登校が必ずしも治療の終結を意味することにはならないものもいる」[613]。

この神経症とは区別された「社会因性とでもいうべき心因性障害」としての登校拒否こそが、「通常言われている登校拒否」という「不登校」であろう。それは神経症でもないにも拘わらず、医療が関与する必要が認められている。

そうした「不登校」を現出させた論理こそが、「心因」の社会病理化であった。

「登校拒否の診断カテゴリーは、学校に行けない・行かないことの心因

の解決、乗り越えにより、自己完結的にその後の生活にとくに問題性を残さないものをいうべきであろう」[614]。

精神医学における「心因」とは、外因や「内因」とは区別された一つの成因、病因である。

それは、漠然と「心理的な理由」を指すのではない。

何か悩みのある子どもが学校に行っていないとしても、それは心因性登校拒否ではない。あくまでもそれが「心因」とされるのは、子どもが神経症様の症状を呈している場合のみである。登校拒否そのものを症状としてその理由を「心因」とするのでは、精神医学の暴挙である。

登校拒否の社会病理化は、また心因論の拡大であったとも言える。

そうした意味では、それは心因論に固有の問題でもあるのかもしれない[615]。「心因」とされるものには、大人であれば対人関係や職場環境の問題といったものが必ず含まれていることだろう。現代の子供の神経症ということであれば、その「心因」に家族関係や同胞関係における葛藤のみならず、学校に関する価値観が入らざるを得ないことは明らかである。

児童精神医学はもう少しこの点に注意を払うべきではなかったか?

さて、最初に小澤の一文を紹介したが、この特集号には、渡辺位を筆頭として、登校拒否に理解を示す精神科医たちの意見も少なからず載っている。

中でも、皆川邦直などは次のように述べている。

「登校拒否は精神医学の国際的な分類体系においてひとつの独立した臨床単位として認知されていない。元来は登校拒否症とよばれ、神経症の理論にしたがった概念構成がなされてきた。つまり、学校に行かないというだけで診断されたのではない。ところが、登校拒否と呼ばれるようになると、神経症理論とは無関係に「診断」が一人歩きを始めたように思われる。言わば屑かご診断（waste basket diagnosis）になってしまったのではないだろうか」[616]。

その通りである。しかし、それは神経症論と無関係に起こったことではない。心因性の精神障害の社会病理化もまた精神医学の論理によるものである。登校拒否を「精神病質」と一緒くたにして屑かごに放り投げてしまう前に、いま一度その点を確認すべきだと思うのだ。

いずれにせよ、次のような皆川の「願い」は心に響くものがある。

「どんなに社会保障の進んだ社会になったとしても、弱肉強食の原理が作動するところに人間の醜い本能があると述べたら言い過ぎであろうか。人間の本能のすべてが醜いというつもりはないが、強い者が弱い者を食うという現象は不登校症状をめぐっても、しばしば見られるものである。子どもたちが親に食われないよう、友達に食われないよう、学校の先生や教育相談員の先生に食われないよう、精神科医や心理の先生に食われないよう、マスコミに食われないように願うし、不登校の子どもが自ら強くなって、しっかりとした自分をもてるようにも願う次第である[617]」。

２．社会学的な現象主義

森田洋司の『「不登校」現象の社会学』（1991年）は有名である。

表題にある通り、「不登校」現象ということである。

以後、教育社会学はそれを「現象」として研究の対象とすることになる。

森田は次のように述べている。「登校拒否が、単純な機制や精神疾患だけで説明できないことが明らかになるにつれて、原因論も本人の性格特徴や親の養育態度、親子関係だけでなく、学校の状況や社会的要因にまで拡大され、研究分野も多様な学問領域によるアプローチが試みられるようになってきた。「不登校」の概念は、こうした研究領域の広がりに伴う研究対象や原因の拡大の中から生まれてきた概念であるといえる[618]」。

その通りである。しかし、「原因論」の拡大とは、心因の社会病理化、或いは学校病理化という「成因論」（病因論）の拡大であった。「単純な機制や精神疾患だけで説明できないこと」が認知されるようになった「登校拒否」とは、本来的には例の心因性登校拒否に他ならないのである。

従って、次のように指摘されるのであればそれは誤りである。

「不登校ないし登校拒否とはいったいどんな行動なのかと説明を求められたとき、研究者であれ教育担当者であれ、戸惑いを感じる人は多いことであろう。戸惑いの一つは、今日のこの領域の研究が多様な学問的領域からのアプローチによって試みられていることによる。近年では、精神医学、精神衛生学や臨床心理学、教育学だけでなく、社会福祉やさまざまな運動団体からのアプローチが試みられている。そのため、それぞれの研究領域の方法論的関心に沿って定義や理解の仕方が異なり、用語の混乱を来して

いるのが実情である。加えて、そこで考察される対象は、現象の全容についての共通理解を欠いたままそれぞれの学問的な関心によって切り取られるために、現象の外延すら定かではない。「登校拒否は病気である」という説は、こうした研究事情及び個別の研究領域の方法論と対照規定についての無知からもたらされたものである」。[619]

しかし、そもそも登校拒否とは心因性登校拒否という神経症例に他ならないのである。ところが、神経症としての「学校恐怖症」の診断学的な外延が定かではなかったために、多くの論者によっていたずらに社会現象化されることを許したのである。だいたい、「現象の全容」や「現象の外延」などあるはずもない。

現象を定義することなどできないのである。

定義はむしろそれを現象させている論理に求められる。

森田は「不登校」を次のように定義している。

「生徒本人ないしはこれを取り巻く人々が、欠席ならびに遅刻・早退などの行為に対して、妥当な理由に基づかない行為として動機を構成する現象である」。[620]

この定義は有名である。多くの論者によって無批判に引用されている。[621]

端的に言って、この定義は「不登校は現象である」と述べているわけである。

精神科医が「現象学的」な病像記述などという場合の「現象」は、平たく言えば「症状」のことである。しかし、この「現象」が個人病理の社会病理化に伴って社会現象化した時、その意味は変わった。

森田はまた次のように述べている。「「不登校」現象を考察する場合には、不当な「烙印」の問題や強制的な入院措置やむりやり相談機関へ連れて行かれたり、誤って「不登校」と判断されるケースも常に考慮しておかなければならない。これらの問題はときとして「不登校」を悪化させたり、子どもの人権を著しく侵害することにもつながりかねないからである。また、逆に子どもたちが不登校に陥り、なんらかの援助を必要としているにもかかわらず、教師や親がこれを「不登校」と判断しなければ、これらの子どもたちに対しては、なんの援助の手も差し伸べられないことになろう」。[622]

私には、こうしたいちいち括弧を付けて語られる他ない「不登校」なるものが、それを現出させた固有の論理を忘れることで対象化されている仮

象にしか思えないのである。病気でもなければ怠けでもなく、そのくせ援助が必要で、しかも悪化することもある「不登校」とは、要するに心因性登校拒否のことなのではないだろうか？

森田などによる調査報告「『不登校』問題に関する社会学的研究」（1989年）は有名である。

この調査は、先に述べたような学校精神保健ほどには露骨な仕方ではないが、やはり欠席一般と心因性登校拒否とを「不登校」現象として一括りにしてしまうところに限界がある。それどころか、さらに遅刻、早退を含めて、「学校へ行くのがいや」という生徒たちを数え上げ、その「現象の裾野」なるものを「グレイゾーン」として現出させては、その現象の「全体像」が全生徒の七割近くにも及ぶというのである。その問題点については精神科医によっても指摘されているが、それについてはまた後で述べることにしよう。

森田は「不登校」を「生徒本人ないしはこれを取り巻く人々が、欠席ならびに遅刻・早退などの行為に対して、妥当な理由に基づかない行為として動機を構成する現象である」と定義したのであったが、その論理は、北村陽英（精神科医）の『中学生の精神保健』（1991年）においてありありと認められる。

既に、池田などによる調査について述べたが、こうした調査はおしなべて「準不登校」であるとか、「登校拒否傾向」、「潜在的登校拒否」といったものの実数——森田が言うところの「暗数」を挙げるものである。

こうした調査について、北村は次のように述べている。

「各報告をみると、潜在的学校ぎらいの児童・生徒の出現率はさまざまである。その理由は、欠席日数などのような客観的に測定できる指標が潜在的学校ぎらいにはなく、多分に調査対象となった生徒の主観的意見を指標として算出せざるをえないためと思われる」。

しかし、それは生徒の「主観的意見」どころではない、研究者の「主観的意見」により算定されているためと言うべきであろう。北村による「潜在的学校ぎらい」の調査ですら、その62問の質問のうち「核質問群」とされる質問は、例えば「朝起きた時、学校へいきたくないと思う日がありますか」とか、「学校なんかなければいいと思うことがありますか」といっ

たものである。しかも、こうした質問によって、「潜在的学校ぎらい」どころではない、「潜在性崩壊家庭の姿[624]」まで浮かび上がったというのだから恐れ入る。

北村は次のように述べている。「学校ぎらい現象は、こんにちの社会状況下ではさらに増加すると考えられる。青年期の出発点にある生徒たちが、学校生活にたいして無気力で孤独なままに人格形成をしていくのは、学校教育の矛盾といえる。しかし、それは現実に増大しており、深刻化している。そのことを学校ぎらい生徒の増加現象が示している[625]」。

確かに、教育基本法の第一条と照らし合わせると、それは矛盾しているのだろう。

しかし、それよりも、なぜ論者は「潜在的学校ぎらい」（学校ぎらい生徒）が増えていることを現象として捉える必要があるのか？

「生徒が学校へ行けないという事実は、学校教育制度も含めて、生徒とその養育環境ならびに現代のわが国の社会がかかえている大きな問題の、ほんの一部分の顕在化現象にすぎない。しかしながら、学校を休むことがその生徒にもたらす結果は非常に大きい[626]」。

大変なレトリックである。「顕在化現象」とは妙な言い方であるが、それは事実を問題の顕在化として捉えるレトリックなのである。なぜ、それがレトリックなのかと言うと、それは事実とされているものが「潜在的学校ぎらい」の増加現象として論者自身が現出させた仮象に過ぎないからである。その上で、論者はそれを問題が顕在化したものとして問うのである。では、その問題とは何かと言えば、それは、「しかしながら」と言われていること、つまりは「学校を休むことがその生徒にもたらす結果は非常に大きい」ということである。

結局のところ、それが問題であるために、しかもそれを学校の問題として把握するために、論者は「潜在的学校ぎらい」を登校のうちに読み込むのである。それにより、「不登校」を学校の問題とすることができる。しかし、それだけではない——それによって学校の問題とされる「不登校」問題は、あたかも社会問題が顕在化したものとして社会現象化されるのである。

これは見事なまでの社会病理現象としての「不登校」現象の追認である。

しかし、それは「不登校」言説を追認しているばかりか、それを現象化させるための調査まで行っている点において、その再生産とでも言えるも

のである。北村は「生徒の具体的な問題現象像」であるとか、「問題現象」[627][628]
といった表現を多用している。

なぜ、論者は「問題」を「現象」として浮かび上がらせる必要があるのか？

高木隆郎による「長欠児の精神医学的実態調査」もまた学校精神保健の観点からなされたものであったが、それはあくまでも精神医学に固有の観点からなされたものである。それはあくまでも、精神障害やてんかんなど、精神医学による関与が必要な例を見つけるためになされたものなのであった。

それが、今や「不登校」現象を現出させる理論装置として機能しているのである。

離婚率の増加という社会現象が見られたとして、しかし個々の夫婦が離婚するに至った夫婦の「問題」は別に求められる。ところが、「不登校」に関しては事情が違う。長期欠席が「不登校」と概念化される理由は、またそう目される例が増えているという認識と通じているのである。子どもが「不登校」になった理由は、「不登校」が増えているという現象の問題性、つまりは学校教育の問題に求められるのである。

しかし、そうした現象を現出させているのは、そうした現象を社会現象として追認する社会学であり、また学校精神保健という社会精神医学の手法なのである。或る事柄を問題化するためにもそれを現象化する——そうした論者たちの姿勢にこそ「不登校」問題はある。「不登校」とは、まさしく「生徒本人ないしはこれを取り巻く人々が、欠席ならびに遅刻・早退などの行為に対して、妥当な理由に基づかない行為として動機を構成する現象」なのである。

３．変容の物語

1992年に発表された、大西俊江他「不登校に関する臨床心理学的研究—臨床心理士のかかわった事例—」という論文においては、「「学校恐怖症」「登校拒否」「不登校」と用語は異なっているが、いずれも「心理的理由によって学校へ行くことを拒み、さまざまな特徴的症状を呈する現象」であり」云々と言われている。[629]

ここにあるのは、「不登校」現象を追認する臨床心理学の一例である。

次のように言われている。「各機関を訪れる不登校児と家族には、それ

ぞれ特有の傾向が見られるようである。それは同じ医療機関である松江赤十字病院と湖陵病院においても傾向がことなっており、来談者の違い（症状の程度、地域など）に加えて、機関自体の違い（前者は総合病院の中の精神科、後者は単科の精神病院であること、スタッフの人数、所在地、設備など）が、相互に関係していると思われる。そういう点からすれば、関わった事例をひとまとめにして議論することには問題があるかもしれない。しかし、本稿では、主として医療機関の中で、われわれ臨床心理士がかかわってきた事例であるということを共通項として、不登校の諸特徴をとらえ、特に援助（治療）について検討し、今後の援助活動に役立てることを目的とした」[630]。

　そこで、論者は 34 名の「不登校児」を「援助（治療）」するのである。

　また、次のように言われてもいる。「ここで不登校としてとりあげた事例は、不登校の始まった時期、または初回来談時に明らかな非行、怠学、身体疾患、精神病などがなく、何らかの心理的な理由によって登校できない状態を呈しているいわゆる神経症的登校拒否である」[631]。

　佐藤修策の論文（1959 年）以来、「神経症的登校拒否」という言葉が主として非医師によって使われてきた経緯は既に見てきた通りである。かつては「学校恐怖症」の主症状とされていた登校拒否が「狭義」における登校拒否、つまりは「神経症的登校拒否」と言い換えられることによって、その医学的な問い立てを不問に付したままに、今や臨床心理士による「援助（治療）」の対象とされる。

　そうであるから、それは心因論という医学的な問い立てを一歩たりとも踏み出すものではない。

　この論文には、「学校場面での不適応」[632]という表現も見られるが、山本論文（1964 年）における「学校場面」に関するような優れた洞察は何ら見られない。「発症の時期」に関しては、「13 歳未満で小学校 3 年の事例が多いのは、この時期が発達的に一つの節目であるからと言えるだろう」[633]ということであるが、高木論文（1959 年）にあったようなその時期に起こるクラス替えを原因とするような見方は無視されている。また、論者は「発症の要因」として「学校状況」を挙げ、その典拠として、渡辺論文（1976 年、1981 年）や鑪論文（1989 年）を掲げているが、言われていることはさらに遡って、1963 年の鑪論文の内容と大差ない。

　臨床心理学系の論には、あの鑪論文以来、何らの進歩進展もない。

V. 1990 年代における論調

論文には、「治験例」としてKさんの事例とMさんの事例という2例が載せられている。

　このうち、Kさん（女の子）の事例とは次のようなものである。

　　Kさんは小学校2年の2学期から「給食を無理に食べさせられた」のをきっかけに学校へ行かなくなった。不登校が始まってから20日ぐらいたって病院（精神科）を受診し、初診から一月して別の臨床心理士に箱庭を中心とした心理療法をうけた。中断もあったが2年5カ月にわたって通院した。Aさんはとても繊細で、やさしく、よく気のつく子だった。学校からの登校刺激もあって断続的に登校した時期もあったが、5年からは全く登校せず、家に閉じこもってしまい、来院もしなくなった。その後お母さんが大西のもとに来談されるようになった。母親面接ではお母さんの不安や焦り、子どもへの罪責感、子育てに対する自信のなさ、夫婦関係の悩みなどが語られ、大西は受容的に傾聴した。また、具体的な子どもへの関わり方や環境調整について、適宜助言をした。その間Aさんは小学校卒業前に自主的に登校を再開したが、中学校に入学してからまた登校できなくなった。しかし、家庭では自由に動けるようになり、外出もし始め、公立のディ・ケア（仮称）に通うようになった。そこで親しい友人ができ、特異な手芸や焼き物など創造活動を中心にスタッフや学生ボランティアと交流した。約2年間通った後、ある日突然登校を再開し、以後学校生活を楽しんでいる。Aさんには変容するための6年以上もの長い「蛹の時期」が必要であった。[634]

ここにあるのは「変容の物語」である。

　似たようなものとしては、「不登校経験者の自己概念の変容に関する研究」（2001年）という論文が、その表題にあるように「変容」を扱っているが、その論文にはまた「登校拒否児の自己意識」（1984年）や「健常児と登校拒否児および健常児群における自己概念に関する研究」（1992年）といった論文が引かれている。私が博士号（哲学）を取得した立正大学の文学研究科でも「不登校児童・生徒への援助における自己概念の変容に関する研究」と題された博士論文が2007年に通っているが、そのような「研究」が学位授与に価するならば私は身をもって心理学の学位を取得するこ

とができるだろう。「自己」という概念がロジャース心理学の用語である以上、このような研究を言葉の上からして批判することはできないが、そうした研究手法がクライエントならぬ「登校拒否児」、或いは「不登校経験者」といった一定の概念規定を追った存在を対象としているのであれば、それはやはり鑑論文におけるのと同じ問題を抱えていることになる。これは「臨床心理士」を認定したところで解決さるような問題ではない。

　ところで、先に名が出てきた湖陵病院であるが、その児童病棟では早くから「登校拒否児」の治療が行われていたようである。その治療例については、1984年に梅沢要一（精神科医）が発表している。

　それによると、1970年の5月から1980年の末までの10年間に、登校拒否を主訴として入院治療を受け退院した子どもの数は58名に上る。このうち、結果的に精神病と診断された7名を除いて予後の調査が行われた。回答があったのは40名であった。内訳としては、児童相談所から紹介されて来診した例が12件と、他の病院の精神科から紹介されて来診した例が13件ある。また、退院後に再入院した例が10件ある。

　ここで症例として報告されているA君の事例を見てみよう。

　　A君、現在30歳、男性「A君は小学校・中学校とも成績は上位であったが、負けず嫌いで、たとえばサッカーをするときに骨折しても負けられないと激しいプレーをするため、学友に敬遠されていたようである。昭和43年、中学3年生（15歳）の3学期、高校入試を間近にして登校拒否が始まった。当時演者が勤務していた赤十字病院を受診し、以来現在まで演者が関わることになった。話し合いの末、とにかく入試は受け合格したが、高校には暫く登校してやがてまた欠席が続き、家の中でサッカーボールを蹴ってガラスを壊すなどの行為が頻回のため43年、44年とそれぞれ6カ月、5カ月赤十字病院に入院した。その後も何回も登校を始めては挫折しの繰り返しで、欠席して閉居するうちに家庭内で暴力をふるうため46年に2回、49年に1回と入院した。この間両親との面接を続けたが、父親はあくまで弱々しく、母親は入院中のA君の世話をしたくて止めるのもきかず隠れて面会に来るといった状態であった。

V. 1990年代における論調

昭和50年（22歳）に至ってようやくA君は、自分は成績にこだわり過ぎていた、これからは自分なりの努力をすることにしたと県立高校を退学し（結局7年間在籍した）夜間部に入学した。このころ同じように母親も学歴にこだわることはやめた。定時制でも就職でも本人の希望通りにさせてやりたいというようになり、A君に対する過干渉・過保護な態度がなくなってきた。夜間部の4年間はA君は生き生きとして、学友との交友も問題なかった。昭和54年4月には自らの意志で決定した国立大学教育学部を受験合格して現在4年生まで問題なく進級している。父親はこの間変化はなく物静かで弱々しいままであるが、A君の方が社会人としての父親を認めるようになった。

　この症例は余りにも長期間を要したが、演者はA君とその両親が変化・成長するためには必要な時間であったと思え、登校拒否も症例によってはねばり強いかかわりが必要と考える[635]」。

　いったいなぜこのような例が症例として報告されているのか理解に苦しむが、これもやはり「変容の物語」の一つである。はたして、その変化、成長なるものが彼らの「ねばり強いかかわり」によって促されたものなのか、依然として検討の余地はあろうが、実はそれについても鑪の論文が教えるところが多いのである。しかし、それについては後述しよう。

4．日本児童青年精神医学会第34回総会

　1993年には、再び日本児童青年精神医学会が「不登校をどう考え、どう対応するか」という題でシンポジウムを開いている。

　この時のシンポジウムでは、シンポジストの一人として森田洋司が、また指定討論者の一人として奥地圭子が迎えられている。そこで、討論の模様も、これまでの同学会におけるシンポジウムとは趣を異にしている。しかし、そのためか医学会における討論としては物足りないものがある。

　内容からすると、むしろシンポジウムを控えた一般演題発表とその討論の方が重要である。

　例えば、或る演者に対して河合洋が、「不登校ということばを疾患名として捉えるのか、医学的診断名として捉えるのか[636]」と質問している。これに対しては、「私たちは不登校ということばを診断名でも疾患名でもなく

状態像だと考えて使用した」と答えられている。

　これまでに見てきたように、「不登校」という用語は精神科医によって使われ出したものである。それが、この頃にもなると、却って「不登校」という社会病理現象に精神科医自身が足をすくわれているようでもある。いったいにそれは何の「状態像」なのか？社会病理論はそれを不問に付すことができる。

　この時の学会発表において、最も重要な討論が行われたのが、横田伸吾（精神科医）などによる演題発表「登校拒否の予後調査」である。これは、1980 年 7 月から 1988 年 12 月にかけて、大学病院の神経精神科外来を訪れた 42 人の「登校拒否児」を対象としたものである。これらの例は、「初診時にいわゆる神経症圏の登校拒否と診断できた症例である」。しかし、回答が得られたのはそのうちの 24 名であった。

　その結果、「初診時にはすべて、神経症圏とされていた登校拒否という現象が、長期ではさまざまな経過、転帰を示していること」がわかった。演者たちは、対象となった症例を 1990 年の段階において、「未熟型」「反応型」「性格神経症型」「感情障害型」「精神病型」の 5 群に分けた。実際の調査が行われたのは 1992 年のこと、結果としては、例えば「未熟型」のうち 3 人が境界性人格障害の診断を後に受けており、「感情障害型」のうち 2 人が双極性感情障害と診断されたとのことである。

　さて、この調査に関して、発表後の質疑応答は重要な論点を含んでいる。
　まず、久場川哲二（精神科医）との間で次のような討論がなされた。

　　久場川「登校拒否児をテーマにして、その性格特性が制縛性だとか未熟だという特徴を挙げておられるが、1988 年の症例をもとにretrospective にそのようにされたのか」。
　　演者「正確な評価は retrospective ではない」。
　　久場川「となると、登校拒否児の長期予後ということにならないのではないか。現在の神経症とか、反応型とか分裂病型とかは、過去に登校拒否をしてた、あるいは不登校してたということであって、登校拒否児がこうだこうだ、ということではないのではないか」。
　　演者「最初の時点では神経症圏の登校拒否として外来で診察されたものの経過を追うことによって、実際に神経症圏以外のものが含まれてい

たことを明らかにできたのではないかと考えている」。

　久場川「子どもが学校に行かないのは、いじめのためとかさまざまな原因による。それを「登校拒否」とまとめてしまうと、登校拒否児が全部そういう性格傾向を持ったと受け取られてしまうのではないか」。

　演者「実際よくなった経過のいい神経症圏と思われるもののほうが多いのは間違いないことで、復学も75%に達しており、現在の経過のよいものもアンケートで返ってきたもののうち半数ある」。

　久場川「そうであったとしても、制縛型だとか未熟型だとか易感型だとか、子どもを一刀両断に決めつけることはなかなか難しいのではないか」。[640]

　二人の討論はここで終わっているが、ここで久場川は「予後」をめぐる重要な問題提起をしている。演者たちは、症例の中に「少数ながら生物学的な基盤の強いものが存在する」[641]ことを指摘している。確かに、「精神病型」と分離された者の中には、実際にそのような診断を受けた者も2名は含まれているようである。

　この点については、さらに門眞一郎（精神科医）が追及している。

　門「経過を追っていって、分裂病になったケースが2例、感情障害が2例という診断がなされているが、そういうケースもやはり登校拒否か。登校拒否で始まったけれども、その後、そういう精神病を発症したのか、あるいは登校拒否と診断された時点で既にそういう病気が始まっていて、学校に行かないというのはひとつのその病気の症状であったのか」。

　演者「登校拒否というのが実際の疾病単位として確立しているのではないと考えている。最初の診察の時点で精神病としての症状が見出されずに神経症圏の症状で、しかも2年間の経過を追った時点で精神病の症状が出ていない場合は不登校と考えている」。

　門「調査時点で現在の状態が精神病圏に入っているという場合に、それを除外して登校拒否の予後調査というふうにすべきなのか、あるいはそれも含めて登校拒否の予後、正確には転帰の調査というべきか、どちらか」。

　演者「最初の段階での診断で登校拒否と考えられたものも、経過を

追っていけば精神病とか〔が〕現れることを明らかにしたいと思った」。

門「その場合登校拒否ということばを使わないほうがいいということか。不登校というふうに変えたほうがまだいい、と」。

演者「そのようには思っていない。最初の段階での登校拒否の定義をする際に何年もの長期経過をとってから登校拒否と診断をつけるべきかどうかについては、実際の臨床場面においてはやはり治療指針を考えるとか、今後の経過を予測するうえで、最初のうちで診断をつけると思う。その段階では登校拒否とつけることはあると思う」。

門「その場合、診断名として登校拒否を使われるのか」。

演者「そのようにしている[642]」。

鑑別診断が難しいということについては、1960年代から既に指摘されていたことであるが、そうであるがゆえに、とりあえずは全ての例を登校拒否として括らざるを得ないというところに、「登校拒否は病気じゃない」と言われながらもそれがなかなか医療の手を離れることのできない一つの理由がある。

しかし、この調査対象となった例は、そもそも除外診断を受けた上で「神経症圏」とされた例である。それが後になって「精神病圏」の例も含まれていたことが明らかになった、ということであれば、単に誤診例ということになろう。もっとも、そうした鑑別が難しいために、ひとまずはそれらを登校拒否と一括することにも意味があるということでもあるが、そうなるとやはりそれは登校拒否の「予後」を調査したことにはならない。

ところで、この頃のアクチュアルな議論としては、適応指導教室をめぐるものがある。

この時も、神奈川県の葉山町にある適応指導教室における現況が報告されている。

これは、1990年と1991年に出された「神奈川県学校不適応対策あるいは登校拒否対策研究協議会のまとめ」に基づいて開始された事業である。それにしても、この「まとめ」は、1992年に文部省の「学校不適応対策調査研究協力者会議」から出された会議報告「登校拒否(不登校)問題について―児童生徒の『心の居場所』づくりを目指して―」を思い出させる

ものでもある。⁶⁴³

　なぜなら、この時の発表では次のように言われているからである。

　「『不登校の子どもは甘えている、逃げている』という理解から『不登校児は、どの子も深く傷ついている』という認識の転換が学校現場に求められている。学校と相談教室との共通理解が課題として残る。他者を理解するというのは、自己を理解することであり、受容的共感的理解の根底には、クライエントに対峙する側の自己認識が問われている。子どもたちの無言の訴えや悲鳴、社会や学校、家庭の病理に反応するシグナルをキャッチする鋭敏な感受性が要求される。「教えることより学ぶこと」。前代未聞のこの不登校現象は、われわれ一層の自己理解と反省を求めて止まないSOSともいえる」。⁶⁴⁴

　ここで言われている「認識の転換」は、しかし無批判に受け入れられるものではない。彼らが「子どもたちの無言の訴え」を聴くとき、それは社会病理化された「心因」を彼ら「不登校児」のうちに読み込んでいるのではないか？本当に彼らは「深く傷ついている」のか？

　これについては、また次のようにも言われている。

　「子どもやその保護者にとって重要な教員に助言するということは、医療者にとっては間接的治療的援助といえること、「子どもの心の翻訳家」たる教員と小児科、精神科、臨床心理士といった医療者は、「教育現場における専門家」と「臨床における専門家」として、それぞれの治療的援助能力を高め、学校や病院という枠を超えた開かれた協力関係の中で、広い視野から子どもをとらえ、子どもの成長や家族を支えていかなければならない」。⁶⁴⁵

　個人病理としての心因性登校拒否が社会病理化されることにより、彼ら「専門家」たちは「子どもの心の翻訳家」となることができるのである。なぜなら、彼らは社会病理や学校病理に対する「子どもたちの無言の訴え」を「不登校の子ども」たちのうちに聴くからである。⁶⁴⁶

　これが、彼らが「不登校」という精神医学の概念を、前代未聞の「不登校」現象として追認することで果たした「認識の転換」なるものの実態である。

　多くの「登校拒否児」たちが、情緒障害児短期治療施設や児童相談所の養護施設、院内学級としての情緒障害児学級などに入れられてきた。それに比べると、適応指導教室、或いは教育支援センター、ふれあい教室、チャ

レンジ学級といった名称は穏やかである。しかし、どのような仕方でも周りの子とは違った所に子供を通わせることにはリスクを伴う[647]。

シンポジウムを振り返って、本城秀次が次のように述べている。

「不登校ということばで各シンポジストが暗々裡に意味しているものは従来われわれが登校拒否と呼んできたものであると思われる。それでは何故「登校拒否」ということばを用いないで、「不登校」ということばを用いたのであろうか。そこには、登校拒否という手垢にまみれたことばにふくまれるあるイメージを払拭し、不登校は誰にでも起こりうるものであるという考え方に沿おうとする意図があると思われる。しかし、もし「不登校」ということばがこれまで「登校拒否」と呼ばれてきたものの単なる呼び換えであるなら、そのような呼び換えには慎重でなければならない。少なくとも精神医学の用語として、「登校拒否」にはある一定の意義が与えられてきた。そうしたことばを「不登校」という用語に置き換えるならば、そうする必然性とともに明確な定義がなされる必要がある[648]」。

しかし、「不登校」という言葉を使い始めたのは精神科医である。それも、それが「登校拒否」の単なる言い換えではなかったことは何度も述べてきた通りである。「不登校」という言葉は、まさに「登校拒否」という用語に与えられていた「一定の意義」が敷衍されることで使われるようになった精神医学の用語である。

このことからして、次のような指摘はむしろ転倒していると言わざるを得ない。

「もちろん、児童青年精神医学は社会的現象と密接な関連を有しているのであり、社会の潮流から孤立して存在しうるものでないことは当然である。しかし、社会現象と密接にかかわるが故に、社会の流れから一定の距離をとっていることがわれわれ児童青年精神科医には必要なことではないだろうか[649]」。

社会現象としての「不登校」現象を現出させたのは当の児童精神医学である。長期欠席の一群の中に精神科医が心因性の精神障害を理由とした例を見出さなければ「登校拒否」という言葉はなかったし、その「心因」をまた精神科医が社会病理化しなければ「不登校」という概念もなかった。

ただし、次のような批判は正鵠を得ている。

V. 1990年代における論調

「森田氏は、顕在化した不登校群の背後に、登校回避感情をもつ潜在群が莫大な数存在していることを指摘し、不登校現象を決して稀な現象でないとしている。こうした話は一見もっともらしく聞こえるが、私には「そのことは果たして本当だろうか」という疑問が湧いて来る。顕在群と潜在群との間には確かに何らかの連続性は存在するのだろうが、それを同一線上にあるものと考えて良いものだろうか。従来、「登校拒否」と言われた子どもは必ずしも学校が嫌だ、学校に行きたくないと意識しているわけではない。また、学校に行きたくないと思っていることと、実際に学校を休んでしまうことの間にはかなり落差があるように思われる」。[650]

森田による調査は教育社会学分野において高く評価されているようだが、本城の批判は当たっているように思われる。常識的に考えてみても本城の言う通りなのではないか？ただし、登校の中に「潜在群」を見出すことによって「不登校」現象を基礎づける手法もまた、清水将之という精神科医によって最初に用いられたものであることを忘れてはならないだろう。清水の見出した「一連のスペクトラム」こそが、前代未聞の「不登校」現象の原像なのだから。

5. 登校拒否の「予後」をめぐって

医師による治療を受けた「登校拒否児」たちは、その後どうなったのであろうか？

これは、医学的には「予後」ということで何度か問われてきたことであるが、事柄の性質からして、そうした問いがそもそも成り立ち得るのか、ということがまた別に問われなくてはならないだろう。

この問題点を鋭く提起したのが、先ほどもご登場願った門眞一郎の論文「登校拒否の転帰―追跡調査の批判的再検討―」（1994年）である。この論文は、直接には稲村の「回答」を踏まえて書かれたものらしい。[651]というのも、論文の結論部においては、この「回答」について、「本稿で指摘した問題点はすべて捨象して、「10年前後の予後結果で（登校拒否）全体の3分の1前後が無為な状態にある」と総括しているが、このような見解は科学的厳密性という点でも社会的な影響という点でも問題が多い」と指摘されているからである。[652]

医学論文は症例として登校拒否を扱っている以上、治療法や治験例につ

いて何らかの記載があることが多い。児童相談所の臨床心理判定員や教育相談所の相談員による「症例」報告ですら、治癒率などが記載されているものである。中にはその「寛解率」を挙げたものまで[653]。

　しかし、厳密な意味で「予後」を論じたものとなると、その数は少ない。

　それを主題的に論じたものとして、代表的なものでは、梅垣弘の「学校恐怖症に関する研究（Ⅰ）─学校恐怖症の予後─」(1966年) や、小泉英二の「情緒障害児の予後に関する研究（その1）」(1977年)、渡辺位の「登校拒否の予後」(1983年)、または、若林慎一郎等による「登校拒否の長期予後についての研究」(1983年) や「登校拒否の追跡調査について」(1986年)、そして大沢多美子等による「不登校を主訴に来院し、分裂病と診断された児童の特徴について」(1991年) などがある。

　確かに、「追跡調査」と言えるようなものとしては、梅垣の論文が最初のようである。ただし、梅垣や小泉による調査は精神病による登校拒否の事例も対象として含んでいる。いわゆる神経症的登校拒否という例に特化した調査としては、渡辺や若林等のものが最初のようである。

　ともあれ、門によれば、こうした調査には様々な問題点がある。

　まず、初診かどうかに関する記載が全くないとのことである。これは臨床例を扱った医学論文としては致命的な欠陥であろう。とりわけ、「登校拒否児」の処遇をめぐっては、相談所や施設をたらいまわしにされた例や、不必要な入院治療によってこじれた例が数多くあるため、この点を無視して「予後」を論じることはできない。

　また、そもそも扱われた例が全て報告されていないという問題点がある。これは、例えば治療が中断した例や、来診はしたが治療はしなかったような例が恣意的に除外されているということである。

　この点に関しては、意外なことに、鑢の論文「学校恐怖症の研究（Ⅱ）」(1964年) がそうした例も含めて報告している数少ない論文のようである。医学論文ではないにもかかわらず、個々の症例に関して治療法の記載があるのはこの鑢の論文だけということである。

　実は、鑢は治療をしなかった例も報告していたのである。

　鑢の論文では計18の事例が報告されている。そのうち、親に助言を与えただけで済ました例が6件ある。鑢は、この6例を除いた上で、治療が上手くいった例を「良好群」として75%という数字を出している。しか

し、門によると、除外された6例を加えた上で改めて算出すると、「良好群」は83.3%に上がる。つまり、助言を与えただけの事例は全て結果が良かったのである。

この点に関しては、門自身による追跡調査も示唆的である。

この調査は未発表とのことであるが、1964年以降に京都福知山児童相談所の扱った事例について調査したものである。調査は1977年に実施され、その時点で18才になっていた30人を対象としている。そのうち、連絡の付かなかった例を除いて、家庭訪問をして保護者と接触できたのは17件ということである。このうち相談所での相談のみで終わった事例は6件あり、そのうち5件が良好とのことである。しかし、その他、精神科などで治療を受けた事例のうち良好とされるものは9件とのことである。

これだけではほとんど何もわからないが、鑪の報告と合わせて考えると、医療が関与しない例の方が結果として良いということは言えなくもない。少なくとも、そうした可能性を残しているということは言えるだろう。このことからして、門は次のように結論している。

「登校拒否の場合、いっさい治療的なかかわりをしなかった場合にはどうなるのかということに関して、われわれにはまったくといってよいほどデータがない。つまり、治療的なかかわりをしなかった場合と比較して、現在われわれが行っている治療的かかわりに本当に効果があるのか否かということが厳密には判断できない[654]」。

つまり、対照群がないということである。

また、ここで門は慎重にも「治療的なかかわり」と言っている。

先にも述べたが、登校拒否の症例報告には治療方法についての具体的な記載がないという欠点がある。しかし、「治療的なかかわり」ということでは、治療方法よりも治療者の態度が意味されている。

つまり、「登校拒否の〈治療〉目標を再登校とし、積極的に登校刺激を加えた場合と、社会的な自立を目標とし、登校は二の次とした場合とを同列において転機を論じることはできないはずである。しかし文字の上では、いずれの場合も治療法としては〈精神療法〉や〈カウンセリング〉と書くことができる[655]」。

ところで、「予後」とは、門も指摘していることであるが、ギリシャ語

起源の prognōsis という言葉を訳したものであり、「予め（pro）」と「知る
（gnōsis）」という意味を持っている。

　この点に関しては、渡辺位も『医学大辞典』（南山堂）や『児童臨床心理
学事典』（岩崎学術出版）などを参照しながら、「予後」とは、「ある症状や
病態が時間的にどのような経過をたどるのか、ある時点においてどのよう
な結果がもたらされるのか、について予想し判断すること⁶⁵⁶」と述べている。

　しかし、この予想的な判断にはまた医者の主観が予め入るのではないだ
ろうか？

　渡辺の論文「登校拒否の予後」では、8件の症例が報告されている。

　例えば、次のような例である。

　症例1「14歳で初診。長期不登校の結果中学校の卒業証書は得られ
なかったが、一見、学校にこだわることなく、この調査時には何事も
なく順調に某鉄道職員として就労していた男子は、その後、結婚の話が
あり見合いをしたが婚約が成立しなかったところ、かつて登校拒否状態
にあった頃のように、ふたたび学歴に強いこだわりを示し、一室に閉じ
こもり就労を拒否して他との交渉も避けるという状態になってしまっ
た⁶⁵⁷」。

　症例4「初診時強迫症状を伴う不登校状態を呈して来院した9歳の男
子は、外来通院をしばらく続けた後入院し、院内学級に入級し小学校
を卒業して退院した。地元の中学に入学したがふたたび登校できなくな
り、閉じこもりと家族とくに母親に対する激しい暴力行為を一時示した
が、中学校の学齢満期とともに平穏化した。読書や植物栽培に興味をも
ちはじめたが、その状態に満足できない両親の勧めで調理師学校に入学
し、資格を取って卒業した。調査時には就労しており、この間に車の免
許証も取得したが、職場での些細な失敗から、ふたたび家に閉じこもり
がちで易怒、攻撃的となり、25歳に達した現在も家族とのトラブルが
絶えない状態を続けている⁶⁵⁸」。

　渡辺はこうした症例について次のように言っている。

　「症例1の就労は、学校への執着が薄らいで、本人の本質的なニードに
基づく自己実現としてとらえていたのであったが、本人の内面はかならず

しもそうではなかったと考えられる[659]」。

「症例4は、家族が本児に期待を向ける反面で、登校拒否を病的なものとみなして示す拒否的姿勢を変更しえなかったために、本児の現状を受け止められなかったことが、本児をふたたび行きづまらせたものとみることができる[660]」。

こうしたことからして、渡辺は次のように結論するのである。

「その後、治療者は、登校拒否の本質への理解を深め、再登校を促さないこと、子供および家族が登校拒否へのこだわりから脱却できること、登校拒否への否定的評価をしないこと、の重要性を深く認識し、その点を強調するにいたった[661]」。

しかし、この「登校拒否の本質」なるものは渡辺が症例のうちに読み込んでいる価値観なのではないだろうか？——そして、それこそがprognōsis なのではないか？

渡辺は、例によって、「登校拒否状態に陥った子供個人が内蔵する病理性に基づく病態というよりも、社会的要因がより濃厚な現象[662]」などと述べている。そして、この引用箇所に付けられた註は、藤本淳三の論文「登校拒否は疾病か」（1974 年）と清水将之の論文「思春期不登校の社会学」（1979年）を参考論文として挙げている。彼らによって、心因性登校拒否の病像、つまり登校拒否という状態像は「不登校」という社会現象へといわば転位させられたのであった。

それにしても、そもそも上に挙げられたような症例を「登校拒否の予後」として論じることには相当の恣意性があるのではないか？学校に行く行かないはともかくとして、やることなすこと挫折を繰り返す——誤解を厭わず言えば、それは「運命神経症」（フロイト）のようなものなのではないか？

或いは、渡辺が挙げている症例4などは、強迫神経症の予後としても問うことができよう。それをなぜ渡辺は登校拒否の予後として問うのか？そこに強迫症状を「不登校」状態の二次反応とする渡辺自身の見立てがありやしないか？

臨床例の「予後」は臨床医の視点を離れてはない。

6. 登校拒否運動

森田の『「不登校」現象の社会学』に次いで、似たような社会学的な

視点からして書かれたものとして、朝倉景樹の『登校拒否のエスノグラフィー』(1995 年) がある。

　表題にある通り、朝倉は登校拒否という言葉を用いている。

　これについては、「学校恐怖症」以来の名称の変遷に関して次のように言われている。

　「言葉に関する無秩序な状態があるのも現実であるが、時間とともに生じるその無秩序の傾向の変化というのが存在しないわけではない。こういった整理にはもとより無理がつきものではあるが、ある程度の人数の研究者たちに共有された強引な時系列的な傾向の整理がある[663]」。

　そこで、朝倉としては「不登校」よりも登校拒否という言葉の方が「一般的」という理由からして、この言葉を用いるとのことである。しかし、それは主として 1990 年以降の論調において「一般的」という意味でしかない。「学校恐怖症」以来の用語法の変化について、朝倉が典拠としているのは、著作としては星野仁彦と熊代永による『登校拒否児の治療と教育』(1990 年) や稲村博の『不登校の研究』(1994 年)、頼藤和寛の『いま問いなおす登校拒否』(1994 年)、また論文としては松田素行の「登校拒否か不登校か」(1992 年) 位である。

　確かに、この頃にもなれば、「客観的な事実だけを指す不登校という用語[664]」であるとか、「恐怖症とか拒否といった要因推測の用語を嫌い、よりニュートラルで単なる現象記述[665]」といったことが、「不登校」という言葉の一般的な意味合いとなっている。

　しかし、こうした意味の生成が、実のところ登校拒否の社会病理化を踏まえてのことであること、その事の顛末については既に述べてきた通りである。それは決して無秩序なものではなかった。もっとも、好意的に解釈すれば、朝倉の立場は、1990 年代において「不登校」という言葉にもたれずに登校拒否と向き合った数少ないものであったとも言える。

　このことからして、次のような批判も理解されよう。

　「従来、〈登校拒否〉についての研究は圧倒的に精神科医や心理学者などによるものが多かった。〈登校拒否〉に関する精神科医や心理学者の関心は、〈登校拒否〉の原因は何か、〈登校拒否〉にはどのように対応すればよいのか、などということである。従って、どのように〈登校拒否〉が問題とされていったのか、〈登校拒否〉を巡る葛藤には誰が参加していて、そこでの焦

点は何であるのかということは彼等・彼女等の中心的なテーマとは成り得ない。〈登校拒否〉に関する社会学の研究は精神医学や心理学に比するならばまだまだ少ない。その少ない社会学からの研究の代表と目されるのが森田洋司の『「不登校」現象の社会学』である。しかし、この森田のおよそ六千もの調査票を回収したという標準化調査を含む意欲的な研究も〈登校拒否〉を巡る葛藤の過程を正面から取り上げてはいない。基本的には森田のこの研究も〈登校拒否〉はどうして起きるのかという原因論に属する」[666]。

とはいえ、やはり原因論を無視してはならないと思うのである。

なぜなら、そもそも心因性登校拒否は精神医学に固有の論理によって初めて確認され得る例だからである。登校拒否は最初から学問的な研究対象としてあったわけではない。ここで括弧つきで用いられている登校拒否が「不登校」と外延を等しくしているのであれば、「〈登校拒否〉を巡る葛藤」なるものもまた心因性登校拒否が社会病理化されることによって現出した「不登校」現象の増加なる社会問題を無意識のうちに背負った葛藤に他ならない[667]。

ところで、朝倉は「登校拒否問題」の構築の歴史として次のような三期説を挙げている。

「第一の時期は主に精神医学者たちが学会に報告することにより始まる新しい児童精神医学の問題としての「登校拒否問題」提起の時期である。二番目の時期は、「登校拒否問題」への取り組みの多様化の時期である。児童精神科医、心理学者、教師のみならず自ら「専門家ではない」と称する人々が現れ、「登校拒否問題」への様々な実践が始まった時期である。第三期は専門家・自称「非専門家」ではなく、〈登校拒否〉に直接的な関わりを持つ〈登校拒否〉をしている子どもを持つ親の組織、〈登校拒否〉をしている子が集まる場の誕生へと広がっていった時期である」[668]。

朝倉としては、社会学で言うところの構築主義に則って、「登校拒否問題」が構築された過程を問題視するということである。しかし、そうしたアプローチは、裏返せば「登校拒否問題」なる社会問題を自明視することにつながる。「登校拒否問題」なる問題が、本来的には心因性障害による長期欠席に関する精神医学的な関心を示すものであるならば、そうした例を医学的な見地から離れて「問題」と捉えること自体が問題である。

精神科医は「登校拒否問題」を提起したわけではない。

高木隆郎は長期欠席とされている子供たちの中に、心因性の精神障害による例があることを「確認」したのである。それは、主として児童相談所や教育相談施設などにおいて心理学者や相談員などによって「追認」されたのであるが、彼らが「登校拒否」そのものを問題として捉え、復学を促すという目的からして「登校拒否児」たちを治療したことは、神経症的登校拒否の「誤認」であった。この「誤認」は、しかし渡辺位のような精神科医によって訂正されるのであるが、それは実のところ登校拒否の社会病理化であった。

　ここに、社会問題としての「不登校」問題が登場したのである。

　朝倉は第二期の特徴の一つとして、病院やカウンセリングルーム以外での「治療」というものを挙げているが、少なくとも児童相談所や教育相談施設での「治療」は、1960 年代の前半から既に行われていた。もう一つの特徴として挙げられている「非専門家」による関与にしても、ヨットスクールやメンタルスクールのような極例を除けば、そもそも児童相談所においては大した訓練も受けていなかった臨床心理判定員や児童福祉司たちによって、「登校拒否児」たちが脳波計やロールシャッハテストなどによって検査されたり、施設に入所させられたりすることも 1960 年代の前半から既に行われていた。

　つまり、朝倉が言うところの第一期と第二期は同時並行して起こっていたのである。

　また、1984 年から始まったとされる第三期にしても疑問である。

　この年は、確かに「登校拒否を考える会」が発足した年である。しかし、この会はもともと国立国府台病院で渡辺位の診察を受けた子どもたちの親が結成した「希望会」という集まりをもとにしたものである。その発足十年を記念して出版された『登校拒否──学校に行かないで生きる──』[669]にしても、渡辺位の編著によるものである。渡辺は繰り返し「登校拒否を考える会」で講演をしているが、会の代表を務めた奥地圭子の主張も、基本的には渡辺の言っていることと変わりない。

　東京シューレのような学校ができたことは評価できることかもしれないが、それによって新しい時期が始まったとまでは言えない。第一、東京シューレに関わりのある朝倉がそのように言うのであれば、我田引水というものであろう。

V. 1990 年代における論調

確かに、1985 年にはまた「あゆみの会」（正式には「登校拒否児とともに歩む父母の会」）という親の会が結成されていることからしても、この時期になって親たちの活動が高まったことは間違いない。

　しかし、彼らの主張は実のところ登校拒否の社会病理化を追認したものに他ならないのである。

　例えば、「あゆみの会」の会報をもとにして出版された『登校拒否—誤解と偏見からの脱出—』では、「登校拒否をどうみるか」と題して次のように言われている。

　「間違いの最たるものは、「学校に行っていない子ども」は全部「登校拒否児」という考え方であります。現実に子どもが学校に行っていないといっても、その状態にはいろいろのものがあり、本来的な登校拒否には、頭が痛い、熱があるなどの身体的な病気、及びうつ病や精神分裂病のような精神的な病気で学校に行っていない（病欠）、学校から登校を停止されている（停学）、怠けで学校に行かない（怠学）といったケースは、含まないのが正しいのです[670]」。

　ここで言われている「本来的な登校拒否」が、鷲見論文以来の「学校恐怖症」の定義を踏襲したものであることは明らかであろう。もっとも、これは定義というよりも、器質性、ないしは「内因性」の精神病によるものは除くという鑑別診断上の条件であった。「怠学」は除くという条件にしてみても、本来的には医学の内部でのみ意味を持ち得るものである。

　この点が自覚されないままに、登校拒否は次のような仕方で理解されている。

　「登校拒否とは、「学校に行かない」のではなく、「学校に行かれない」状態というのが、正確な理解です。子供は学校に行くことにこだわっており、心のなかでは学校に行かなければいけないと思っているのです[671]」。

　しかし、この「正確な理解」なるものが、鷲見論文にあったような条件のもとで初めて言い得るものであることに注意しなくてはならない。この理解は、登校拒否は「怠けで学校に行かない」のではないという含意がなければ意味をなさない。

　では、なぜ怠けではないのか？と言えば、それは学校教育に原因があるからである。

　「どうしてそんなに、学校に行くことにこだわっているのでしょうか。

よく親や学校の先生が学校に登校するよう子どもに強要していると言われ、確かにその例が多く見られますが、基本的には社会が強要しているといった方が正しいようです。子どもの声を聞いてみますと、「義務教育だからいかないといけない」「学校を休むことは悪いことだ」「僕はダメ人間だ」などと言っています[672]」。

　敢えて「親の会」と言われるような集まりを批判するつもりはないけれども、こうした論理の危うさは、一見してかつての「学校恐怖症」をめぐる精神医学の論理を否定しているようであるが、その実、その論理的な構造を無自覚に受け入れてしまっているところにある。

　怠学でもなければ脳障害によるのでもない、「心理的な理由」により学校を長期欠席しているのが心因性登校拒否ということであったが、その「心因」を社会因にすり替えることで、今度は怠けでもなければ病気でもない「学校に行かれない」子供たちの姿が現出したのである。

　ここで、私は敢えて現出したと言いたい。

　精神医学における「学校恐怖症」の議論を手放しで認めるわけにはいかない。しかし、そこには個人病理としての「心因」が認められていたのである。それを社会病理化、それどころか学校病理化することは、この極めて個人的な心の領域を閉ざしてしまうことに繋がるのである。

　「登校拒否は子どもをとりまく人間関係のなかで起きてくる現象であり、子どもが体をはって、いまの社会や学校教育のあり方をめぐる問題点を指摘しているものともいえます[673]」。

　この本の後書きには、「どの子も登校拒否にしない学校」を建設すると書いてある。

　親の会の実践が一つには理想の学校づくりに走ってしまったことは皮肉である。

　フリースクールにしても、学校の一つであることに変わりない。

　東京シューレをもとにして、2007 年には特区制度を利用して東京シューレ葛飾中学校という学校ができた。この時期には、他にも似たような公立学校が設立されているが、これはフリースクールを下敷きにしたものだけあって「子どもが創る学校」ということである。

　奥地圭子はこの学校を説明して次のように言っている。

　「不登校の子どもの、不登校の子どもによる、不登校の子どものための

学校であり、不登校を経験した子ども、不登校ぎみの子ども、通学してはいるが、所属学校が自分の個性に合わなくて苦しんでいる子どもを受け入れる学校」。

　私には「不登校の子どものための学校」ということで何が意味されているのか理解できないが、ここで問いたいのは、「不登校」という言葉が、ここでは長期欠席の一例ということ以上の意味を持たされて用いられていることである。

　彼女は「学校否定論者ではありません」と言っているが、私には学校を否定せずにどう学校に行かないことを肯定するのか理解に苦しむ。しかし、それを可能にしているのが「不登校」という概念なのである。彼女の講演録『登校拒否は病気じゃない』（1989 年）が時代を画すものであったことは間違いない。そこから印象深い箇所を引いておこう。

　「いま、学校は深く病根をかかえこんでいるけれど、だからといって否定したところで近現代社会と学校は不可分に結びついているのですから、存在自体は消えることはありません。評論家でなく、実際に子どもの成長をいかに援けるのかという立場で二十五年以上生きてきた人間には、観念でものを考えても具体的問題の解決にはならないのです」。

　しかし、私にはどうしても彼女がやはり「観念」として学校を語っているようにしか思えない。「病根」というコトバを抜きにして、この一節を理解することができるだろうか？

　「登校拒否の子たちの鋭い感性がとらえているものは、学校がいや、勉強勉強という家庭がいや、という程度の問題ではなく、生命そのものがおびやかされる社会への不安であり、警告だと感じます。生命のかたまりである子どもたちが、こんな社会じゃ生きていけないよ、とサインを出しているのだと思います。おごった人類の地球規模の生体系への破壊が第一義的課題になってきている現代ですが、人類の内部である子ども社会のなかでも、生命と人格が破壊されかねない事実が拡がっているのです。大人の生き方、大人と子どもの関係、制度と個、多数と少数、教育とは、人間とは、近代とは等々社会のあり方が問われているのです。登校拒否は、あらゆることを問い返し、その意味で、世直しのキーワードたる現象だと私は考えています」。

　「学校」の外にいる子供の存在が、しかし「社会」のあり方を問うてい

ると解釈される、私にはこれこそが「学校化された社会」に他ならないと思う。学校という窓を通じて子供の世界に社会を見る、それはしかし教育者の恣意なのではないか？

7．医原性登校拒否

　登校拒否が精神医学の論理によって対象化され得た心因性登校拒否であったことは既に何度も述べた通りだが、それはまた児童精神医学の誕生という出来事を背景としていたのであった。従って、精神医学の論理と言っても、それはまた児童精神医学の論理でもある。

　そこで、児童精神医学には精神科医のみならず小児科医（内科医）も参画している。若林実や平井信義の名は既に挙げたが、高木俊一郎なども児童精神医学に積極的に関わっていた小児科医である。

　実際、或る時からは小児科医による発言が目立つようになる。

　1979年には、「これからの小児科医は？」という座談会が『日本医事新報』（1889号）に掲載されている。ここでは、登校拒否が心身症との関わりから何度か言及されている。『小児看護』誌においても、「不登校児の看護ケア」という特集が1984年に組まれている。

　1996年には、遂に『小児内科』誌が「不登校と小児科医」という特集を組む。

　同誌は1982年にも「登校拒否」を主題とした号を発行しているが、その時に掲載された諸論文は大半が精神科医によるものであった。それが、この1996年の特集では「不登校と小児科医」ということで、小児科医の立場が強く出されている。

　ともあれ、まずは1982年の号を見ておこう。

　その冒頭には、「現時点で登校拒否を疾患概念とすることは、とうていできない[678]」と始まる平井富雄（精神科医）の論文が掲載されている。

　「わが国の児童精神医学（child psychiatry）は、学校恐怖症児の診療の増加とともに発展したおもむきがある。すくなくとも、児童精神医学の隆盛がそこに始まったことは否定できないと思われる[679]」。

　このような指摘が精神科医によってなされたことは、おそらくこれが最初で最後である。

　もっとも、ここでは、「学校恐怖症」児そのものが、児童精神医学が出

V．1990年代における論調　　　　231

来したことにより長期欠席児の中に見出された特殊な一群であったことが認識されていない。このことが原因となって、平井による次のような発言は転倒している。

「児童精神医学がしだいに、その範囲を拡げるのに並行して、学校恐怖症とは異なる一群の登校を拒否する児童の数が増加して行った」[680]。

平井は、この一群を怠学とも非行とも異なる登校拒否としているが、これがもともと「学校恐怖症」の名のもとに精神医学に固有の論理によって児童精神医学の臨床例として出現した心因性登校拒否であることは認識されていない。そのためか、平井は「不登校」という言葉の方が「現象の中核を指しているように思われる」[681]などと述べている。

平井が「現象の中核」ということで何を意味しているのか不明だが、事態はむしろ逆であって、「不登校」現象の中核には、つねに変わらずあの心因性登校拒否があると言わなくてはならない。その「心因」に学歴社会における価値的な葛藤という「社会因」を読み込むことで、それは社会病理化され「不登校」現象として現出したのである。

そうした見方からすれば、「既成の症状群概念や疾病概念に立てば、現在のところ「学校不適応」school malajustment と呼ぶのが妥当かと思われる」[682]という平井の指摘もまた疑問である。それが医学の対象である限り、それは学校における「不適応」であってはならないだろう[683]。しかし、その言うところの「精神医学認識論」の問題点については既に述べた。

ところで、心因性登校拒否としての「学校恐怖症」は、精神医学の論理によって確認され得るものであるから、それについての症例報告が主として精神科医によるものであることは当然である。

それが或る時からは小児科医による発言も目立つようになった。

その理由は何であるか？

その答えは、永井武夫による論文「小児科開業医からみた学校恐怖症」（1967 年）にある。

永井は次のように述べている。「本症が、精神衛生研究所・児童相談所を訪れる前に、必ず一度は訪問するであろう小児科医、また最初に本症に接する小児科医の報告はみられない」[684]。

既に述べたように、平井信義の論文「School phobia あるいは登校拒否

の諸類型と原因的考察並びに治療について」は 1966 年に発表されたものであるから、これが小児科医としては登校拒否についての最初の論文である。

ともあれ、症児は最初に小児科医を訪れるという永井の指摘は重要である。

神経症的登校拒否などと言っても、幼い場合には主として身体症状を訴えていることが普通である。そこで、最初に小児科医がこの症例に際することが多いのである。ところが、小児科医は必ずしも心因性登校拒否に対して適切な理解を持っているとは限らない。

ここに、「医原性登校拒否」が現れる危険性もあると指摘したのは富田和巳である。

富田は、1978 年の論文「医原性登校拒否」において次のように述べている。

「本症が主に小児科領域外で論じられてきたため、一般医（内児科の開業医）や小児科医にその認識が乏しく、医師が患児や親の訴えの多彩さに振りまわされ、結果的に登校拒否を助長したり、時には作り出しているような例がかなりあることが判った」。[685]

要するに、児童精神医学がないのである。「登校拒否児」を発見したのは学校精神保健を事とする児童精神医学であったが、彼らの大半が腹痛や頭痛などを訴えているものだから、実際の診療に当たるのは小児科医であることが多い。すると、彼らには心因性登校拒否に関する理解がないために、いたずらに身体的な疾患を疑うことになる。

「最近の検査の進歩と、検査万能の風潮は、一人の人間のあらゆる面からの探索を可能とし、潜在疾患を見つけることに力を発揮するが、それは時に異常といえないような軽微な検査値の変化をも知らせることになる。ここで、その異常値を異常とみるか正常範囲とみるか、患児（付き添っている親も含めて）を診ながらそういった大切な判断が医師の手にゆだねられているにもかかわらず、現状ではそれを機械的に異常と判断する医師が多すぎるようである。あまりにも簡単に、「訴え」と「異常値」が短絡的に結びつきすぎるようである」。[686]

しかし、これと似たようなことは開設まもない児童相談所でも起こっていた。彼らは、「登校拒否児」に対して不得手にも人格検査や知能検査を

施しては神経症的登校拒否と診断したのである。それを批判して、検査と診断は違うと言ったのは高木四郎であった。平井信義などもそれを批判している。

「医原性登校拒否」とは、「学校を休まなければならないような器質的疾患がないにも拘わらず、医師とのなんらかのかかわりあいの結果、登校できない状態にしてしまった場合[687]」と定義される医原病の一つである。

これについては、続く富田の論文「医原性登校拒否の35例」（1981年）が詳しい。

この論文では、例えば、尿路感染症と診断され泌尿器科で包茎の手術を行った例や、虫垂炎と診断され盲腸の切除出術を受けた例など、数多くの症例が詳細に検討されている。扱われている症例は、初診時7〜15才の子供たちであるが、発熱や頭痛、腹痛、めまい、せき、下痢などを訴えた彼らには、通常のスクリーニング検査以上に、内分泌検査やリンパ節生検、骨髄穿刺、尿路検査、腰椎穿刺、筋電図といった過剰な検査がなされていた。しかも、これら全ての例が転医した例であり、その中には検査入院した例も含まれていた。[688]

中でも、次のような例は印象的である。

　　患児は小学校3年の頃より夏季になると疲労を訴えていた。これは母親に心気的訴えが多いことに影響されていたと思われる。5年の時、自分が先天性梅毒であることを姉より知らされ、ショックを受けた。この頃、初潮もあり、腹痛と腹部不快感が出現した。近医を受診すると、胃潰瘍と診断され、月経不順だということで更に婦人科へ紹介され、以降2年にわたりホルモン注射を受けた。こうして、小学校の5、6年は全出席日数の約1/3を休んだ。中学に入ってからも不定愁訴は続き、食欲不振と無月経になり、近医より公立病院、そして某大学病院へと順次紹介された。大学病院では脳腫瘍の疑いで入院、内分泌検査など次々とされるので、患児は事故退院した。しかし、症状は続くので、他人の評判や忠告に従って、病院を転々とし、私立の精神病院にまで入院し、学校には大学病院入院後、ほとんど行かなくなっていた。[689]

しかし、富田は「学校恐怖症」そのものを疑っているわけではない。

この点は、1982 年に発表された論文「小児科医からみた登校拒否」において次のように言われていることからして明らかである。

　「怠学は学校より面白いことがあるので行かない。あるいは、成績など悪くて学校がイヤなので行かない、といったはっきりとした理由（その社会的な評価は別にして）があるものである。これに対して、登校拒否は先に述べたように、行きたいのだが行けない、あるいは取るに足らない理由で行かないといったものである。ところが、世間一般には、学校の教師でさえ、登校拒否＝怠学と考えている場合が多い。この考えでみる限り患児が学校を休んでいても、「学校へ行きたい」、「嫌いでない」というと、直ちに不登校を問題視しないことになるので、身体的訴えに重点をおいてしまう。特に、登校拒否児はこれまで親や教師の言うことをよくきき、イイ子という評価の者が多いので、これらの患児を怠学児童を見る目でみる限り、なんら問題視できなくて当然である」⁶⁹⁰。

　要するに、心因性登校拒否が疑いもなく受け入れられているわけである。

　富田は、「大切なことは、なぜ器質的なものがないのに、そのような訴えが出てくるのかを考えること」⁶⁹¹と述べているが、これは要するにそれを神経症（心身症）として正確に理解せよ、と言っているに過ぎない⁶⁹²。

　富田が問うていることは、いわば「医療」のあり方であって、「医学」のあり方ではない。

　小児内科を訪れる子供たちが、その訴えからしていたずらに疾患を疑われ検査、或いは治療されるのであれば問題である。しかし、ここで問われていることは、理念倒れの児童精神医学の医療としての実際的なあり方であり、長期欠席の一群の中に心因性登校拒否を見出した医学の論理ではない。

　登校拒否そのものが医原性とでも言える性格を伴っている以上、それについての医学的な議論を棚上げにして、ただ医療の不手際のみを問うのであれば不十分である。

　しかし、こうした傾向は小児科医に共通して見られる。

　1996 年にも、『小児内科』誌は「不登校と小児科医」という特集を組んでいる。

　全部で 20 本もの論文が収録されているが、読むべき価値のあるものは、

三池輝久の論文「不登校の考え方—生理学的立場から—」と、山登敬之の論文「不登校と鑑別すべき疾患」のみである。

　三池は小児科医、山登は精神科医である。

　まず、三池の論文には次のようにある。

　「不登校学生に関わる専門家たちが「怠けなどではなく本人の生き方の選択であり周囲が理解をもって接していけば解決すること」と訴え続けてきたが、一般にはまったく理解されておらず、むしろ今なお「なまけ、勉強嫌い」、「学校不適応」として片づけられている。一般に理解が進んでいないことは、われわれが本当の意味で彼らの病態を把握できていないことを反映していると考えなければならない。事実、彼らの多くが現実的に腹痛、頭痛、間接や筋肉痛など不定愁訴とよばれるさまざまな自律神経症状、睡眠障害、集中力の低下、記銘力の低下、判断力の低下、極端な体力低下、意欲の低下、うつ状態など多彩で重要な問題で苦しんでいるにもかかわらず医学的なアプローチがほとんどなされてこなかった歴史がこのことを証明している[693]」。

　しかし、「不登校」を「本人の生き方の選択」とするような「専門家」たちの理解と、彼らが訴えている症状を病態として把握するということは別問題である。もっとも、そこに病態が見られるからこそ怠学とは区別されるというのが心因性登校拒否というものである。

　そこで、三池としても次のように言うのだ。

　「一言でいえば,不登校状態における日常生活パフォーマンス低下は「中枢性疲労」によるということができる[694]」。

　三池の論文は、その副題として「生理学的立場から」とある。しかし、その立場は、要するに「心因性」とされた登校拒否を「中枢性」と読み直したものである。

　ここに一つのレトリックがある。

　だいたい、日常生活の「パフォーマンス低下」とは何か？

　「あえて言わせていただくが、体調が十分で自ら自分の生き方の問題として積極的に不登校を選んだ学生・生徒を私はまだ一人も知らない。何ら自覚症状がなく、なんとなく学校に行けない状態にある学生・生徒といえども問題は明らかに存在する。なぜなら、彼らは新しい知識（学校知）を蓄える力が低下し、学校にいけない自分を評価できず、自分自身が情けな

く、自ら「怠けもの」と称し、常に疲労を感じ、寝つきが悪く、朝起きができず、なぜ登校できないのか自分でも理解できない状態で苦しみもがいているからである」[695]。

　一時は世間を騒がせた「明るい登校拒否児」の存在はどこへ行ったのかと思うが、三池自身が「あえて言わせていただく」と断っているように、こうした意見が少数派でありながらも「不登校」とされる者の大多数に当てはまることであることは事実であろう。

　ただし、ここで「問題」とされているのはその成因ではなく、その結果としての「パフォーマンス低下」である。なぜなら、それにより復学が危うくなるからである。

　「一定期間の休養を得た彼らは学校社会復帰を切に願うにもかかわらず、なぜ学校復帰できないのか。その理由は、一時期の疲労困憊にせよ学校社会という超スピードで駆け抜ける日本におけるマラソンレースにおいては、一度転んだり休んだりしてしまうと再び復帰することがきわめて困難な流れになっている背景があるということである。さらに、生命維持装置の機能低下をひき起こすような疲労困憊状態を経験したその場所に対し学習された恐怖感が存在することも原因の一つであろう。もう一つの重要な問題は彼らの体調がおよそ80％程度にしか回復してくれない事実である」[696]。

　しかし、ここで問われていることは、「学校社会」への復帰であり学校への復学ではない。

　ここに、もう一つのレトリックがある。

　三池は次のように述べている。「「学校など行かなくても生きていける」と大人たちが彼らに伝えたいのならば、学校に行かないで生きていける社会を彼らに示さなければならない（もし日本に存在するならばの話であるが）。彼らは学校を拒否できないどころか、むしろ学校社会で認められたいと願っている。なぜなら、さきに述べたように、学校に行かない彼らを家族も、仲間も、教師も、一般の人達も決して評価していないからである。彼らの声のひとつに「学校なんか行かなくてもよいと貴方は言うけれどその貴方は大学まで行って今の仕事を得ているわけではありまあせんか。そんなの勝手です」というのがある」[697]。

　言いたいことはよくわかるのであるが、やはり学校と学校社会は分けて考えるべきであろう。なぜなら、学校というものが狭く限定して公教育を

意味するのであれば、そして学校社会というものがいわゆる学歴社会のことであるならば、学校に行かなくても大学に進学することで学歴社会を生きることは可能だからである。学校に行かないことと学校社会で認められることは簡単に両立できるのである。

公教育の世話にならずとも大学に進学することはできる――この事実こそが、全入の時代と言われる学歴社会が公教育としての学校教育に突き付けている最大の反証なのである。

「心因性」を「中枢性」と読み替えることで可能となったことは薬物療法である。ここで治療の対象とされているのは、かつてのように登校拒否そのものではない。それによる「パフォーマンス低下」、つまりは「中枢性疲労」である。そうした意味では、三池の主張はポスト渡辺説とでも言うのか、登校拒否そのものを問うていた頃の医学とは一線を画している。

しかし、だからと言って、登校拒否が医療のもとを離れたわけではない。

同様の事情は、山登敬之の論文「不登校と鑑別すべき疾患」においても見られる。

表題にある通り、問われていることは鑑別診断である。

山登もまた「不登校」そのものが疾患であるとは考えていない。

「「不登校」の診断とは、子どもが学校に行けない事情を推し量ることであり、その事情に身体疾患や精神障害などの病気が含まれていないかを見きわめることである。あえて鑑別診断というならば、「不登校と鑑別すべき診断」と考えるのではなく、「不登校が疾患によるものか否かを鑑別すべき」と考えるのが筋である」。

しかし、「われわれは学校に行かないこと（＝不登校）自体は病気ではないが、学校に行かない子どもの中には病気の子どももいるので、そのことを見落としてはいけない、というあたりまえの認識のうえに立って、診断、治療という作業を進める必要がある」。

ここでの問題意識は、富田の言うところの「医原性登校拒否」をめぐる問題意識とよく似ている。ただし、ウェイトの置き方が微妙に異なる。これは、山登が精神科医だからである。

例えば、次のような症例が出されている。

【症例1】動悸を訴えた中学2年生女子

　中学2年生の7月、急に心臓がドキドキして気持ちが悪くなる「発作」が1日のうちで頻回に起こるようになり、恐怖感、不安、健忘などを訴えて登校できなくなった。8月になってA病院の小児科を受診、心電図に異常を認めず、不安発作が疑われて精神科に紹介された。脳波所見に異常はなく、患児の訴える「発作」は1回10秒程度、1日に20回前後と比較的規則正しく生じており、また、病歴からこの発作や不登校の背景に心因にあたるものが見あたらないため、身体疾患である可能性が大きいとして、次に循環器科を紹介された。ここでホルター心電図によって、発作時の頻脈、血圧の上昇が明確になり、さらに精査を目的とし入院となった。入院後、頻脈発作時の神経学的所見と脳波検査の結果、神経内科から複雑部分発作と診断され、カルバマゼピンの投与によって上記の症状はすべて消失した。[700]

　つまり、富田が身体疾患ではなく心身症であると言うのであれば、山登は心身症ではなく身体疾患である、と言っているわけである。この方向性の違いは、しかし不可逆的なものである。

　山登は次のように述べている。「不登校の概念が一般に普及するにつれ、今ではその対応のしかたも医療の現場のみならず、学校や家庭にも浸透し、初期の段階から登校刺激を与えずに子どもが自分から動き出すのをじっくり待つことが基本的姿勢として推賞されるようになった」。[701]

　そのお蔭で、「学校に行かないという理由だけで子どもを精神病院に入院させ登校するようにしむける、といった乱暴な「治療」は行われなくなった。そのこと自体は歓迎すべきことであるが、一方、学校や家族が子どもに対して、ともすれば遠慮がちでおよび腰な態度をとるようになり、正面から彼らと向き合い理解しようとする態度を忘れてしまいそうな気配もある。また子どもたちも、自身の問題に直面化し十分に葛藤を抱えるだけの力を失い、したがってその不安を抑圧して神経症を形づくるほどにも成熟できない。その結果として彼らは、神経症症状よりプリミティヴな形で、心身症としての身体症状を持ち続ける事態になっているのではないだろうか」。[702]

　精神科医とはつくづくおもしろいことを言う人だと思う。

まるで心因性登校拒否を回顧して郷愁にふけっているかのようである。

私が学校に行かなくなったのは、小学六年生の秋の頃である。春から夏にかけては転校先の学校に通っていたが、あまりの環境の変化についていけずにいる間に、体に疱疹ができた。内科に行くとヘルペスだと診断された。子供がかかるような病気じゃない、とその医者は言いながらも、年とってから罹患すると死ぬこともあるから今のうちにかかっておけば心配ないとニコニコと言ったものである。学校に行かなくなってからはとにかく目が疲れた。文字や細かいことが好きだったので仕方のないことでもあるが、歩くのもしんどいほど目が疲れたのである。そこで眼科に行って、眼底検査を受けたがもちろん何の異常も見つからない。その医者は朝早く起きて冷たい水で顔を洗いなさいと言った。

彼らは名医であったのか？

8．病理の構図から抜け出す道はどこにあるのか？

1960 年代には、小此木啓吾と並んで河合隼雄も「学校恐怖症」について発言している。

河合は、「学校恐怖症の一事例」と題して日本心理学会の第 30 回大会（1966 年）において発表しているのである。また、日本精神病理・精神療法学会（現・日本精神病理学会）の第 3 回大会（1967 年）においても同様の発表がなされている。この時の発表は同年に、「ユング派の分析における技法と理論—学校恐怖症児の事例を中心に—」と題されて『精神医学』誌上に掲載された。

しかし、こうした研究はユング派の分析を紹介したものである。河合は、「学校恐怖症の一事例」や「学校恐怖症児の事例」にユング派の分析を応用して見せたに過ぎない。そのことは、「学校恐怖症」の心的メカニズムを明らかにするという主旨で行われた日本心理学会での発表において、「登校拒否の現象そのもの」という表現と共に「登校拒否と云う症状」という表現が用いられていることからも明らかであろう。[703]

では、「学校恐怖症」に関して河合はどのように考えていたのか？

それが示されているのが、1998 年に発表された論文「病理の構図から抜け出す道はどこにあるのか」である。この論文では次のように言われている。「不登校は、最初は「学校恐怖症」という名前で呼ばれており、

1965年ごろより発生して、その後増加の一途をたどってきた。このような現象が発生した頃は、子どもが「怠けている」と思われることが多く、強く叱責したり、あるいは登校を促すために熱心に誘いに行ったりしたものである。ところが多くの場合、そのような教師の「熱意」はよい効果をもたらさなかった」[704]。

　この論文の主題は、一つにはこの教師の「熱意」であるが、ここでは「不登校」についての河合の認識を問いたい。これまでに述べてきたことからすれば、ここで河合が述べていることが不正確であることは容易に理解されるであろう。

　「教育的情熱が無効になってくると、次に登場するのが、病理的理解である。学校に行かないのは怠けているのでも、意志が弱いのでもない、ある種の「病的状態」にあると見なすというのである。従って、「学校恐怖症」というような精神医学から借用した類の名前がつけられたりした」[705]。

　河合の論文は「病理の構図から抜け出す道」を探るものである。そこで、河合は「不登校」の「病理的理解」を問うているのである。しかし、「不登校」とは個人病理としての心因性登校拒否を社会病理化することで使われるようになった医学用語である。それが「学校恐怖症」として「臨床的事実」足り得たのは、そこに精神医学に固有の論理があったからである。この論理を忘れた時、「不登校」という現象が学校に現出した、という認識が出てくる。

　そのような認識からすれば、「学校恐怖症」などという病名を用いることは、「不登校」を病理として理解する誤った理解である。しかし、そもそも病理として問われ得た心因性登校拒否をどのように理解しようとも「病理の構図」から抜け出すことはできないのではないか？

　河合は「不登校」を「創造の病」として捉えることを提案している。

　河合によれば、「子どもたちの不登校やいじめを、たとい「病」として捉えるにしろ、そこに「創造の病」という観点をいれこんでくると、それは単なる病理的理解とはまったく異なることになってくる」[706]。

　しかし、「創造の病」とは、考案者であるエレンベルガーによれば次のように定義されている。

　「創造の病とは、ある観念にはげしく没頭し、ある真理を求める時期に続いておこるものである。それは、抑うつ状態、神経症、心身症、果ては

また精神病という形をとりうる一種の多形的な病である[707]」。

　何のことはない、「創造の病」とは精神病と神経症という古典的な二大分類を包括的な概念によって置き換えたものに過ぎない。従って、河合は「病理の構図」をそのままにして「病理的理解」を問うていることになる。

　河合はさらに、「文化の病」という自前の概念を持ち出して「不登校」現象を説明しようとしている。それによると、「先に述べた「創造の病」の考えと、これとを組み合わせてみると、現代の日本に多く生じているいじめや不登校を、日本文化を改変していくための「文化的創造の病」として見ることも可能になる[708]」ということである。

　河合の言うところの「病理の構図」とは、これまでに述べてきたような心因性登校拒否の社会病理化と「不登校」現象の現出という事態を言い当てている。そして、そこから抜け出す方法を探るのであれば、問い掛けとしては正しいのである。

　しかし、「病理的理解」を問うたところで「病理の構図」から抜け出すことにはならない。

　河合は次のように結論している。「たとい「病気」と名づけるにしろ、そのときは「創造の病」「文化の病」などとして提示した考えが役立つことになろうが、これは一般的な意味の「病気」の概念を突き破ったものであることを認識すべきである[709]」。

　確かに、「創造の病」という考え方は、「一般的な意味」での病気の概念を問うものである。しかし、それはあくまでも意味の上でのことであって、病理性そのもの──「不登校」として意味付けられる事柄の対象性を問うものではない。

　河合自身、また次のように述べている。「現在のように日本の文化が全体として変化してゆこうとしているときは、文化の病が多くの人に生じるのも当然であり、それは「病理」現象ではあるが、その背後に存在する意味の方に着目すると、相当に肯定的な面があることがわかるのである[710]」。

　このことからして、河合は次のように考えるとのことである。

　「ある子どもが個人の病理として「不登校」という症状を出していると考えるよりも、文化の病理としての「不登校」ということを、言うならばその文化に属する者の代表として病んでいる、と考える[711]」。（傍点は原文強調）

　なぜ、河合はつねに病理という言葉に括弧を付けたり傍点を打ったりし

242　　　　　　　　　　　　　　　　　不登校とは何であったか？

ているのか？河合の言っていることは、個人病理として「不登校」を問う
のではなく、社会病理として問えば、そこから肯定的な意味合いを汲み取
ることができる、ということであろう。そうであれば、むしろ「個人の病
理」として個人を強調すべきところである。

　しかし、意外なことに河合はこの「個人」を見ていないのである。

　京都大学の教育学部で臨床教育学が講ぜられたのは1987年のことのよ
うだ。

　1990年代以降は、臨床教育学と教育社会学の対立という構図が見られ
る。どちらかと言えば、教育社会学が遅れを取った感は否めないが、両者
が相争いながら「不登校」というトピックをめぐって発言したのである。
臨床教育学と教育臨床学の相克関係についてはまた別に述べるが、結論か
ら言って、このどちらも「不登校」現象を追認している限りにおいて学問
的な立ち位置を自覚していないと言わざるを得ない。

　河合は『臨床教育学入門』（1995年）において、「現象の客観的観察者で
はなく、現象のなかに自分がはいりこんでいることを前提して、「学問」
を構築することを考えねばならない」と述べている。[712]

　河合が主張していることは科学批判としてはよく理解できる。しかし、
そうであればこそ、なぜ河合が「もの」とは言わずに、「現象」と言って
いるのか解し難いところでもある。この点は、河合がつねに「不登校」の
ことを現象と表現していることからしてもなおのこと疑問である。現象と
いう言葉を使うことであたかも「不登校」が自然現象（社会現象）のごと
く存在し、それを記述する（説明する）のが学問だというのであれば、そ
うして構築された臨床教育学とは疑似社会科学であると言わざるを得な
い。

　「不登校の子どもがいる。「学校へ行かないと駄目じゃないか」と説教す
る。熱心にすれば、教師は生徒との間に「関係」が生じるように感じるか
もしれない。しかし、この子どもの内的な世界に起こっている心の現象を
大切にする観点からすれば、教師はその外に立って勝手に説教しているだ
けである」。（傍点は原文強調）[713]

　この場合、ここで言われている「現象」とは心象のことであるから、そ
れに入り込むということで河合が言わんとしていることは理解できる。し

かし、今度は、その心の主体が「不登校の子ども」として語られてはならないのである。河合がそこに「文化の病」を見る限り、それは個人の埋没である。たとえ、「不登校」という社会現象を認めるとしても、それは個人の心的現象とはレベルを異にするものであるはずである。

こうした「現象」というコトバをめぐる揺らぎは、しかし「臨床像」として現出した病像の論理性に論者が無自覚なままそれを「不登校」現象として追認したことによる。「病理の構図」を抜け出すためには、「不登校」という精神科医の使い出した概念の論理的な構図をまずは問う必要があろう。

「不登校」現象を研究対象とする「学問」は可能か、私はそう問いたい。

9．なぜ、学校に行ったのだろうか？

1990年代に発表された代表的な研究書としては、既に取り上げたように、森田の『「不登校」現象の社会学』と朝倉の『登校拒否のエスノグラフィー』がある。この二冊は学術的によく引照されるものである。とくに、森田による「不登校」の定義や、朝倉による「登校拒否問題」構築の三期説などは有名である。

そうした中、わりと両書を批判的に見ているのが加藤美帆の『不登校のポリティクス』（2012年）である。1970年代以来の登校拒否に理解を示した諸論が「なぜ、学校に行かなくてはならないのか」と問うものであったとすれば、この書は「はしがき」にあるように「なぜ、学校に行ったのだろうか」[714]と逆の視点から問うものである。

加藤は次のように述べている。

「本書は構築主義に立脚し、「不登校」とはつくられた問題であると考える。そして、学校教育が担ってきた社会を構造化する力学のなかで、長期の欠席についての知識の編成過程がどのような役割を果たしてきたのかを読み解くことを目指す。ただしそれは、"長期にわたって欠席をしている者などいない"と考えるのでなければ、また"長期の欠席などとりたてて関心をはらうような現象ではない"とするのでもない。ここで注目するのは、「長期欠席」「登校拒否」「不登校」といった認識の仕方、問題のとらえ方がつくられたプロセスの政治性である」[715]。（傍点は原文）

では、その「政治性」とは何であるか？

「これまで「不登校」は公式統計調査や生徒指導資料による公的な定義の試みのほか、精神医学や心理学による治療対象としての意味づけ、そしてそれらに対する当事者やその家族を中心とした抵抗の運動、そして既存の学校にかわるオルタナティヴな学びを志向する試み、それらが多様に折り重なることでつくられてきた。つまり既存の権力構造の維持・再生産、そしてそれへの意義申し立てといった、ときには相互に矛盾するような言説と実践が葛藤と交渉を重ねながら「不登校」の意味はつくられてきたのである[716]」。

氏が言わんとしていることはわかるが、筆者としてはあくまでも「長期欠席」の中の一群が初めて心因性登校拒否として対象化された、あの1959年の高木論文における精神医学的な観点がなければ、そもそも「不登校」問題という社会問題はなかったと言いたい。

およそ社会問題なるものが「つくられた問題」であることは自明である。私としても、「不登校」をめぐる問題圏域が社会的に実在していることは認めるし、そうであればこそ、そこに「政治性」を問う必要があることも認める。「医学的な問い立て」などと言っても、精神医学という医学が優れて社会的、かつ政治的な性格を持っていることもまた疑い得ないことである。

しかし、私としては、登校拒否が「学校恐怖症」をめぐる医学的な問い立てを離れて、いたずらにそれが「病気じゃない」と言われながらも、多くの論者にとってそれ自体として社会的な「現象」としてあるかのように語られている事態を問いたい。

なぜなら、それが「不登校」という言説であると思うからである。

加藤氏は次のように問うている。「「学校恐怖症」から「登校拒否」、そして「不登校」という呼び名の変遷は、時代がすすむなかで、より子どもに即した理解がなされるようになった、ということを示しており、一見すると納得しやすい。しかしこの"公の歴史"だけが、長期に欠席をする子どもの歴史なのかは検討の余地があろう。そして、意味や呼び名の転換を考える際にいまいちど整理しておくべき課題がいくつかある。「『学校ぎらい』による長期欠席者」は「登校拒否」と同義なのか。「登校拒否」と「不登校」は異なるのか。また「長期欠席」と「登校拒否」「不登校」はどのような関係なのか。これらの問いは今日、「不登校」の定義や境界を考え

V. 1990年代における論調　　245

る際には決まって議論になると言ってよいだろう。それゆえ、これらを改めて問いかけることは、今日不登校と呼ばれる現象の性質自体を問い直すことにある」[717]。

そこで、氏は文部省の『生徒指導資料』における記述や、学校基本調査における調査項目の変遷を追うことで、こうした「公の歴史」を問うている。「学校恐怖症」から「登校拒否」、「不登校」へと呼び名が変わった、というようなことは佐藤修策も含め多くの論者が自明視しているものである。

しかし、同資料の第7集（1971年）や第12集（1976年）などを見ると、氏が指摘するように、確かに行政の側にも用語上のぶれがあったことが知られる。この点は、また学校基本調査においては「登校拒否」という言葉が用いられたことは一度もなかった、という事実も合わせて考慮されなくてはならない。

1958年から始まった学校基本調査が、「病気」「経済的事情」「その他」からする三つの理由別調査となったのは1963年度の調査からのことであった[718]。1966年度の調査からは、これに「学校ぎらい」を加えることになるが[719]、1998年度の調査からはこれが「不登校」と変更される。

ここに、長期欠席の理由の一つとして「不登校」が挙げられるという不測の事態が生じた[720]。

本来、学校基本調査は年間50日以上の欠席という条件で長期欠席者の数を調査するものであったが、1991年度の調査からはそれと合わせて年間30日以上という条件での調査がなされ、それも1999年度の調査からはこの条件のみでの調査となった、ということからしても事情は複雑である。その問題点をここで列挙することはしないが、少なくともこの「調査」は社会科学的な使用に耐えるものではない、とだけ言っておく。

さて、加藤氏は「学校ぎらい」と分類された長期欠席と登校拒否との関係からして、次のように結論するのである。「1970年代においてはもはや貧困や衛生状況の改善は社会的な課題とは見なされなくなっていた。学歴競争の過熱は問題視されても、学歴の効用自体への社会的な信頼は高く、それゆえ長期に欠席をする妥当な理由が見出され難かったのである。こうした状況のなかで長期に欠席する者を、『生徒指導資料』の記述にあったような精神医療の対象と見なすまなざしが現れていった。そして学校基本調査における「学校ぎらい」の操作的定義には、「他に特別な理由はなく、

心理的な理由から登校をきらって長期欠席した者」とあり、これは『生徒指導資料』での「登校拒否」の説明の記述と重なる。それゆえ「学校ぎらい」を「登校拒否」に読み替えるという実践が、1970年代の半ば以降に学校現場で浸透したと推測できる[721]」。

この指摘は正しいと思う。「心理的な理由」からする欠席を、長期欠席者の総数が減る中で、社会現象として注目を集め始めていた登校拒否と同一視するということが公教育の内部でなされた。そして、その過程において、「学校ぎらい」は登校拒否と読み替えられていった、と。

しかし、このことからして、「不登校と呼ばれる現象の性質自体を問い直す」ということには至らないと思うのだ。氏の著作には、「不登校という現象」や「不登校像」という言葉が頻出するが、私としては、そうした「現象」は、それを現出させた固有の論理を忘れたか、或いは意図的にそのような論理をないものとすることによって現象している「仮象」であると言いたい。

従って、むしろこの点にこそ「政治性」を見るべきではないかと思うのである。

これについて、最後に述べよう。

10.「認識の転換」は起こったのか？

1992年、文部省の「学校不適応対策調査研究協力者会議」の会議報告「登校拒否（不登校）問題について―児童生徒の『心の居場所』づくりを目指して―」において、「登校拒否（不登校）」は「どの子どもにも起こりうるもの」という認識が示された。

この報告内容は、同省発行の『生徒指導資料』の第22集「登校拒否問題への取組について」(1997年)において、「登校拒否についての認識の転換」と評価されている。

では、何から転換したのかと言うと、それは同省発行の『生徒指導資料』の第18集「生徒の健全育成をめぐる諸問題―登校拒否問題を中心に―」(1983年)における認識からの転換ということである。それによると、「登校拒否とは、主として何らかの心理的、情緒的な原因により、客観的に妥当な理由が見いだされないまま、児童生徒が登校しない、あるいはしたくともできない状態にあること[722]」ということである。

V. 1990年代における論調

それが、今や「どの子どもにも起こりうるもの」と認識されるに至った
と言うのだ。

　この「認識の転換」は有名なものであり、多くの論者によって肯定的に
評価されてきた。

　若林実なども、「文部省は長いこと主張してきた「登校拒否＝病気」説
を──私たちが批判しつづけてきた病気説を──維持することは、ついに
できなくなった[723]」と述べている。

　登校拒否は病気じゃない、ということである。

　ところが、それはまた「社会的意味づけのあり方」の転換でもあった。

　再び加藤氏の説を引こう。「『第18集』では、「心理的、情緒的」問題と
いう点が強調されていたことが読み取れる。加えて『第18集』では本人
の「状態」という表現を用いているのに対して、『第22集』『第2集』では、「状
況」という表現で、問題の所在を本人以外の環境とするニュアンスを強め
ているといえよう。20年の間に原因のとらえ方、社会的意味づけのあり
方が転換したことが示されている[724]」

　では──、この第2集には何と書いてあるのか？

　2003年から『生徒指導資料』は国立教育政策研究所生徒指導研究セン
ターから出されている。

　その第2集である「不登校への対応と学校の取組について」（2004年）
には次のようにある。

　「不登校の実態については、例えば、心理的・医療的対応などが必要な
心因性の不登校、人権侵害を許さない毅然とした対応が必要ないじめや暴
力行為等に起因する不登校、教育的・社会的対応などが必要なあそび・非
行による不登校など、その状況は多様である。また、「ひきこもり」状態
にある児童生徒もいれば、欠席日数からは不登校という範疇に入らないが、
その傾向を示す者や別室登校の者、「病気」や「その他」などに分類され
る長期欠席者が見られるなど、不登校の調査結果だけでは言い尽くせない
様々な状況や課題が見られる[725]」。

　何のことはない、例によって「心理的・医療的対応などが必要な心因性
の不登校」ということである。そして、いわばそうした例を「中核群」と
して、「人権侵害を許さない毅然とした対応」が必要とされるような非行や、
「教育的・社会的対応など」が必要とされるような怠学が「辺縁群」とし

て認められているわけである。

それどころか、ここに至って、「不登校」は「ひきこもり」と関連づけて論じられるという新たな展開を見せている。しかし、そうした論の展開を可能にしたのは、もとをたどれば「保健室登校」のような別室登校すらも「不登校予備群」としてしまう清水将之よりの「不登校」論にある。「広義」の登校拒否であった「不登校」は、今や「狭義」の登校拒否どころかその他の長期欠席や別室登校の例までも飲み込みながら拡大しているのである[726]。

とはいえ、そうした「不登校」概念の中核に、上の引用文では「不登校の実態」としてその筆頭に挙げられている「心理的・医療的対応などが必要な心因性の不登校」があることに変わりはない。「ひきこもり」ですら、あの精神病性の「自閉」とは区別された内閉、或いは退却の延長線上にある神経症論を追った概念であることは既に述べた通りである。

何をどう評価しようとも、基本的な論理の結構は、1960年代以来、何ら変わってはいないのである。「心理的・医療的対応などが必要な心因性の不登校」とは、心因性登校拒否に他ならない。

いみじくも、「その状況は多様である」とあるが、そうした「状況」を「不登校の実態」とすることが、それを「不登校」として現象化した論理に他ならない。

「認識の転換」など起こってはいないのである。

それどころか、それが「病気」とは区別されながらも、「心理的・医療的対応などが必要」とされている点において、認識の後退が見られると言わざるを得ない。ここにあるのは、「教育的・社会的対応」ではなく、「心理的・医療的対応」が必要とされる登校拒否という、「怠学」でもなければ非行でもない、それどころか病気ですらもない「不登校」である。

しかし、まさに「心理的・医療的対応などが必要な心因性の不登校」だからこそ、登校拒否は問題となり得たのである。本来的に、それは学校基本調査における「学校ぎらい」、つまりは「(他に特別な理由はなく、)心理的な理由から登校をきらって長期欠席した者」[727]ではない。また、同調査における「不登校」、つまりは「何らかの心理的、情緒的、身体的、あるいは社会的要因・背景により、児童生徒が登校しないあるいはしたくともできない状況にある者」でもない。

V. 1990年代における論調　　　　249

また、法務省の人権擁護局による「不登校児」の定義、「何らかの心理的、環境的要因によって、普通学級に登校しないか、登校したくともできない状態にある児童生徒」にしても事態は同様である。[728]

これらの定義に見られる「心理的な理由」や「心理的要因」からして、「心理的・医療的対応などが必要な心因性の不登校」と言われているのではないのである。

なぜ、「心理的な理由」や「心理的要因」による欠席は「怠学」とも非行とも区別されるのか？

それは、それが「心因」による精神障害を理由とした欠席であるからに他ならない。

「心因」とは Psychische Ursachen という精神医学の用語である。

それは「病因」であって、欠席の「心理的な理由」を意味しているのではない。

文部省も、もともとはこの点を認識したようである。

なぜなら、『生徒指導資料』の第7集「中学校におけるカウンセリングの考え方」（1971年）においては、登校拒否は、精神分裂病や神経症、或いはてんかんなどの脳障害と並んで、「精神障害の一般的な兆候」[729]の一つとして、「精神医学的な諸問題」[730]として扱われているからである。

つまり、この時点では、登校拒否は学校の問題としては捉えられていないのである。

確かに、この資料集には「大部分の真の登校拒否は、神経症のものまたは性格異常のものと考えてさしつかえない」[731]などと書かれてもあり、「登校拒否は病気じゃない」と言いたくなるところではある。しかし、それに続いて、「なお、神経症と性格異常との区別も、けっして容易ではない」[732]、従って「専門医との相談を密接に続けること」[733]と書かれていることからして、この時、登校拒否は精神医学の問題として捉えられていたと言えよう。

そこで、「認識の転換」があったと言うのであれば、それはむしろ第18集（1983年）においてこそあったと言わなくてはならない。なぜなら、その「まえがき」に「登校拒否の問題」とあるように、この時、それはもはや精神医学の問題としては捉えられていないからである。

この資料集には、「登校拒否の意味」として次のようにある。

「けがや病気、家庭の経済状態や家事の都合、あるいは親の学校教育に対する無理解などという思い当たる理由もない。また、児童生徒本人は登校しない、あるいはしたくともできない状態にあるが、なぜ、そうなるのか本人にもよく分からないようである。しかし、このような児童生徒に何らかの心理的、情緒的な問題があることは十分にうかがえる[734]」。

とはいえ、「しかし」も何も、「したくともできない状態」が「何らかの心理的、情緒的な問題」にあることは明らかであろう。

次に、「最近における登校拒否の傾向と特徴」としていくつか挙げられているが、このうちの二点は重要である。まず、「本人には登校の意志が十分ありながらも登校できないという、理解困難で神経症的な症状を示す登校拒否が中心となっている[735]」。その一方で、「登校拒否の中には、学業への不適応にかかわる怠学傾向のものや神経症をはじめ、うつ病や精神分裂病など精神病理学的なものに起因すると思われるものも含まれている[736]」。

ここで、「神経症的な症状」が「神経症」のそれと区別されていることは目を引く。既に述べたように、このレトリックは小泉英二によるものである。神経症とは区別されながらも神経症的とされる登校拒否とは、小泉が言うところの「狭義」における登校拒否に他ならない。そう考えれば、少なくともそれが「理解困難」なものであることの理由は理解できよう。

また、以上を踏まえて、同集は「登校拒否の態様と最近の実態」について述べている。ここで、「態様」とは「症状」と「発症」という観点から分類されるもので、「実態」とは学校基本調査による「学校ぎらい」の実数の年次的な増加のことである。

つまり、この時から精神医学の問題としての登校拒否が学校の問題としての「学校ぎらい」と重ね合わされたのである。それも、学校基本調査における長期欠席生徒数として挙げられている数値が1974年度分からのものであることからして、恣意的にその増加しつつある実態を示したものと言えよう。なんとなれば、その前年度においてその数はむしろ減っているからである。

ともあれ、ここでの関心事は、登校拒否の「態様」ということで何を文部省が認識していたのか、ということにある。まず、それは「症状」と「発症」の上から分類されているが、これは明らかに症候論と病因論のことである。例えば、「症状と特徴から見た分類」と「症状の進み具合から見た

分類」は前者に当たり、「自我の発達の程度から見た分類」と「発症の仕組みから見た分類」は後者に当たる。

このうち、「症状と特徴から見た分類」とは、登校拒否を、「神経症を中心とした登校拒否」、「消極的な性格の傾向に起因する登校拒否」、「精神病の初期的症状と思われる登校拒否」の三種類に分けるものである。わけても、「精神病の初期的症状と思われる登校拒否」は次のように定義されている。

「うつ病や精神分裂病など、精神病の初期的症状の一つとして登校を拒否するものである。その治療には、単に教師のみならず医療関係者（精神科医）や臨床心理学者との連携がとりわけ重要である[737]」。

この定義はとにかく問題含みである。まず、登校拒否が精神病の「初期的症状」とされている。また、精神病の治療であるにも関わらず「教師」と「臨床心理学者」の名が出されている。しかし、何よりも文中、「その治療」とある「その」が何を指しているのか不明である。おそらく、それは精神病の「初期的症状」の一つとしての登校拒否であろう。

この点はまた、「原因と症状の両者に着目した分類」においても確認される。

この分類は、『生徒指導研究資料』の第11集「教育課程と生徒指導」(1982年)において初めて示されたものということであるが[738]、明らかに小泉英二による例の分類を踏まえたものである。

そのうち、「精神障害による拒否で、精神的な疾患の初期の症状と見られる登校拒否の型」について、ここでは次のように説明されている。

「うつ病や精神分裂病などで、精神病の初期症状の1つとして、登校を拒否する場合である。早期発見や治療に際しては、精神科医や臨床心理学者との連携がとりわけ大切である[739]」。

さて——、

こうした第18集における認識は、大部分の登校拒否は「神経症のものまたは性格異常のもの」として、「専門医との相談を密接に続けること」と述べていた第7集とは異なる。第7集では、明らかに登校拒否は精神医学の問題として捉えられていた。それが、この第18集では、登校拒否そのものが「症状」とされ、その「治療」が精神科医との連携のもとに教師によってなされるという疑似医療的な論理によって捉え直されている。

ここに、学校の問題としての「登校拒否の問題」が登場したのである。

従って、「認識の転換」はむしろこの第18集においてこそあると言うべきである。

しかし、それはまた『生徒指導資料』の第2集（2004年）において新たな展開を見せたと言える。なぜなら、第18集では区別されていた「態様」と「実態」が、この第2集においては区別されていないからである。既に述べたように、第18集における「態様」とは精神医学の問題としての登校拒否のことであり、その「実態」とは学校基本調査における「学校ぎらい」のことであった。これはまた、1992年の報告書「登校拒否（不登校）問題について」や『生徒指導資料』の第22集（1997年）においても確認されることである。[740]

ところが、第2集になるとこうした区別が消える。

既に引用したように、この資料集には次のようにある。

「不登校の実態については、例えば、心理的・医療的対応などが必要な心因性の不登校、人権侵害を許さない毅然とした対応が必要ないじめや暴力行為等に起因する不登校、教育的・社会的対応などが必要なあそび・非行による不登校など、その状況は多様である」。

つまり、「多様」とされる「不登校」の「態様」が、そのままその「実態」とされたのである。

ここにあるのは「認識の転換」どころか、新たな認識である。

文部省がこのように認識を新たにしたからこそ、心因性登校拒否という精神医学の問題は、学校の問題となり得たのである。「問題」があるところそれを生じさせている「認識」がある。この認識を不問に付して「問題」を自明視した時、それは「思想現象」となって現出する。1992年の報告書「登校拒否（不登校）問題について—児童生徒の『心の居場所』づくりを目指して—」は、「求められる登校拒否問題の認識の転換」を謳ったが、本当に求められているのは、それが「問題」として問われ得たその「認識」を問うことではないのか？

「不登校」問題の解法は、それを現象として現出させた論理、つまりは長期欠席者の中に心因性登校拒否の一群を見出した精神医学の論理——それもその社会病理化の論理にこそ求められなくてはならない。そうでなければ、非行でもなければ怠学でもない、さりとて病気でもない「不登校」

を理由とした長期欠席の一群が増えている、などという不可思議な問題が
解決されることはないだろう。
　哲学という「思想の学」はそう問うのだ。

結 論

　最初に述べた通り、高木隆郎は、第1回児童精神医学懇話会（1958年）において、「学童期分裂病の実態について話題提供した折、誤診例としての心因性登校拒否にもふれた」ということであった。

　この時が、我が国において心因性登校拒否という言葉が使われた最初の時である。

　高木は、この児童精神医学懇話会の前身となった「精神病理懇話会」について次のように証言している。

　「この精神病理懇話会を契機に、わが国における児童精神医学の専攻者たちは、しだいに組織化への道をもとめはじめ、また同時に児童分裂病とよばれる症候的単位の存在はいちおう認められる形勢を強め、その後の研究はいっそう分化した方向にすすんでいった。一例として、この会の翌日、京都大学でもたれた全国の児童精神医学の専攻者たちだけのささやかな話あいが、児童精神医学懇話会を誕生させるにいたったのである」[741]。

　この時、彼らは「児童分裂病」を論じていたのであるが、この成人の精神病とは異なった精神病の存在こそが、児童精神医学を誕生させることになったのである。しかし、そこにおいてまた心因性登校拒否が問題とされる余地も生じたのであった。それは、「内因性」や器質性の精神疾患を原因とした登校拒否ではない、という意味で、「心因性」と言われるものであった。「心理的な理由」と一口に言っても、「心因性」という精神医学の概念規定に則って理解されなくてはならないものなのである。

　そうでなければ、「心理的・医療的対応などが必要な心因性の不登校」などというものは理解されない。

　高木による「長欠児の精神医学的実態調査」は精神保健の観点からなされたものであった。それには高木自身が述べているように次のような事情があったからである。「義務教育制度としてほとんど完全に近い日本の小学校に、はからずも入学してしまった精神障害児は、精神薄弱のばあいでも精神病のばあいでも、個性を無視した劃一的な教育によって、劣等者と

して冷たく扱われるだけであり、とくしゅな考慮がはらわれなければならないという社会的な必然性が存在しなかった。かくて、最小の可能性しかもたない精神障害児のためのクリニックは、その発達において他の文明諸国にくらべていちじるしくおくれたのである[742]」。

しかし、戦後になってこうした事情は大きく変わりつつあった。

「一般的にいって、1945年（昭和20年）の第2次大戦の敗戦いご、日本の学問体制や文化は、政治、法律、経済とどうよう、アメリカの占領政策によって大きな変化をうけた。その2年後の1947年（昭和22年）児童福祉法が公布され、その機関として厚生省に児童局が新設、翌1948年（昭和23年）の同法の施行とともに、各府県に児童相談所が設置され、当時それはしゅとして戦災浮浪児の収容の斡旋を事としたが、同時に精神薄弱児もその対象とした。かれらはその法律によってわずかながら生活費と医療費が保証された[743]」。

そこで、高木としても、こうした子供の存在を確認するための調査に乗り出したのであった。しかし、そこで図らずも見つけられたのが、心因性登校拒否の存在であった。

とはいえ、「図らずも」と言えばそれまでであるが、やはりそこにはまたアメリカの児童精神医学というものの存在があった。戦後における児童精神医学の出来は、一つには高木も指摘しているように戦災浮浪児の救済に始まる精神保健事業にその端を発したものと言えよう[744]。しかし、それはまたアメリカ流の精神保健思想、或いはその力動主義を輸入することでもあった。そして――、

アメリカの児童精神科医たちが問題としていた「学校恐怖症」の症例を確認するために、高木は第二回目の調査に乗り出したのであった。

児童精神医学懇話会を基礎として日本児童精神医学会が発足したのは1960年のことであった。

その第1回総会では、「児童精神医学とその近接領域」と題されたパネル・ディスカッションがなされている。発言者は本書にもご登場願った牧田清志や平井信義などであり、質問者にも鷲見たえ子や高木隆郎といった名が見られる。彼らの肩書は精神科医であったり小児科医であったり、はてまたソーシャルワーカーであったりするのだが、まさにそうした「児童精神

256　　　　　　　　　　　　　　不登校とは何であったか？

医学とその近接領域」において日本児童精神医学会が発足したわけである。

　さて、この時に司会を務めた高木四郎が「パネル・ディスカッションを司会して」という題で一文を草している。大きなテーマとしては二つ、精神科医と心理学者との関係、そして精神科と小児科の違いである。後者については既に平井について述べた折に紹介した。

　ここでは前者を取り上げたい。これは、主としてパネリストの一人であった畠瀬稔の意見に対して言われているものである。畠瀬は教育相談に従事していたのだが、臨床チームにおける心理学者と精神科医との共同について意見を述べたのである。これに対する高木のレスポンスからは、「児童精神医学とその近接領域」における精神科医のあるべき立場が見て取れる。

　高木によれば、畠瀬による問題提起には主として二点ある。

　第一に、「畠瀬氏は教育相談を行っていると、扱われる事例の４分の１は精神医学的（器質的、精神病的）な事例なので、それらは精神科に委託するとはいうものの、精神医学者の協力なしに単独で行うことはまことに不安であって、臨床チームはぜひ必要と思うむねを述べられた[745]」。

　これについて、高木は次のように述べている。「多くの心理学者のなかには児童相談は自分たちが開拓してきた領域なのだからべつに精神科医の協力などは必要ないというふうに考えている人が多いのではないだろうか。げんに討論のさいに、"自分たちのところで扱う事例のうち精神医学的な事例は２割にすぎないので、自分は精神科医の協力などは必要と感じない"と述べた心理学者があった。本誌創刊号のわたくしの小論のなかで、某教育相談施設から心理療法を依頼して紹介してきた事例が脳腫瘍であったということを述べたが、その某施設とはじつはその人の主宰する施設なのである。また、われわれが小児分裂病と診断した事例がその人によって精神薄弱とされたようなこともある。わたくしはよほどそのことを言おうかと思ったが、その人の議論がなにか感情的なものを含んでいるような気がしたし、司会者の立場も考えてさし控えた[746]」。

　しかし、第二の問題提起として、「畠瀬氏はさらに精神科医によるsupervisionということには心理学側に抵抗があるということを述べられた[747]」ということである。

　これについては、次のように言われている。「心理療法の対象となるもののうちには神経症、とくべつなばあいには精神分裂病など精神医学的な

症例が相当多い。明らかな精神神経症でなくても、チック・吃音・夜尿・学校恐怖症（school phobia）など、これに準ずるものも多数にのぼる。ところでこれらの精神医学的症例を診療できるのは法律的にいっても医師にかぎるのである。もしも医師でない者がその治療をしたとすれば、それは医師法違反ということになる。また、そのようなむずかしいことをいわないでも、病気の人間はこれを扱う教育訓練を受け、その資格のある専門医に扱ってもらうのが一番よいのであって、それが本人の福祉のためである」[748]。

高木四郎は国立国府台病院精神科内に設けられた児童部の初代部長であった。精神衛生研究所の設立に際して、その相談室児童部の部長を務めたのも高木である[749]。

本書では何度もご登場願った鷲見たえ子や渡辺位などもここに勤めていたのである。

国立国府台病院の精神科に児童部が設置されたのは 1948 年のことであった。精神衛生法の公布（1950 年）により、同病院に国立精神衛生研究所が併設されたのは 1952 年のことである[750]。

こうした出来事の渦中にいた高木は、また児童精神医学会発足の中心メンバーでもあった[751]。

高木隆郎が回顧して述べている。

「60 年安保闘争の波頭が去って、ふたたび秋風の立つころ、高木四郎先生が児童精神医学会を発足させたい意向を伝えてこられた」[752]。

その方が、「学校恐怖症」を非医師が診療することは違法である、と断言しておられる。

本書では、精神科医のみならず、小児科医や心理学者、教育相談所の相談員や児童相談所の心理判定員、ソーシャルワーカー、セラピストなど様々な論者たちが心因性登校拒否について何を述べて来たのか、或いは何を行なってきたのかを逐次的に検討した。

『生徒指導資料』の第 2 集「不登校への対応と学校の取組について」（2004年）にあったように、「心理的・医療的対応などが必要な心因性の不登校」というものが認められるのであれば、それは心因性登校拒否、つまりは神経症の亜型ということでなければならない。すると、高木四郎が指摘している通り、それは精神科医が診療すべき症例ということになる。

しかし、「登校拒否は病気じゃない」ということなのであれば、それは

そもそも遊戯療法の対象とすらならないはずである。文部省の「学校不適応対策調査研究協力者会議」の会議報告（1992年）によって「登校拒否についての認識の転換」が起きたと言われたことについては既に述べたが、それが文字通りに「登校拒否は病気じゃない」ということを意味していたとすれば、心因性登校拒否なる一群はもはや存在しないはずである。

ところが、依然として「心理的・医療的対応などが必要な心因性の不登校」が認められているのである。——それはなぜか？

思うに、それはまず一つには高木四郎が必要性を唱えていた精神科医によるスーパーヴィジョンがうまく機能しなかったからである。「学校恐怖症」をめぐる医学的な論議は、精神科医のみならず小児科医や心理学者、相談員などによって展開された。しかし、それを社会病理化する論議もまたそうした専門領域を異にした論者たちによって展開されたのである。

これは、そもそも精神医学における議論に隙があったからである。

高木四郎がまた次のように言っている。

「児童相談所などの方面で「登校拒否」と呼ばれるのは、格別学問的な用語ではなく、あらゆる原因による文字どおりの登校拒否がすべて含まれているようである。したがって、精神病・精神薄弱その他による場合も含まれる。しかし、児童精神医学で「学校恐怖症」（school phobia）というのは学問上の用語で、一定の意味があり、精神病・精神薄弱その他の原因によるものは除外される⁷⁵³」。

精神医学はまさにこの「一定の意味」を詰め切れなかった。

その隙に乗じたのが、登校拒否を社会病理化する疑似医学的な論理である。

従って、「学校恐怖症」という心因性登校拒否とは、いったい不安神経症なのか強迫神経症なのか、それともそうした診断がそもそも誤っているのか、そうしたことを問い詰めることをしなかった精神科医の責任は重い。ここに、神経症的登校拒否が世に跋扈した原因がある。

「限界概念」とでも言うのか、それは登校拒否、「不登校」と形を変えては児童精神医学の前に立ちはだかった。それは、児童精神医学にとっての躓きの石であり続けたのである。

もちろん、長期欠席の指導ではなく、神経症的登校拒否の治療、処置を講じた児童相談所や教育相談所の職員たちの見識も問われよう。しかし、

やはりそこでカウンセラーやセラピストを名乗るような一群が「登校拒否児」を治療することを許したのであれば、スーパーヴィジョンを行なうべき医師の責任は、とりわけ児童精神医学という領域に関わりのある医師であればなおのこと重いと言わざるを得ない。

とはいえ、やはり精神医学的な診断を受けるような長期欠席者の一群があるとすれば、いたずらにそうした例が増えていることを教育問題であるとか学校問題として騒いだ教育関係者たちの見識もまた問われよう。「心理的・医療的対応などが必要な心因性の不登校」を認めるのであれば、それは医学の問題に他ならず、教育の問題でもなければ学校の問題でもないのだ。

「心理的な理由」による欠席だからと言って、それを「怠学」とは区別して学校外での対応を求めるのは教育問題の棚上げである。片や学力の低下を憂いながら、「不登校」どころか学校の勉強すらしていないような子供の存在を認めては「学校外の学びの場」での「多様な学び」を支援するというのであれば、明らかなダブルスタンダートである。また、そもそも「不登校」という医学の論議から登場した用語を用いて学校の外にいる子供たちを呼びならわすことに教育者が疑問を感じないのであれば、根本的にそれこそが教育の問題である。

「不登校」問題なる問題は、「不登校の子ども」の提起する問題ではない。

それは子供と向き合う大人たちの見識の問題である。

どんな理由によるものであれ、学校に来ない子供を怠学と言えない道理はない。しかし、今の学校にはそれが言えない。現行の公教育制度では「不就学」はないものとされている。そこで、長期欠席は「不登校」と言われる「心理的な理由」による欠席と解釈される。しかし、その裏に、学校問題さえ解決できれば「学齢期不就学者」はいなくなるという淡い教育幻想があることを見逃してはならない。

私は何も「不登校」が病気だと言うのではない。

私もまた「不登校だったの？」、「なんで不登校になったの？」と聞かれる人間の一人である。

しかし、心因性登校拒否とでも診断されるような例があることは事実であって、しかも結局のところ、そうした例を典型として「不登校」論は動

いているのである。

　怠学でもなければ非行でもない、また病気でもない「不登校」とは、この心因性登校拒否に他ならない。もしもそれが何らかの意味で医療の対象となり得るような例でないならば、それを学校側が怠学としない強い理由はない。「心理的な理由」があるにせよ、それが怠学の理由ではないとされるのであれば、それが病理学的な意味での「心因」に相当するものという含意がどこかにあるからである。

　ただし、かつては個人病理とされていたその「心因」が、「どの子どもにも起こりうるもの」などと言われ、巧妙にも社会病理化、それも学校病理化されているために、あたかも脱病理化されているかのように思われているだけである。

　「不登校」現象とはあたかも心因性登校拒否が脱病理化されたかの如く錯覚することで現出する仮象に他ならず、「不登校」問題とはそうした仮象を現象と錯覚することにより生じる疑似問題である。

　思い切って言えば、私は「どの子どもにも起こりうるもの」とされ没個性化された「不登校の子ども」よりも、かつての医学論文に「症児」として出てくる「学校恐怖症」児たちの方に親しみを感じる。彼らには「分裂気質」があったり、「変り者同一性」があったりする。

　しかし、「不登校の子ども」には何もないのだ。

後書き

　登校拒否は、或る時期から学歴社会との関連において論じられるようになった。そうした論調と共に、かつての心因性登校拒否が社会病理化されていった様については本書で述べた通りである。

　しかし、そうした論理が時代ごとに変わらざるを得なかったことは理の当然である。なぜなら、一口に学歴社会と言っても、そのあり様は時代ごとに異なるからである。

　社会問題とされるものが、その時代の社会性を反映していることは当たり前であって、多くの論者が「不登校」問題なるものを社会的な観点から論じていることは滑稽ですらある。彼らは社会病理や学校病理を持ち出すことで個人病理としての「学校恐怖症」を社会現象としての「不登校」にすり替えたのである。彼らは「不登校」が増えていると騒ぎ、その対策、援助（治療）の必要性を訴える。

　筆者としては、むしろこうした傾向を一挙に「現象」として括りたい。

　登校拒否とされる事柄が、「学校恐怖症」という神経症の一つとして診断されたことには確かに問題もあろう。筆者としても、世に云う「不登校」の一人として「登校拒否は病気じゃない」と言いたいところではある。しかし、その「成因」を社会や学校に求めたところで、登校拒否を脱病理化したことにはならない。

　芸能人の矢部美穂が『学校拒否』（光進社、1998 年）という本を書いているが、「登校拒否」は school refusal という用語の訳語であるから、直訳すればこの「学校拒否」という表現が正しいことになる。

　「学校恐怖症」者は学校を拒否するのである。

　では、その学校とは何か？と問えば、それは公教育としての学校教育である。

　法制度が変わることはあったが、「義務教育」がそれに「権利」を加えながらも、基本的には明治に入って欧米から輸入された教育制度であり続けたことに変わりはない。「国民の教育権」論のごとく、日本国憲法の第26 条をどう解釈しようとも、それが公教育としての教育制度であること

は動かないのである。学校をめぐる問題が社会問題となることは仕方のないことである。

しかし、六・三制という現行の義務教育制度がアメリカの教育体制に倣ったものであること、そして本書で述べてきたような「学校恐怖症」をめぐる論議がまたアメリカの児童精神医学の枠組みを基礎としてなされてきたものであることを考えれば、同じ社会を問うにしても、それは「戦後」という日本の国体を問うということでなければならないと思うのである。

つまり、「戦後民主主義教育」というものが問われなくてはならないと思うのだ。

学校の外にいる子供たちの存在を、「不登校」と「不」の一字を冠した呼び名で呼びならわしながらも、あたかもそれが価値的に中立であるかのごとくうそぶき、それも「どの子どもにも起こりうるもの」と言ってはばかりもしないこの時代の感性は、しかしそれこそが平等を事とした戦後民主主義教育の達成であったと言えば言い過ぎであろうか？

私は、「不登校の子ども」にこそ戦後教育の理想を見るのである。

注

　引用に際しては、今となっては不適格な用語や表現であっても訂正することはしない。

　慣例に従って、『児童精神医学とその近接領域』は『児精神医』と、『精神神経学雑誌』は『精神経誌』と略記する。なお、『児童精神医学とその近接領域』は1983年の第24巻第1号より『児童青年精神医学とその近接領域』と改題しているが、これについては『児青精神医』と略記する。

1　伊藤克彦「登校拒否—その病態特徴と治療・援助的接近の検討—」、643頁。(『臨床精神医学』7 (6)，1978，643 - 650.)

2　このうちの一つは、菅野重道と鈴木美亜子による「恐怖症の1例—面接過程を中心として—」であるが、それは次のような例を論じたものである。「7：2才小学校1年生の男児で、登校拒否を主訴として、母が自分を置いてどこかへ行ってしまうのではないかという離別恐怖、日本晴れでも傘をもって行くという雨恐怖、また父にたいする嫉妬がはげしく、その他蒐集癖的傾向、偏食などの症状をしめした症例」。『児精神医』(2) 1，1961，91頁。

3　この時の模様は高木隆郎によって次のように振り返られている。「それはまさにわが国の児童精神医学の曙にふさわしい雰囲気をかもし出していた。そして分析的な立場からの分離不安説、それに対立して分離不安はむしろ不登校の結果と主張する立場、自己同一性混乱説、うつ病の例もあったという報告等々、ここで登校拒否に関する一通りの学説が出揃ったといって過言ではあるまい」。高木隆郎「登校拒否の心理と病理」、220頁。(『季刊精神療法』3 (3)，1977，218 - 235.)

　ちなみに、この時のシンポジウムでの提題は「児童神経症」である。

4　この時の模様は、関西臨床心理学者協会の『会報』(1962年) に収められているようであるが入手することができなかった。発言者は高木隆郎の他に船岡三郎、松下裕など。「収容治療」の問題点などが議論されたようである。

5　河合洋『学校に背を向ける子ども』NHKブックス、1986年、84頁。

6　一般にはこの論文をこの件に関する最初の論文とする傾向が見られ、佐藤自身もそう考えていたようであるが、本論において述べる理由からして、筆者としては高木論文 (1959年) を最初の論文とする。どちらを先とするかで論者の立場が明かされるところである。

7　もっとも、次のようなことが言われてはいる。「病的体験が心理的に加工されておりませんから、子供の場合は症状が単純であるわけです。例えば、小学三年生の子供に、母がどこかに行ってしまっていなくなりはしないだろうかという母子離別の不安がおこり、一刻も母の傍から離れられないという症状が強迫的に起ってくるような神経症体験がある場合、これくらいの年齢になっていても、まだ彼はこの体験を客観的に、医者や親に説明することはできないものです。そのため、理由もなく母の傍から離れまいとして、登校を拒否したり、また無理に母が登校させようとすると、家の門を出るまで、何十回となく、自分が留守のうち、たしかに母が在宅しておってくれるかどうかということを強迫的に質問したりするものです。そのため、親は、子供にこのような不安や強迫観念があるとは思いませんから、「学校嫌い」になったとか、「つまらぬ事をくどく質問する癖」がついたというふうに簡単に解釈して、叱りつけていることが多いのです」。黒丸正四郎『子供の精神障害—特に神経症と精神病について—』創元医学新書、1959年、56 - 57頁。しかし、黒丸は子供の神経症を「反応性」のものとして一括りにしているのであって、ここで言われていることにしても、「学校恐怖症」

の症例として報告されているわけではない。

8　同上、122 頁。

9　同上。

10　「奇妙なことなのだが、なぜ雑誌を刊行するにいたったかという直接の契機が思い出せない。だが、もっと不思議なことに、このわたくしの暴挙を誰ひとり制止するものはなく、周囲の人たちが衷心からわたくしを励まし、多大の援助をおしまなかったのである。ともかく 1959 年夏には、明らかにわたくしは児童精神医学に関する学術雑誌の刊行を準備していた。その年に医学書院から『精神医学』誌が発刊されており、精神科領域では『精神神経学雑誌』以外、いわば伝統を破って商業誌の市場進出であった。それは大いに参考にはなったが、必ずしもそれによって触発されたというわけではなく、むしろ 1 年の遅れをとったという感じであった。たまたま英国 J. Child Psychol. Psychiat. もわれわれと同じ 1960 年の創刊であり、アメリカ児童精神医学会機関誌 J. Amer. Acad. Child Psychiat. は少し遅れて 1962 年の創刊である。いずれにしても、このころが世界的に諸科学の分化が進み、精神医学でもまず児童が、そしてつぎつぎと他の特殊領域がそれぞれ専門の学術誌をもつにいたる歴史的な時点であったといえよう」。高木隆郎「記憶の断片―『児童精神医学とその近接領域』刊行会のこと―」、106 - 107 頁。(『児精神医』21 (2) , 1980, 106 - 110.)

11　高木隆郎『児童精神科のお話』合同出版、1985 年、112 頁。

12　同上、114 頁。

13　この時の様子は、佐藤修策によって次のように証言されている。「ある県の教育センターで夏期講習の講師として、「登校拒否の教育・心理的理解と援助」というテーマで講義した。翌年、同教育センターから昨年と同じ内容で講義してくれと要望され、昨年の講義レジュメを送った。2, 3 日後、担当者から「本年から不登校という用語を使うことになった。レジュメの登校拒否を不登校に直してよいか」との電話があった」。佐藤修策『不登校(登校拒否)の教育・心理的理解と支援』北大路書房、2005 年、18 頁。ただし、このような政治性を認識していながら、佐藤がなぜ「不登校の対語は登校である」(同、3 頁)などと言ってのけるのか筆者には理解できない。

14　「学校基本調査」は 1963 年度から理由別の調査となり、1966 年度から「学校ぎらい」をその理由に加えた。なお、1952 年度から 1958 年度にかけて実施された「長期欠席児童生徒調査」においても複数の項目が「学校ぎらい」として集計されていた。以下を参照。保坂亨「不登校をめぐる歴史・現状・課題」『教育心理学年報』第 41 集、2002 年。

15　若林実『エジソンも不登校児だった―小児科医からみた「登校拒否」―』ちくま文庫、1994 年(1990 年初版)、23 頁。

16　河合洋が次のように指摘している。「諸先進国とはまったく異なって、わが国においては「子どもの精神科医療」というものがいまだに認知されないままに過ぎている。それはほとんど了解不能な事実である。日本における精神科医のなかでも少数派とされる「児童精神科医」は、それでも約四〇年前に専門家団体を組織して、歴代の厚生大臣、国家などに請願活動を行ってきているが、いまだに認知される機運がほとんどみられないという現実がある」。「もう一つの生活の場を求めて」、218 頁。(『岩波講座現代の教育 第 4 巻 いじめと不登校』岩波書店、1998 年所収。)

17　この論文は『児精神医』誌上で「不登校」という言葉が使われた最初の論文である。しかし、後に述べるように、この言葉が精神医学の論文において、それも意味のある仕方で最初に使われたのは 1972 年のことである。

18　渡辺位「登校拒否の予後」、854 頁。(『臨床精神医学』12 (7) , 1983, 851 - 856.)

19　そのような論は、教育社会学における有名な研究、森田洋司『「不登校」現象の社会学』（1991年）を俟つ。もちろん、こうしたアプローチが妥当なものであるかどうかは別の問題である。

20　この調査では、「学校に行けなくなったときにどうされたか（親たちから）」という質問に対して、25.2％の被質問者が「叱られたりぶたれたりした」と答えている。なお、法務省によるこの時の用例が、「不登校」という用語が官公庁によって用いられた最初の例であることは、しばしば指摘されている通りである。ただし、注意して見ると、この調査は「不登校児」を対象としたものであり、その定義も「不登校」ではなく「不登校児」の定義である。この点については、また後で述べる。

21　黒丸『子供の精神障害』、125頁。

22　『精神経誌』60（3），1958，256頁。

23　『精神経誌』62（4），1960，733頁。

24　高木「登校拒否の心理と病理」、219頁。

25　地方会における発表は以下に抄録されている。『精神経誌』60，1964，1223頁、62，1960，666頁。

26　高木「登校拒否の心理と病理」、219頁。

27　鷲見たえ子「幼児性分裂病の臨床的研究—精神分裂病との関連において—」、521頁。（『精神経誌』62，1960，521 - 541.）

28　高木隆郎「わが国における児童分裂病研究の歴史的展望」、119頁。（『児精神医』2（2），1961，119 - 132.）

29　高木隆郎他「長欠児の精神医学的実態調査」、403頁。（『精神医学』1（6），1959，403 - 409.）

30　同上。

31　同上。引用文中、「単的」とあるが誤記ではない。高木はつねにそう表記している。

32　同上。

33　次のような指摘がある。「三〇年代半ば、長欠率は低下の一途にあり、この最初の不登校はマスとしてみるかぎりあくまでごく例外的なマイノリティの現象だった。学校を休む子どもたちの割合がこの不登校出現によって増えたわけではなく、むしろ社会全体として大きく減っていくなかで生じた特異な欠席現象だったからこそ、不登校の出現は研究者の関心を集めたとみなければならない」。滝川廣一「不登校はどう理解されてきたか」、173頁。（『岩波講座 現代の教育 第4巻 いじめと不登校』岩波書店、1998年所収。）しかし、問われるべきはまさにこの「研究者」とは誰か？ということである。それは、高木のような精神科医なのである。決して、「不登校」現象が社会現象として最初からあったわけではない。同様の理由からして、次のような指摘も甘いと言わざるを得ない。「研究の歴史からいうと、この問題に精神科医や臨床心理学者が先鞭をつけ、かつ熱心にかかわったことから、登校拒否の「専門家」がこれらの職種の人であるとか、その人たちが属している機関が専門的に登校拒否を「治療」する所という観念がうまれてしまったことは否めない。問題が生まれたまさに「現場」である学校の教師の取り組みが、なぜか立ち後れていたからである」。長岡利貞『欠席の研究』ほんの森出版、1995年、81頁。

34　高木他「長欠児の精神医学的実態調査」、404頁。

35　同上。

36　同上、407頁。

37　同上。

38　同上、407 - 408頁。

39　同上、408 頁。

40　高木隆郎「児童神経症の臨床」、28 頁。(『小児科臨床』13 (10)、1960, 25 - 33.)

41　『児精神医』3 (1)、1962, 42 - 43 頁。

42　高木隆郎「学校恐怖症」、433 頁。(『小児科診療』26 (4)、1963, 433 - 438.)

43　同上。

44　同上、434 頁。

45　同上。

46　高木が用いている「誘因」という概念からして、何らかの意味で「素因」を認めない限り意味を成し得ないだろう。神経症の素因に関しては、シュナイダーが次のように述べていることが示唆的である。「心理療法者並びにすべての教育者にとっては、素因をあまり高く評価せずに、心情の影響を高く評価する方が確に有利である。その職務はかかる種類の楽観なしには息をつくことができない。しかし、批判的な眼は、その他のもの、すなわちしかじかの人格、および人格の下部基底にある非反応性の、内因的な動揺を目に止めざるをえないであろう。さもないとしばしば誤りに陥り、また他面には、自分の仕事を素朴に過大評価してしまう」。『精神病質人格』懸田克躬、鰭崎轍訳、みすず書房、1954 年、87 頁。

47　高木「学校恐怖症」、434 頁。

48　この指摘は重要であるが、あまり理解されなかったようである。例えば、次のように結論されるのであれば完全な誤解である。「このことからも登校拒否児は、ほとんどの子どもが簡単に乗り越えられるちょっとした出来事に対しても、挫折してしまうほど自我の弱さを持っていることが示唆される」。佐野勝徳他「生育歴からみた登校拒否の発生要因とその予防について」、289 頁。(『児青精神医』25 (5)、1984, 285 - 294.)

49　高木「学校恐怖症」、435 - 436 頁。

50　同上、436 頁。

51　小沼十寸穂「神経症の原因」、450 頁。(『診療』7 (6)、1954, 450 - 455.)

52　有名な文句ではあるが、典拠としてはとりあえず以下の碩学によるものを引く。加藤正明「神経症概念の変遷」、435 頁。(『臨床精神医学』15 (4)、1986, 435 - 441.)

53　高木「学校恐怖症」、437 頁。

54　これらの抄録は以下に掲載されている。『児精神医』2 (1)、1961, 84 頁。

55　鷲見たえ子、玉井収介他「学校恐怖症の研究」、27 頁。(『精神衛生研究』8, 1960, 27 - 56.)

56　鷲見たえこ等による発表「学校恐怖症児の問題」の抄録より。

57　鷲見等が発表した第 1 回日本児童精神医学会においては、彼らの発表に続いて、レオ・カナーによって提唱された「幼児早期自閉症」をめぐる議論がなされている。先に挙げた鷲見の論文「幼児性分裂病の臨床的研究─精神分裂病との関連において─」も、これを論じているものである。そもそもカナーの「幼児早期自閉症」を日本に最初に紹介したのが、第 49 回日本精神神経学会(1952 年)における鷲見の発表であった。従って、彼女にとっては、「精神分裂病など」は除くという条件は自明のものであったと言える。なお、1960 年には岩田由子が「学校恐怖症について」という論文を発表してもいるが、岩田はまた「分裂病が疑われる幼児の 1 例」という論文を上出弘之と共に『精神医学』誌上に発表している。「学校恐怖症」をめぐる議論は、「幼児早期自閉症」をめぐる議論とパラレルに展開していたのである。後に、若林愼一郎が当時の事情を振り返って次のように述べている。「自閉症の問題と同時に、1955 年前後から、学校恐怖症 school phobia、登校拒否 school refusal の問題が、わが国における児童青年精神医学における大きな問題として登場してきた」。若林愼一郎「私の児童精神医学の歩

み」、5頁。(『児青精神医』33 (4)，1992，1 - 11.)

58　鷲見、玉井他「学校恐怖症の研究」、29頁。

59　同上、27頁。

60　同上、28頁。

61　鷲見は1955年から1958年までアメリカに留学しボストンでB. ランクのもとに学んでいる。以下はその見聞記として読める。鷲見たえ子「米国、英国における児童精神医学」(『精神医学』1 (9)，1959.)また、鷲見はその報告を日本精神分析学会の東京支部例会においても行っているが、その時に彼女が述べていることは、アメリカの児童精神医学における「分離不安」説について教えることが多い。「1957年マサチュセッツ州ウスターにあるクラーク大学（こゝは Freud がアメリカで始めて精神分析学につき講義をした所）で Anna Freud を迎えて学会を開きました時、彼女が"親のパーソナリティが変化しない限り子供の問題は解消しない"といった言葉を私は非常に印象深く記憶しておりますが、これは特に自我精神分析学的見地に立って子供の精神発達を眺めた時、子供の自我発達の様相に親子関係、特に親のパーソナリティが非常に重要な影響を及ぼしていることが明瞭になって来ました事から当然理解できる事であります。そして子供の問題、性格、行動は親の持っている無意識の葛藤と密接な関係があり、親の無意識の問題を解決することが、子供の問題を解消し、その性格をより健全なものにする上に重要な必要条件であると考えられているのであります。たとえば精神療法の道程で親にいつもくっついて離れない、学校へも一人で行けず、その他の何か退行的症状を持つような子どもが次第に治療者との関係を通して成長の萌しを示し始める事があるとします。すると往々にして母親は子供が少し良くなりかけて来た頃に何か理由を作って治療を中断しようとしたり、或る時には、子供が急に以前の問題をぶり返して来たりすることがあります。その原因を母親を通して探ってみますと、母親自身が子供が成長して自分から分化した一個人次第になって行く事に反対する無意識の要求を持っていたことが判明したりする場合があります。従ってこのような場合、若しこの母親の持つ問題が解決されない限り子供はいつ迄も母親の赤ん坊であろうとする欲求と、そして子供自身が個体内に持つ成長への力との板ばさみになって苦しむと共に益々何かの形で問題行動になり、又何事に対してもアムビバレンツな性格を発達させることになるでありましょう。従って当然治療も望ましい方向には進展しないわけであります」。鷲見たえ子「精神分析学に基ずいた児童精神医学」、53頁。(『精神分析研究』Ⅵ，3，1959，52 - 56.)

62　岩田由子「学校恐怖症について」、1052頁。(『小児科臨床』13 (10)，1960，1049 - 1055.)なお、この論文には症例が2件報告されているが、そのうちの1件は、初診時の年令が10歳と9カ月で、父親が統合失調症で入院していた女の子の例である。この症例報告には次のような一文がある。「この子供は更に母子別々に面接を続けた結果、5回目から、極めて受動的ではあるが応答するようになり、新学期を機に転校させたところ登校拒否が始まってから約4カ月後、遠足の日から登校を始めるようになった。しかしまだ、登校前に姉と口げんかをして「学校恐怖症！」とからかわれたり、学校で友人に「Mさんは先生にひいきにされている」といわれたことを気にしては休むことがあり、尚面接を続けている」(同上、1054頁)。

63　高木隆郎は後にこうした類型論を次のようにして批判している。「およそ精神医学の臨床で、何らかの類型的カテゴリーを提示するときには、それがたんに統計整理用のラベルであるのか、それとも、たとえば疾病概念のごとく理論的な構成概念であるのかを明白にさせるべきである」。高木「登校拒否の心理と病理」、226頁。

64　鷲見他「学校恐怖症の研究」、54頁。

65 同上。

66 レオ・カナー『児童精神医学』黒丸正四郎、牧田清志訳、医学書院、1964 年、520 頁。
これは同書の第三版を訳出したものである。初版は 1938 年に出されている。

67 若林『エジソンも不登校児だった』、24 頁。

68 中沢たえ子『子どもの心の臨床―心の問題の発生予防のために―』岩崎学術出版社、
1992 年、181 頁。

69 同上、164 頁。

70 伊藤克彦「児童神経症の 1 考察」、147 頁。(『児精神医』3 (3), 1962, 147 - 153.)

71 同上。

72 同上。

73 同上、151 頁。

74 同上。

75 高木四郎はこの流行を「不思議な現象」として、その理由を次のように述べている。「非
指示療法あるいは来談者中心療法（clientcentered therapy）は、人も知るごとく、ア
メリカの心理学者 Carl Rogers が唱導した心理療法の一体系である。それは多くの書
物によって紹介されており、注目すべき方法には違いないけれども、アメリカ本国に
おいては沢山ある心理療法の体系の 1 つにすぎないのである。精神分析療法あり、な
おその他にもいろいろな方法があって、大多数の人はむしろそれらの方法を用いてい
るのである。わたくしの渡米中の印象を述べれば、なるほど Axline の Play Therapy
はよく読まれているけれども、わたくしの同僚たちはそれだけを問題にするようなこ
とはなかった。いな、かれらの間で非指示療法を取り立てて問題にすることはなかっ
たといってよい。わたくしは滞米期間の最後の 2 カ月、アメリカ各地の代表的な児童
指導クリニックを歴訪することにし、その選択についてはわたくしの真なんだ Szurek
博士を始め、指導者たちの意見を仰いだが、Rogers のいた Counseling Center を推
薦してくれた人はなかった。これによって Rogers に対する評価が暗示されているよ
うに思う」。高木四郎「わが国児童精神医学の将来」、10 - 11 頁。(『児精神医』1 (1),
1960, 2 - 11.)

76 鑪幹八郎「学校恐怖症の研究 (Ⅰ)」、224 頁。(『児精神医』4 (4), 1963, 221 - 234.)

77 同上、228 頁。

78 同上、221 頁。

79 同上。

80 藤岡孝志『不登校臨床の心理学』誠信書房、2005 年、1 頁。

81 神保信一他「登校拒否に関する研究の動向と文献総覧」、3 頁。(『明治学院論叢』248,
1976, 1 - 39.)

82 鑪「学校恐怖症の研究 (Ⅰ)」、221 頁。

83 同上、222 頁。

84 同上、228 頁。

85 同上。

86 第 4 回日本児童精神医学会総会における発表「学校恐怖症にかんする研究 (2) ―その
治療処置の結果の考察―」による。以下に抄録が掲載されている。『児精神医』5 (1),
1964, 45 - 46 頁。

87 鑪「学校恐怖症の研究 (Ⅰ)」、230 頁。

88 同上。

89 同上、231 頁。

90 同上、232 頁。

91 鑪幹八郎「学校恐怖症の研究（Ⅱ）」、81頁。（『児精神医』5（2），1964, 79 - 87.）

92 同上、82頁。

93 同上。

94 同上。

95 同上、85頁。

96 同上、83頁。

97 抄録は以下に掲載されている。『児精神医』6（1），1965, 56 - 57頁。

98 これに続いて、梅垣弘「学校恐怖症に関する研究（Ⅰ）—学校恐怖症の予後—」（1966年）、神保信一「登校拒否の予後と問題点」（1979年）、渡辺位「登校拒否の予後」（1983年）といった論文が散発的に発表されている。なお、「予後」をめぐる問題についてはまた後で述べる。

99 山本はこの二つしか挙げていないが、他にも Schulversagen という言葉があるようである。

100 山本の論文は、後になって次のように評価されたことがある。「山本の論文は精神分析的に偏り過ぎた登校拒否の成因分析を、できるだけ記述的にしようとする伝統的な精神医学的立場からの批判あるいは反動として捉えるべきものであって、日本の学会においてよく見られる現象である。しかし、詳しい分析はあっても、分離不安論ほどの影響を与えることもなく、その後、引用されることも顧みられることも少なく終わってしまっているのである。おそらく、状態像の詳しい把握に終わってしまっていることがその原因であろう。なお、山本の記述や分析は子供の遺伝負因・疾患・状態像、養育環境を中心になされており誘因として学校での出来事が多少取り上げられているが、学校との関連で登校拒否を捉えようとする態度がないことは言うまでもない」。横田正雄「登校拒否論の批判的検討＜その5＞—日本に登校拒否が現れた頃の社会的状況と初期の登校拒否論—」、18頁。（『臨床心理学研究第』30（1），1992, 11 - 19.）しかし、後に述べるように、1965年の高木隆郎の論文はこの山本の論文を踏まえなければ評価できないものである。

101 山本由子「いわゆる学校恐怖症の成因について」、558頁。（『精神経誌』66, 1964, 558 - 583.）

102 同上。

103 同上。

104 同上。当時の精神神経症の分類は、カナーの『児童精神医学』や高木四郎の『児童精神医学各論』などを参考にすれば、概して1）不安神経症（不安発作）、2）心気症、3）強迫神経症、4）ヒステリーに分けられる。「広場恐怖症」や「対人恐怖症」は3に含まれるが、同じ恐怖症でも「分離不安」として説明されていた「学校恐怖症」は少なくとも3には含まれていなかった。後に見るように、山本としてはそれを2に含めている。

105 同上、559頁。

106 同上。

107 同上、560頁。

108 同上、561頁。

109 同上。傍点は原文強調。

110 同上、563頁。

111 同上、564頁。

112 後に山本は、児童神経症を不安型、恐怖型、強迫型、転換型、抑うつ型、退避型に分けて論じている。この時、「学校恐怖症」は、「学校状況において自己実現が不可能

となる退避型の神経症」とされ、笠原嘉が提唱した退却神経症に近いものとされている。山本由子「児童神経症」、81頁。(『現代精神医学体系』第17巻B《児童精神医学Ⅱ》、中山書店、1980年、53 - 91頁。)

113　山本「いわゆる学校恐怖症の成因について」、561頁。

114　これについてはまた後で述べる。

115　黒丸正四郎が次のように述べている。「昭和二十九年、我国で初めて本病の発表をしましてから、にわかに世の幼児自閉症への関心が高まって、子供が急に発言しなくなったり、すねたり、反抗して、孤独を好んだりしますと、すぐ経過もよくみずに、これは幼児自閉症だとか、精神分裂病だとか、診定されるようですが、性格的に自閉的な傾向があるということと、自閉症状という精神病理学上の症状とは全く別のもので、自閉症状はそうやたらとあるものではありません」。『子供の精神障害』、194頁。

116　山本「いわゆる学校恐怖症の成因について」、564頁。

117　同上、566頁。

118　この点は、後に見るように高木隆郎によって批判されることになる。

119　山本「いわゆる学校恐怖症の成因について」、570頁。

120　同上。

121　同上、571頁。

122　同上、578頁。

123　同上、582頁。

124　同上。

125　同上。

126　その典型とされる詩人ヘルダーリンについて、彼は次のように述べている。「分裂気質性の人はおおむね厳しく見えるものだが、ヘルダーリンもまた徹頭徹尾諧謔を欠いていた。ただに実生活で受ける種々の印象に対して自我的に過敏であったばかりでなく、これらの印象を心の中でたがいに融合させて行くという能力をも彼は持っていなかった。彼は友だちとの間のどんなわずかな冗談をも全く理解することができなかった。たまたま何か言われるとそれを曲解し、またちょっとばかり笑いかけられたとて「自分のもっとも神聖なものが汚された」と感じるほどの人であった。人間同志の友情に対するあまりに緊張し理想化された夢想概念のゆえに、彼は狂熱的な友情礼賛の法悦と、沮喪しつくした落胆苦渋との間をたえず彼方此方と動揺しなければならなかった」。エルンスト・クレッチマー『天才の心理学』岩波書店、1953年、200 - 201頁。なお、引用に際しては旧漢字を改めた。

127　「彼らのうちあまり強健でないものは、概してこの時期に極端な耽溺や哲学的穿鑿、両親や周囲の人々との不和、職業選択の困難、または早晩消褪する熱中的突進等にかたむきやすい（青春期危機）」。同上、58頁。

128　山本「いわゆる学校恐怖症の成因について」、577頁。

129　同上、582頁。

130　同上。

131　同上。

132　若林慎一郎他「学校恐怖症または登校拒否児童の実態調査」、77頁。(『児精神医』6 (2), 1965, 77 - 88.)

133　同上。

134　同上。

135　同上。

136　同上、79頁。

137 同上、81頁。

138 同上、83頁。

139 同上、84頁。

140 若林慎一郎他「登校拒否と社会状況との関連についての考察」、167頁。(『児精神医』23 (3) , 1982, 160 - 178.)

141 同上。

142 同上。

143 同上、169頁。

144 若林慎一郎他「登校拒否の現況と背景」、820頁。(『臨床精神医学』12 (7) , 1983, 815 - 823.)

145 若林慎一郎『登校拒否の社会病理』第一法規、1992年、6 - 7頁。

146 藤田智之「フリースクールの類型化と問題点」、95頁。(『佛教大学大学院紀要』30, 2002, 93 - 107.)

147 平井富雄『メランコリーの時代』読売新聞社、1983年、14頁。

148 栗田広他「"登校拒否"の診断学的分類」、88頁。(『臨床精神医学』11 (1) , 1982, 87 - 95.)

149 同上。

150 同上、93頁。

151 似たような問題意識のもとに書かれた論文として、星野仁彦他「登校拒否症に対する DSM - Ⅲ多軸診断の応用」(『臨床精神医学』115 (5) , 1986, 659 - 667.) がある。これは、鷲見論文 (1960年) や鑪論文 (1963年) における診断基準によって「登校拒否症」と「診断」された50例にDSM - Ⅲを適用し、その上でその「診断学的位置づけ」を問題としたものである。この論文では、栗田等の主張を踏まえながらも次のように言われている。「DSM - Ⅲの体系が、登校拒否症のカテゴリーを意識して避けたとも思われる。故意に避けた理由は不明であるが、登校拒否症の原因として種々の心理機制や精神病理があげられて、まだ定説がなく、一つの診断カテゴリーとしてまとめえなかったためかもしれない」(665頁)。

152 中根晃他「登校拒否:精神分裂病および気分障害」、1173頁。(『精神科治療学』6 (10) , 1991, 1173 - 1179.)

153 齊藤万比古『不登校の児童・思春期精神医学』金剛出版、2006年、3頁。引用文はややわかりにくいかもしれない。氏の論文「思春期心性と不登校」(1998年) では次のように言われている。「不登校は基本的には、「学校を欠席していることをめぐる強い心理的なこだわりや葛藤を持ちながら、どうしても学校での活動に参加できない」という子どもの行動とその背景にある心性を総合して名づけたものと定義しておくのが適切であろう」。(同上、66頁。) そして、「現在、不登校は一つの疾病概念・障害概念とは考えられておらず、したがって「不登校」は病名ではなく、あくまで症状や現象をあらわす用語とされている。なぜなら、不登校はさまざまな原因から生じうるものであり、疾病概念としての均一性を持つものでないからである。しかし、不登校の結果生じてくる子どもの反応には一定の類似性や共通性が存在していることは確かであり、また医学的な診断が当初から可能な場合が比較的少ないことから、不登校あるいは登校拒否といった用語でこのような現象をとらえておく意義は今でも存在していると筆者は考えている」。(同上、66 - 67頁。) しかし、私としてはそれが「学校を欠席していること」の結果ではなく「不登校」の結果と概念化されることの意味を問いたい。なぜなら、そこにまたそれが「現象」とされることの理由もあるからである。

154 高木隆郎他「学校恐怖症の典型像 (I)」、146頁。(『児精神医』6 (3) , 1965, 146 -

155.）

155　同上。

156　同上、147 頁。

157　同上。

158　同上。

159　同上、147 - 148 頁。後に高木はまた次のように述べている。有名な箇所なので引用
　　　しておく。「奇妙なことではあるが、山本はいわゆる学校恐怖症（あるいは"登校拒否"
　　　といってもよい）を即神経症とは考えていないのかも知れない。学校恐怖症が恐怖症
　　　であるなら、登校拒否という単一の症状以外に、いわば多彩な神経症症状があった方
　　　がより神経症らしくて、〈中核〉的なように思えるのだが、どのようなものであろうか。
　　　そもそも、筆者はただ学校を休むだけという〈単一症候的〉な登校拒否をいまだ観察
　　　したことがない」。高木「登校拒否の心理と病理」、226 頁。

160　山本「いわゆる学校恐怖症の成因について」、561 頁。

161　高木他「学校恐怖症の典型像（I）」、148 頁。

162　同上。

163　同上、149 頁。

164　同上。

165　同上。

166　同上、150 頁。

167　同上。

168　同上。

169　同上、151 頁。

170　黒丸正四郎が第 2 回日本児童精神医学会シンポジウム（1962 年）において次のよ
　　　うに証言している。「わたくしが Johns Hopkins 大学に行きましたときに、やはり、
　　　schoolphobia のカンファレンスがありまして、議論をやっていましたけれど、いわ
　　　ゆる年少児に出てくる、母親との separation anxiety とか、そのために学校へいか
　　　ないのとか、あるいはその時にも出ておりましたが phasic にでてくる、思春期前期
　　　の depression のために学校に行かないのだとか、あるいは autistic な傾向の子ども
　　　であるために学校を忌避する、とかいったのは、ぜんぶ別のカテゴリーに入れまし
　　　て、monosymptomatic に、ともかくほかに症状はないけれど、学校にだけ行け
　　　ない小学校 3 年から中学校の年令に当たるものだけを純粋に現象的にとり出して、
　　　schoolphobia と呼んでいる。そういった未分化な時代に、わたしどもの学問があるの
　　　ではないかと考えています」。『児精神医』3（1）, 1962, 64 頁。

171　高木他「学校恐怖症の典型像（I）」、151 頁。

172　同上。

173　このことからして、以下の論文ではこの第Ⅲ期を「仮性適応期」としている。しか
　　　し、以下において述べるように、「自閉」をめぐる高木と山本の見解が異なるために、
　　　そのような見方では理解が届かない。深谷和子「学校恐怖症児のストレス」（『児童心理』
　　　19（11）, 1965.）

174　高木他「学校恐怖症の典型像（I）」、151 - 152 頁。高木は、また別の論文において「児
　　　童神経症」に関して次のように述べている。「いちばん問題となるのは、神経症それ自
　　　体の結果、患児は退行症状（regressive symptom）をもったまま現実から逃避し、自
　　　己の殻をかたくとざして自閉的（autistic）となってますます重篤な防衛機制をもって
　　　外界との接触（contact）をたつようなばあいであって、そこではほとんど精神病との
　　　区別が困難なまでに自我崩壊をきたし、たとえばいったん獲得した言語などをも失っ

てしまったり、まったく発達の原初的（primitv）なレベルにとどまって精神薄弱との区別がつかなくなったりする」。高木隆郎「児童神経症の臨床」、28 頁。

175　高木他「学校恐怖症の典型像（I）」、152 頁。

176　同上。

177　それは、初診時 12.5 才の女の子の例である。「経済的に恵まれた韓国人の家庭で 8 人同胞の第 4 子。同胞が多いので、本児誕生時すでに旧高女に通っていた長姉が、理由以後母代りとなって養育した。父には妾もあり、母にたいして権威的、封建的な態度であったが、子どもたちには無干渉主義であった。母は教育もなく、家庭での発言権のない服従的な人であったが、折りから終戦直後の新思潮と混乱の中で、女学生で聡明な長姉の家庭における比重がますます高く、したがって本児もその傘の下で、甘やかされ、我儘の通らぬことのない、本児第 1 主義の幼児期を送った。ませていて、自己主張が強く、口達者で、疳の高い、すぐ泣く子であった。姉は女学校から帰ると本児を自転車にのせて級友達にみせてまわる程で、事実それに適しく本児は美しく、怜悧そうで、かわいかった。入学したころは成績もすぐれていたが 3 年生頃から次第に成績が下り、かつこの頃から、在日韓国人の戦後の反動的権力が次第に弱まり、やがて朝鮮動乱が始る。その頃から何かにつけてものをきたながり、たとえば話をしていると唾がかかるといって遠のいたり、風呂も誰よりも先に入らないときがすまぬという不潔恐怖（mysophobie）が始る。5 年生頃から、我儘が昂じ、口ごたえや乱暴が強く、建具をこわしたりする。前後して学校でも自分の意見が通らないとて休んだり、交友がない。稽古ごとなどやらせてみたが長つづきせず、一方、高級な翻訳文学などを自分の机にならべて読んでいるらしいが、殆んど理解はしていないらしい。小学校 6 年生から学校は全欠。初診時、黙して語らず、入院せしめると、帰せ帰せとまったく攻撃的となったが、権威的な態度で拒否すると、心因性の発熱（40℃）を来し、数時間で下熱」。高木隆郎「学校恐怖症」、433 頁。

178　高木他「学校恐怖症の典型像（I）」、152 頁。

179　同上、153 頁。

180　同上、154 頁。

181　同上。この箇所に関して、村山正治は次のように指摘している。「大事な点は、神経症ということと、登校不能が心理的理由という二点である。極端ないい方をすれば、学校恐怖症とか、登校拒否などといわず、"神経症"でいいのではということもできる」。『登校拒否児』黎明書房、1972 年、10 頁。

182　小澤勲「児童精神科医療の現状と問題点」、41 頁。（『児精神医』11（1），1970, 41 - 54.）

183　同上。

184　小澤はまた第 67 回日本精神神経学会総会（1970 年）において「児童精神科医療の現状と問題点」という題で発表している。以下に抄録、『精神経誌』72（3），1970, 231 頁。

185　『精神経誌』71（11），1969, 1030 頁。

186　同上、1074 頁。

187　臺弘『誰が風を見たか—ある精神科医の生涯—』星和書店、1993 年、215 頁。

188　『児精神医』11（1），1970, 11 頁。

189　十亀史郎「あすなろにおける実践を通してみた児童精神医学会の問題点」、59 頁。（『児精神医』11（1），1970, 58 - 60.）

190　十亀はまた第 67 回日本精神神経学会総会（1970 年）において「児童精神科医療の問題点」という題で発表している。その抄録では、「児童精神科医療はこれまで少なくとも医療と呼ばれるにふさわしいような形では存在していなかった」と言われている。

『精神経誌』72（3），1970，232 頁。

191 『児精神医』11（1），1970，15 頁。

192 村田豊久「児童精神科医たらんとすることのやりきれなさ」、120 頁。（『児精神医』11（2），1970，120 - 124.）

193 小澤「児童精神科医療の現状と問題点」、53 頁。

194 『児精神医』11（1），1970，34 頁。

195 この事情については以下の論文に詳しい。阿部あかね「1970 年代日本における精神医療改革運動と反精神医学」（『コア・エシックス』6 号、2010 年）。

196 既に引用したように、「学会はじまって 10 年を経ていまだに児童精神科医療の体系もなければ一つとして満足に機能している施設もない」と十亀は言っていたが、あすなろ学園において、その事情は次のようなものであった。「わたくしが治療施設に教育機関が併設されねばならぬことを主張しそこで精神障害児に関する教育権について説明しはじめたとき、学会はそれに対してどれだけの認識をもっていただろうか。いや認識をもっていたことはいたのであろうが、その現状の功罪について充分の理解がなかったことは確実である。あすなろにおいてはそれは入院治療を成功させるための一つの条件でもあったし、入院したことによって教育権を失うという、そういう事態は児童精神科医のはしくれとしてとうてい許すことのできぬものであった。そして既にわたくしが外来診療のみを事としていても、病院その他の機関に治療のため通っているという理由をもって通学を拒否されるような事例はいくらもいるのであり、おそらく同じ主張をしたに違いない。あすなろがそのおかれた場で四苦八苦して学会に援助を求めたときも結局言い分は当然であるとしながら何等実効ある行動にうつろうとはしなかった。とりわけ教育可能性について問題となったのは自閉症児であったが、当時あすなろにいる自閉症児をみて（その中には緘黙児も数人いたのだが）これは教育不能であると断じた方もいたのである。結局私たちは猛運動を展開してようやく昭和 42 年あすなろに情緒障害児教室を設置することができた」。十亀「あすなろにおける実践を通してみた児童精神医学会の問題点」、60 頁。

197 十亀史郎「学校恐怖症の研究（I）」、67 頁。（『児精神医』6（2），1965，67 - 75.）

198 同上。

199 同上。

200 同上、70 - 71 頁。

201 同上、71 頁。

202 同上。

203 同上、72 頁。

204 同上。

205 同上。

206 同上、73 頁。

207 同上。

208 同上、74 頁。

209 同上。

210 同上。

211 同上、73 頁。

212 同上。

213 同上、74 頁。

214 『児精神医』19（4），1978，260 頁。

215 安田生命社会事業団『いわゆる登校拒否について II』1976 年、163 頁。

216 　その他にも、同書には村田正次などによる論文「登校拒否児童に関する一考察」や、藤掛永良などによる論文「学校恐怖症の一時保護治療」などが収められている。この大会では一般研究発表が112件あったが、そのうちの7件が登校拒否を主題としたものでる。

217 　『臨床心理学の進歩』1966年、260頁。

218 　同上、261頁。

219 　同上。

220 　同上。

221 　同上、265頁。

222 　ただし、佐藤が勤めていた児童相談所の所長は精神科医であったようである。

223 　『臨床心理学の進歩』、266頁。

224 　同上、270頁。

225 　同上、271頁。

226 　山本論文において、「精神分裂病の疑われる症例」とされた2例のうち1件は、「母方伯父、伯母及び父方祖父、曾祖父がすべて自殺している」ということであった。また、残りの1件においても兄がてんかんということである。同様に、辺縁群の第三型とされた「登校拒否と神経症症状が並列的に出現した症例」4例のうち、3件において親族に自殺や神経症が見られるということである。そもそも、山本が扱った30の症例のうち、親族に精神病や神経症と診断された者がいる例は8件あり、それも診断が不確かなケースも含めば13件もある。

227 　同じく『臨床心理学の進歩』に掲載された藤掛永良（臨床心理判定員）などによる論文「学校恐怖症の一時保護治療」は、児童相談所における「症児」の「収容治療」を論じたものだが、13例のうち1件の「治療効果のもっともあがらなかった例」について次のように述べている。「本例のばあい、母子ともに顕著なヒステリー性格で、そのうえ父親にもつよい性格偏異があるなどの特徴をもっており、治療がいちじるしく困難なケースであった」（106頁）。これは小学三年生の女の子の例であるが、青少年補導センターなどを経て児童相談所に来所、一時保護所に92日収容した後、養護施設に1年と1カ月収容、結果として精神病院に入院した報告されている。

　また、厚生省児童家庭局監修『児童のケースワーク事例集』に掲載された古賀孝（相談員）による報告「神経症的長期欠席児童の事例」には次のようにある。「ここに取上げる事例は、C級の小規模な児童相談所（以下児相と略す）の機能の限界を無視し、4年余にわたりながらも系統立てた指導もできず、いたずらに日時を費やし、今日に及んでいるものである。この事例も多の多くの神経症的長欠児と同様に、学校や家庭、その他の人達によって対症療法的な扱いを受けたうえに、精神病院（クリニック・チームを持たず）においても、それに近いものに薬物療法が加えられたに過ぎず、来所当時は、末期的症状に近いものであった。従って、指導関係に導入することに、疑問を持ちながら取扱いを開始したものの、経過を振返ってみると、その疑問のとおり運ばれてしまい、ついには、通所拒否までに至り、今日もなお、長欠状態にある時、児相の限界を云々したり、クライエントが末期的症状であったといい逃れても、そこには一個の「人間」を取扱う上に、大いなるものが残されている。今、ここに失敗のこの事例を通し、児相として反省の資料とするものである」。『登校拒否児の指導事例』日本児童福祉協会、1966年、27頁。しかし、この事例は、弟が事故死、母親の兄が精神病で死亡している男の子の例なのである。

　児童相談所における「治療」の問題点についてはまた後で述べるが、ここではこうした「負因」に関する言及が或る時期から全くなされなくなったことを敢えて指摘し

ておきたい。

228 　『臨床心理学の進歩』、273頁。

229 　同上、275頁。

230 　村山『登校拒否児』、3頁。

231 　『臨床心理学の進歩』、281頁。

232 　後に村山は次のように述べている。「現在の日本のように、専門家としてのカウンセ
ラーが配置されていない状況では、学校カウンセリングのポイントは、重篤なケース
を「治療」するよりは、早期に発見して、介入したり、生徒相互に支えあうクラスの
雰囲気をつくる開発カウンセリングに重点がおかれるべきであると思う」。「登校拒否」
775頁。(『教育と医学』34 (8), 1986, 773 - 777.)

233 　例えば、村山自身が次のように語っている。「ある時には、向かいあっているクライ
エントについて私の中に形成されてくるイメージを話してみたり、私の中学時代の話
をしたりして、いつの間にか自分の気持ちを表現してしまっていることもあった。ま
た沈黙している相手の感情、目つき、動作などを通じて面接場面で相手が経験してい
る気持ちと思われること―例えば孤独感、焦燥感、抵抗感など―を感じとって表現す
ると、相手の表情が大きくうなずくこともあった。こうして相手と時間を過ごしてい
ると、私の中に、相手に対する関心というか、好意というか、相手と一緒に過ごすこ
とに魅力とでもよびたいような気持がおこってくる。そうすると、沈黙もあまり気に
ならないし、治療過程を予想したり、相手を変えようとする気持ちがその関係の中で
はおこらなくなり、そのままの相手を認められるような気持になる。治療者としての
私がこうした気持ちになれるとき、治療は著しく進展するように思われる」。村山正
治「登校拒否中学生の心理療法」、181頁。(『臨床心理』3 (3), 1964, 173 - 184.)
　なお、この論文で扱われている4例のうち、2例は京都大学の小児科から紹介され
たもの、また1例は京都大学の精神科で強迫神経症と診断されたケースである。

234 　同上、182頁。

235 　同上、181頁。しかし、このような「収容治療」の問題点は、一つには、それが言わ
れているように「強制収容」となりがちだということにある。この点については、村
山の著作『登校拒否児』の第7章「収容治療」においても認められている。なお、高
木四郎などは次のように述べている。「かつて、テレビの紹介番組で、ある短期治療
施設の記録を見たが、ある登校拒否児が紹介されていた。なぜ施設に収容する必要が
あるのか、その辺の理由がどうも希薄であった。このような問題は普通は外来形式で
充分治療しうるものである」。高木四郎『児童精神医学総論』慶応通信、1960年、252頁。

236 　この言葉に関しては、河合洋による次のような指摘が参考になる。「「情緒障害児」
という言葉は、もともと自閉症児に対する差別緩和のためにアメリカでつくられた言
葉だが、日本に輸入されたとたんに、文部省によれば、自閉症をはじめ不登校・小児
神経症などをすべて包含する用語に変質させられている」。河合洋「もう一つの生活
の場を求めて」、223頁。

237 　或る論文では次のように言われている。なお、この論文において紹介されている「学
校恐怖症」児の「症例」は、心理検査（人格検査、知能検査）によって「診断」が
下された上で遊戯療法によって「治療」された例である。「情緒障害児 (Emotionally
Disturbed Children) の収容治療 (Residental Treatment) を目的として、情緒障害児
短期治療施設が、大阪、静岡、岡山、京都に設置され、すでに治療を開始しているが、
登校拒否を主訴とする児童は、全治療児の約20%（大阪11%、静岡19%、岡山18%、
京都35%）である。これらの登校拒否児は、神経症的登校拒否であり、いわゆる学校
恐怖症 (School phobia) として取り扱われている」。三好正男、在里玲子「登校拒否症

の Residental Treatment」、101 頁。(『臨床心理』3 (2)，1964, 101 - 110.)

確かに、同じ時期に書かれたまた別の論文では、これらの施設で扱われた「行動問題児」のうち登校拒否が占める割合は非行の22%と並んで23%となっている。林脩三「情緒障害児短期治療施設の現状と問題点」『青少年問題研究』7号、大阪府生活文化部、1964年。

238　『臨床心理学の進歩』、293 頁。

239　1980年の『教育』382号に掲載された鈴木政夫の論文「児童相談所からみた日本の子ども」では、「長期欠席、「登校拒否」、「家庭内暴力」などの現象についての相談」が増えていると言われている。登校拒否は医学用語であり、家庭内暴力は警視庁によって最初に使われた言葉であるから、児童相談所の立場としては、このように括弧を付けて用いるのが正しい。

240　高木四郎の『児童精神医学各論』に付された「児童相談・精神科臨床における非医師の役割と限界」には、次のようにある。「心理療法は治療であると同時に診断の過程でもある。たとえば、最初神経症と考えられたものが、治療の経過中に器質的疾患や精神病であることが疑われ、あるいは明らかになって、診断、したがって治療方針を変更しなければならないことがある。その際、診断の能力のない者にはこれに応じて治療方針を変えることはできない。最初に専門医が診断を下したから、あとは非医師が治療をしてよいというものでは決してない」(666 頁)。

高木はどこかしこで繰り返しこのようなことを述べているが、それは多くの相談所において、医師の指導も受けずに「登校拒否児」の収容治療や心理療法が行なわれていたからである。この点についてはまた後で述べる。

241　『臨床心理学の進歩』、306 頁。

242　同上、305 頁。

243　同上、308 - 310 頁。ここでは、平井信義も次のように発言している。「彼らの親に会うと、ゼンソク児の親にあっている時と非常によく似ておる。アメリカでは1935年に親から子どもを隔離して、施設でゼンソクを治して非常に効果があがった。こういう子どもの場合、つらさに負けるという弱い気持ちを早く治してもらうために、自信をもって相当強引にやってもいいのではないか」(同、310 頁)。

244　梅垣弘編『医師のための登校拒否 119 番』ヒューマンティワイ、1990年、79 頁。

245　『児精神医』3 (1)，1962, 41 頁。

246　『児精神医』5 (1)，1964, 47 頁。引用文中、「演者」とあるが、これは池田の発言が向けられている演題の演者、牧田清志などを指す。なお、この演題についてはまた後で検討する。

247　梅垣弘「登校拒否の臨床的研究—登校再開に関する経過良否を中心に—(学校恐怖症に関する研究 (2))」、74 頁。(『名古屋医学』93 号、1970年、72 - 98 頁。)

248　同上、90 頁。

249　梅垣弘「登校拒否児へのアプローチ—理解と援助をめぐって—」、18 頁。(『小児の精神と神経』18 (1)，1978, 17 - 23.)

250　梅垣弘『登校拒否の子どもたち』学事出版、1983年、122 頁。

251　梅垣編『医師のための登校拒否 119 番』、76 頁。

252　梅垣弘「地域的とりくみ—小児精神衛生活動の実践—」、210 頁。(『小児の精神と神経』21 (4)，1981, 207 - 216.)

253　この論文は明らかに第4回日本児童精神医学会 (1964年) での演題「思春期登校拒否児童の精神医学的研究 (その1) —その概念的位置づけと精神力学的背景について—」を踏まえたものだが、この時の発表について牧田は次のように述べている。「学

校恐怖症という呼名が誤解を招きやすいのであれば、呼称をいかにしてもよいではないか。学校恐怖といった場合なにも精神医等の教科書にあるように学校の校舎等の具体的な対象があらねばならぬと rigid に考える要はないと思う。既成の概念としてはとかく分離不安に帰着されるようなものに用いられているため、われわれはこんかいの発表はことさらにこの呼称をさけて、登校拒否という事実を意味することに意を用いた」。『児精神医』5 (1)、1964、45 頁。

254　同学会における鷲見等の発表に対する討議での発言。以下に「抄録」として収録されたものより引用。『児精神医』2 (1)、1961、84 - 85 年。

255　牧田清志、小此木啓吾「Dynamic な観点からみた小児精神医学」、410 頁。(『小児科診療』26 (4)、1963、410 - 417.)

256　高木「わが国における児童分裂病研究の歴史的展望」、122 頁。

257　牧田清志『改訂　児童精神医学』岩崎学術出版社、1986 年、16 頁。

258　同上。

259　高木四郎『児童精神医学各論』慶応通信、1978 年、696 頁。

260　カナー『児童精神医学』、176 頁。

261　『児精神医』3 (1)、1962、65 頁。なお、この発言に対しては、平井信義が「いまの牧田先生のお考えに同意見です」と言っている。

262　牧田、小此木「Dynamic な観点からみた小児精神医学」、415 頁。なお、この箇所は小此木の筆によるものと考えられる。共著論文ではあるが、パートごとに書き手が異なっている。

263　第 4 回日本児童精神医学会 (1964 年) では、牧田等の発表を受けて、児玉省が「school phobia を神経症や psychosis をのぞくといわれたが、わたくしは neurosis と思うがどうか」と質問している。これに対して、牧田は次のように答えている。「ここでわれわれがいわゆる school phobia として扱ったものは、登校拒否を第一義的な主として来院した患者の中、精神医学の既成の分類たとえば分裂病とか、抑うつ病とか、強迫神経症だとかいう診断がつけえるもの、そしてその症状により 2 次的に登校しないものをすべて除外したうえで、情緒的に学校にいかないということを一義的に認めるものをいうのであって、したがって神経症であるとかないとかいう問題ではない」。『児精神医』5 (1)、1964、47 頁。

264　これは、1985 年の『臨床精神医学』誌上において、「話題の精神症候群」の一つとして紹介されているが、この時には「不思議の国のアリス症候群」であるとか、「燃え尽き症候群」、「青い鳥症候群」などと並んで小此木提唱による「ピーターパン症候群」も紹介されている。

265　牧田清志『改訂　児童精神医学』岩崎学術出版社、1986 年、20 頁。

266　佐藤修策『登校拒否ノート』北大路書房、1996 年、305 頁。

267　同上。

268　高木「登校拒否の心理と病理」、219 頁。ここで、高木がアイゼンバーグの名が出されていることに注目しているのは、彼自身の論文 (1959 年) においてやはりアイゼンバーグの論文 (1958 年) がサテンフィールドの論文 (1954 年) と合わせて参照されているからであろう。しかし、同じ年に発表された論文とは言え、その内容からすれば高木の論文の方がはるかに優れている。
　　例えば、佐藤が次のように言うのであれば、高木論文 (1963 年、1965 年) に見られたような問題意識をまるで欠いている。「拒否の原因としてクライエントが列挙するものには次のものがある。「友人にいじめられる」「委員になった」「先生が叱る」「悪口をいう」「手をあげても先生が指してくれない」」など。これらにみられる共通点は、

理由が友人と教師にのみ向けられていることと、拒否の理由をきく相手と時期により
あげる理由が違うことである。このうち、後者は拒否の誘因は特定できないことを暗
示している。たとえ特定の誘因が強調されたとしても、そのなかに学校場面全体への
態度が要約されていると考えられる。さらに誘因について興味をひくのは、外面的に
は些細事とみえる刺激が児童によっては行動制止の要因の一つとして感受されている
点である。いいかえると、これはクライエントの異常な感受性とパーソナリティ特性
を暗示している」。佐藤『登校拒否ノート』、19頁。

269 同上、i - ii頁。
270 同上、ii頁。
271 佐藤『不登校（登校拒否）の教育・心理的理解と支援』、i頁。
272 同上、ii頁。
273 同上、1頁。
274 同上。
275 同上、2頁。
276 佐藤の著作は登校拒否観やその呼称の変遷について述べているが、それとはまた別
に登校拒否の成因論に触れた論文のリストを挙げている。しかし、そこにあるのは、
佐藤自身の論文（1959年）や鷲見論文（1960年）、平井論文（1966年）などで、伊藤
や山本の論文は含まれていない。同上、21頁以下。
277 佐藤『登校拒否ノート』、2頁。
278 同上、15 - 16頁。
279 実際に、続く佐藤の論文「学校恐怖症の研究」（1962年）では、「発症前の性格」や「病
前性格」という表現が出てくる。なお、この論文は厚生省監修『児童のケースワーク
事例集』の第14集（1962年）に掲載されたものが、同事例集の第12～16集から登
校拒否関連の事例を集めた別冊『登校拒否児の指導事例』（1966年）に再録されたも
のである。この事例集は全国の児童相談所における相談例を集めたものである。
280 既に見たように、『臨床心理学の進歩』（1966年）に掲載された日本臨床心理学会の
第1回大会シンポジウムでの佐藤の発表「学校恐怖症について」においても同じよう
なことが言われていた。しかし、佐藤が「遺伝負因」に関して明示的に述べたのは、
1962年の論文「学校恐怖症の研究」が最初のようである。そこでは、「現在、登校拒
否が再発または継続している6ケースのうち近親者に精神異常が見出されたものは5
ケースである。この一致は偶然であろうか」と問われている。佐藤『登校拒否ノート』、
39頁。また、加藤正明他編『例解教育相談辞典』（1969年）に掲載された佐藤の論文
「登校拒否の子」においても次のように言われている。「遺伝的背景について研究結果
は必ずしも一致していないが、治療効果のみられないケースには近親者に精神分裂病、
神経症、変死などの負因が見いだされる傾向がある」。佐藤『登校拒否ノート』、63頁。
281 同上、17頁。
282 同上。
283 また、5例のうち2件は難産により仮死状態で生まれた子どもであることも記されて
いる。なお、別の論文「学校恐怖症の研究」（1962年）では、佐藤が扱っている35件
の症例のうち、鉄道自殺者が近親に認められる例が1件あるとされているが、それが
こうした5例のうちの1件なのかは不明である。
284 佐藤『登校拒否ノート』、25頁。
285 同上。
286 同上、33頁。
287 同上、307頁。

288 　同上、122 頁。

289 　高木四郎「児童精神医学について」、1010 頁。(『小児科臨床』13 (10)．1960, 1007 - 1014.)

290 　牧田清志「児童精神医学に於ける診断の特殊性」、1021 - 1022 頁。(『小児科臨床』13 (10)．1960, 1015 - 1023.)

291 　心理判定とは人格テストや知能テストによる検査のことで、医学的な診断とは異なる。また、臨床心理判定員とは、少なくとも当時は大学の心理学部を出たという程度のもので、精神療法（心理療法）の訓練などそもそも受けていない。児童相談所の相談員の問題については後述する。

292 　高木隆郎は後に、厚生省家庭児童局監修による『児童のケースワーク事例集』において登校拒否の報告が出された最初の例として、その第 9 集 (1957 年) に収録された宮城県中央児童相談所の事例「登校を嫌がる女児とその母親」を挙げている。高木隆郎「登校拒否の心理と病理，」219 頁。

　　残念ながら、この第 9 集が手元にないために判断できないが、「学校嫌い」ではなく「神経症的登校拒否」、ないしは「神経症的登校拒否児」の指導例としては、おそらく同事例集の別冊として刊行された『登校拒否児の指導事例』(1966 年) に収められた藤掛永良による報告「神経症的登校拒否児の治療」が最初ではないかと思われる。これは、藤掛自身によって、「分離不安の心的機制がかなり強い登校拒否児の一治療例」(同、13 頁) とされている。藤掛は、吉田猛と共に、第 5 回日本児童精神医学会 (1964 年) においても、「学校恐怖症の研究（IV）―家族力動からの研究―」と題して発表を行っている。この時の発表では次のように言われている。「われわれは、すでに、学校恐怖症の症状形成、ならびに、治療過程について報告してきた。(第 71 回、第 73 回関西心理学会、第 27 回臨床心理学会)」。『児精神医』6 (1)．1965, 55 頁。

293 　小野修「登校拒否児の基礎的研究」、251 頁。(『児精神医』13 (4)．1972, 250 - 259.)

294 　同上。

295 　同上、253 頁。

296 　同上、254 頁。

297 　同上、257 頁。

298 　菅谷克彦「児童相談所からみた高木四郎氏の著書について」、150 頁。(『児精神医』8 (2)．1967, 150 - 153.)

299 　同上、150 頁。当時の事情については、佐藤が次のように述べている。「相談所に勤務しはじめた昭和 29 (1954 年) ごろは、朝鮮半島における戦争のさ中で、また第二次世界大戦の戦禍が、児童福祉分野にもまだ影を落としていた。浮浪児や売春の子どもへの対応――施設収容と生活の自立への指導――が、当時の児童福祉界の重要な仕事であった。戦時中の防空壕に手を加えて住居としていた家庭が、まだあちこちに点在していた。岡山市内で浮浪し、野宿している子どもを発見しては、児童施設に収容し、その子がまた無断外出し、それを職員が探し回って施設に連れ戻すというイタチごっこが、戦後、8、9 年経ていた当時にもよくみられた」。佐藤『登校拒否ノート』、304 頁。

300 　菅谷「児童相談所からみた高木四郎氏の著書について」、150 - 151 頁。

301 　浅賀ふさ「児童相談所のあり方」、206 頁。(『児童心理と精神衛生』4, 1951, 206 - 208, 226.) 文中、「C女史」とは、ＧＨＱの計らいで国連の社会活動部から派遣されたキャロルというカナダのソーシャルワーカーのことである。

302 　1962 年に厚生省児童局によって行われた調査では、「臨床心理判定員の学歴」として、全 223 名のうち、「大学院（心理学）卒」が 14 名、「大学心理学科卒」が 147 名、そして「その他」が 62 名となっている。下平幸男「全国児童相談所臨床心理判定員の現況」、

42 頁。(『臨床心理』2 (1)．1963, 40 - 45.)

　このうち、「その他」とは心理学すら専攻していない者を指していると考えられる。この点については、当時の東京中央児童相談所の職員による次のような証言がある。「児童福祉法ですと、「判定を司る所員の中には医師であって精神衛生に関して学識経験を有するもの、またはそれに準ずるもの、または学校教育法に基づく大学または旧大学令に基づく大学において心理学を専修する学科またはそれに相当する課程を修めて卒業したもの、またはこれに準ずる資格のあるものが、夫々一人以上含まれなければならない」となっており、心理判定員の中には「これに準ずる資格を有するもの」という名の下に心理学を専攻していないものもかなり含まれています」『臨床心理』1 (6)．1963, 25 頁。

　なお、当時のアメリカにおける「有資格心理判定員（Qualified Psychological Examiner）」は博士号を取得しているか、修士課程修了後に 5 年間の実地経験を積むことが条件とされていたようである。以下を参照。玉井収介「臨床心理学者養成の問題」（『臨床心理』1 (6)．1963, 40 - 45.)。

303　竹中哲夫「児童相談所の問題と改革の視点―児相心理判定員の立場から―」、33 頁。（『児精神医』11 (3)．1970, 160 - 164.)

304　同上、161 頁。

305　この箇所、厚生省家庭児童局（旧、児童局）編『児童相談所執務必携』（1964 年）が参考文献として挙げられている。同書の初版（1958 年）の編纂には高木四郎も関与している。高木自身による証言を参照。高木四郎「児童相談所について―菅谷克彦氏に答えて―」、69 頁。（『児精神医』9 (2)．1968, 69 - 77.)

306　竹中「児童相談所の問題と改革の視点―児相心理判定員の立場から―」、161 頁。

307　同上、163 頁。

308　菅谷「児童相談所からみた高木四郎氏の著書について」、152 頁。

309　高木「児童相談所について―菅谷克彦氏に答えて―」、69 頁。

310　同上、76 頁。

311　神保他「登校拒否に関する研究の動向と文献総覧」、1 - 2 頁。

312　この言葉について、例えば渡辺位は次のように指摘している。「このことばを用いたのは厚生省であって、昭和三六年児童福祉施設のひとつとして〝情緒障害児短期治療施設〟というものが設置されたことにはじまる。この施設の入所対象となるべき児童は、昭和四二年一二月に出された中央児童福祉審議会の答申によると、〝家庭、学校、近隣での人間関係のゆがみによって感情生活に支障をきたし社会適応が困難になった児童〟とし、登校拒否、緘黙、ひっこみ思案等の非社会的問題を有する児童、吃語、夜尿、チックなど神経性習癖を有する児童などをあげている」。渡辺位「病める社会で病むこども―子どもの情緒障害とその社会的背景―」、36 頁。（『世界政経』1980/2, 36 - 47.)

　また、平井信義などには次のように述べている。「情緒障害ということばが公式に使われているのは、厚生省の情緒障害児短期治療施設と、文部省の情緒障害児学級である。前者においては、「軽度の情緒障害を有する児童」が対象として規定されているが、その障害の内容については、何らの規定がなされていない。自閉症は除外するように通達が出されているが、その軽度のものは、現在もなお収容されているようである。一方、文部省においては、登校拒否、緘黙、神経症の 3 つと、自閉症、精神病、脳障害の 3 つ、さらにその他を加え、7 つを対象としているが、前 3 者は主として心因性であるのに対して、後 3 者はむしろ内因性である。しかし、そのいずれについても情緒およびその障害の定義や内容については何らの規定性がない」。平井信義「情緒面での異常行動の原因と対策」、321 頁。（『教育心理』22 (5)．1974, 321 - 325.)

313 芹沢俊介編『引きこもり狩り―アイ・メンタルスクール寮生死亡事件／長田塾裁判―』
雲母書房、2007年、緒論。

314 神保他「登校拒否に関する研究の動向と文献総覧」、6頁。

315 力動精神医学においても例えば次のような用例がある。前後の文脈は無視して、参
考までに引いておく。「治療開始の際にあらわれてくる抵抗はすでに論じたので、本
章ではその後にあらわれてくる抵抗の種々相を説明するのであるが、それには、そも
そもフロイドが初めて抵抗という名を以て呼んだ現象の記述から出発するのが便利で
ある」。土居健郎『精神療法と精神分析』金子書房、1961年、118頁。

316 安田生命社会事業団『いわゆる登校拒否についてⅡ』1976年、157頁。なお、論文「情
緒障害児の予後に関する研究（その1）」では、昭和41年から45年にかけて教育相談
室に来所した112名の「登校拒否児」のうち、連絡の付いた60名について昭和51年
に行った調査が報告されている。これによると、そのうちの8名が除籍処分を受けて
いた。先に卒業証書をもらったがゆえに夜間中学に入れずに困っている例を挙げたが、
それはこのシンポジウムの最後にフロアーから出されたものである。

317 この1988年に行われた1987年度分の調査「児童生徒の問題行動の実態と文部省の
施策について」については、『週刊読売』（1989年11月）誌上において次のように報
じられている。「「実は一回目の昨年は、教育相談所の分類をそっくり引用しました。
しかし、それでは余りにも子どもの性格傾向に求めすぎるという反省が出ました」こ
う話すのは、調査した文部省の辻村中学校課長。校長会など、各地で開かれた教育の
会合でもそこらがしきりと話題になった」。なお、引用は以下に再録されたものによる。
加藤順敏『学校に行かない・行けない子どもたち』村田書店、1993年、125頁。

318 以下の論文を参照。和井田節子「学校教育相談に関する教員研修の変遷―小泉英二
の業績を中心に―」『名古屋女子大学紀要』（人文社会編）55号、2009年。

319 小泉英二編『登校拒否』学事出版、1973年、5頁。

320 同上、6頁。

321 教育相談所において教員が「心理療法」を施すことは違法である。東京都の23区に
設置された教育委員会付属の教育相談施設の問題点については以下を参照。高木四郎
『児童精神医学各論』、717頁以下。

322 小泉編『登校拒否』、15頁。

323 同上、16頁。

324 このAタイプとBタイプは平井信義における急性型と慢性型に対応するとのことで
ある。

325 小泉英二「教育相談の立場から見た不登校の問題」、360頁。（『児青精神医』29（6），
1988, 359 - 366.）

326 同上、361頁。

327 同上、362頁。

328 同上。

329 小泉は次のように述べている。「心因性の登校拒否と大きく分類できるということは、
心理的ないしは教育的働きかけで改善しうるものという意味を持っている」。「態様別
指導の実際はどうなっているか」、41頁。（『児童心理』47（8），1993, 41 - 47.）

330 或る論者が次のように述べている。「研究者のあいだで使われることの多い「不登校」
という言葉は多義的な意味を含んでいる。広義の不登校と、狭義の不登校（いわゆる
登校拒否）を使い分けるにしても、狭義の不登校をどう限定するのか、注釈なしでは
使えないだろう。皮肉にも「不登校」は、怠学も含めた「不登校」現象の多義性を代
表した最も適切な言葉なのかもしれない」。藤岡孝志『不登校臨床の心理学』、2頁。

しかし、「皮肉にも」も何も、「不登校」とはそもそもそうした概念なのである。

331　以下に抄録、『精神経誌』70（2），1968, 169 - 170 頁。

332　以下に抄録、『精神経誌』71（3），1969, 281 頁。なお、この時の学会では、「大学生にみられる「学校恐怖症」」という題で、東京大学の保健センターで診療を受けた 13 名の学生についての報告がなされている。また、「大学生の精神病像の特徴について」と題された発表では、笠原嘉などが campus psychiatry の役割について述べている。

333　有岡巖、勝山信房他「学校恐怖症に関する考察」、290 頁。（『精神医学』10（4），1968, 290 - 294.）

334　同上。

335　同上。

336　同上。

337　もっとも、似たような問題意識は伊藤論文（1962 年）にも見られた。しかし、有岡はこの伊藤論文を参照してはいないようである。

338　高木隆郎が第 4 回日本児童精神医学会（1964 年）において次のように述べている。「これまで学校恐怖症についてなされた議論は、登校拒否という社会的現象にかんして集中していたようである。しかし、すでにわれわれがのべてきたように、その心的機制で重要なのは、本症が対人神経症に属するものであって、その裏に学校生活における劣等感、集団内での緊張が存在していることである。そのような観点にたつと、＜学校にいっている学校恐怖症＞とでもいうべき一群の子どもが存在することにきづく」。『児精神医』5（1），1964, 44 頁。なお、ここで「社会的現象」と言われているが、それは社会病理論を俟っての「不登校」現象とは意味を異にしている。

339　有岡他「学校恐怖症に関する考察」、294 頁。

340　有岡巖、勝山信房他「高校生の学校恐怖症―原因に関する考察―」、58 頁。（『精神医学』11（1），1969, 58 - 63.）

341　同上、62 頁。

342　同上、61 頁。

343　同上。

344　同上。

345　同上、63 頁。

346　『精神経誌』71（4），1969, 412 頁。

347　同上。

348　有岡巖、勝山信房『学校恐怖症』金原出版株式会社、1974 年、1 頁。

349　同上、2 頁。

350　同上、25 頁。

351　同上、33 頁。

352　以下はその見聞記である。平井信義「西ドイツにおける児童精神医学の動向」（『精神医学』1（9），1959.）

353　平井は当時を振り返って次のように証言している。「わたくしだけは昭和 30、31 年を西ドイツに留学していたために、アメリカの力動精神医学とは異なった児童精神医学の考え方の洗礼を受けたといってもよい。西ドイツではアメリカの力動精神医学に対しては、きわめて批判的であり、西ドイツの学会において精神分析の立場にある研究者が発表するときには、席を立つ人が多かったのが印象的である」。平井信義「児童精神医学会発会当時の思い出」、104 頁。（『児精神医』21（2），1980, 104 - 105.）

354　以下に所収の座談会における発言。稲村博、小川捷之編『学校ぎらい　シリーズ・現代の子どもを考える⑨』協立出版、1982 年、166 頁以下。

355　平井によると次のようなことがあった。「第1回児童精神医学会の折に、わたくしが
　　　＜自閉症児＞について報告したのに対して、高木博士が「小児科医が自閉症のことを
　　　研究するのは筋違いですね」といわれた」（同上、105頁）。平井は、「Autism を疑う
　　　小児の診断とその経過について」という論文を『小児の精神と神経』（1964年、第4
　　　巻第3号）に発表している。そこで言われていることは、登校拒否に関して言われて
　　　いることと無関係ではない。
356　平井正義「School phobiaあるいは登校拒否の類型と原因的考察並びに治療について」、
　　　80頁。
357　同上。
358　同上、81頁。
359　同上。
360　同上。
361　平井「思春期における登校拒否症」、117頁。（『小児の精神と神経』8（2）, 1968, 117
　　　- 125.）
362　この理由については後で述べる。
363　平井「School phobia あるいは登校拒否の類型と原因的考察並びに治療について」、
　　　83頁。
364　同上、85 - 86頁。
365　同上、86頁。
366　平井「登校拒否児の治療過程からみた自我形成に関する試論」、65頁。（『大妻女子大
　　　学家政学部紀要』8, 1972, 63 - 75.）
367　同上、74頁。
368　平井「思春期における登校拒否症」、120頁。
369　同上、118頁。
370　同上、125頁。
371　同上。なお、同じ小児科医でも次のようなことを言う向きもある。「通院治療を行っ
　　　ても登校拒否状態を乗り越えることが困難だと判断した場合は、適当な病名、すなわ
　　　ち起立性調節障害や思春期高体温症等の疾患名をつけて、精査を理由に入院させるこ
　　　とにしている。これは、本人が登校拒否児というレッテルをはられずに入院でき、入
　　　院時の心理的負担を少なくし、更には本人の訴える身体症状を治療者が受容すること
　　　により、治療関係が成立し易いと考えるからである」。藤田克寿他「入院治療を行っ
　　　た、中学生の登校拒否症43例の検討」、1182頁。（『小児科臨床』41（5）, 1988, 1179 -
　　　1183.）
372　もっとも、次のような事情もあったのだろう。「神経症という診断は、それを専門と
　　　している医師であれば、発生の機序についての幾つかの推論があることを知っている。
　　　しかし、一般の母親は（しばしば一般の医家も）、神経症と診断を受けることによって、
　　　母親又は家人の問題からワクをはずして、子ども自身のみの問題として考える。或い
　　　は、子どもの神経線維に欠陥があるという器質論的方向で考えてしまう。そう考えた
　　　母親には、自己洞察が起きにくい。まして、投薬が行われていると、母親はそれに依
　　　存し、さらに自己洞察は起きにくくなる。従って、神経症の診断及び投薬には、慎重
　　　でなければならない」。平井「小児科学の立場から」、295 - 296頁。（『小児の精神と衛
　　　生』1（4）, 1961, 291 - 299.）。
373　平井「登校拒否児の治療過程からみた自我形成に関する試論」、63頁。
374　同上、67 - 68頁。
375　こうした観点から書かれた小児科医による論文もある。小松保子等「身体症状を主

訴とする不登校児」『小児の神経と精神』22（4），1982年。

376 平井信義『学校ぎらい―こうして直そうこうして防ごう―』日新報道出版部、1975年、244頁。

377 平井「児童精神医学会発会当時の思い出」、104頁。

378 『児精神医』2（1），1961, 98頁。

379 同上、115頁。

380 同上。

381 高木四郎「小児神経症」、406頁。（『小児科診療』26（4），1963, 405 - 409.）

382 同上、409頁。

383 清水将之等の論文「登校拒否に関する疾病学的研究」には、この論文が、「登校拒否を症候群として理解し、神経症水準から精神病水準のものまでさまざまに発言すると考える者もある」という一文に付された注において参照されている。清水将之等「登校拒否に関する疾病学的研究―ICD - 10，1988年草稿より見たいわゆる登校拒否の位置―」、245頁。（『児青精医誌』32（3），1991, 241 - 248.）しかし、この論文では、「筆者らは1968年に不登校ということばを試用してみたこともあるが、あまりにも意味合いが拡散されすぎるきらいがあり、好ましくないと思った」（同上、241頁）ということで、清水の論文「高校不登校者における危機的状況」（『児精医誌』10（3），1969）を引くのみである。なお、この清水の論文については、注461を参照。

384 『精神経誌』68（2），1966, 186頁。

385 この点はまた論者たちが次のように述べていることからして明らかである。「先ずこの不登校乃至は登校拒絶という不適応現象はその家族或は教師に特別の注意を与える。即ち今迄みられた不眠、内閉性、過敏性、反抗、学業成績の変化等の神経症或は反応性の症状とみられていたものが不登校という社会的事実と結びつく場合始めて単なる神経症症状ではなくて、病気であるのかと気付かれるのである。更には今迄訴えられていた日常茶飯事的物語でさえ病の症状であったのかと驚くのである。これは分裂病と診断された場合であるが、分裂病の疑い乃至は神経症と診断された場合はわれわれを非常に悩ませるものがある」（同上、186頁）。

386 辻悟「青年期における主体の硬着的な退去とその現代的背景―不登校、いわゆる学生のApathieを中心に―」、1284頁。（『精神医学』15（12），1973, 1279 - 1289.）

387 既に述べたように、辻の編著『思春期精神医学』（1972年）に収められた和田慶治の論文「不登校」もその表題が示す通りに「不登校」という言葉を用いてはいる。例えば、和田は次のように述べている。「一般に不登校の場合には、学校へ行きたくても行けないとか、授業が下らないから学校へは行かず自宅で効果的な勉強をするのだと言いながら、自宅では無為の生活を送っているなど、現実には、その個人の背後になんらかの精神病理的問題を秘めているのが通例である。われわれが≪不登校≫と呼称しているのは、学校へ行かないという現象を示すと同時に、このような病理性を抱いている場合を総括したものである」。（辻悟編『思春期精神医学』金原出版株式会社、1972年、104 - 105頁）。これだけでは、「不登校」は登校拒否と等価である。もっとも、また次のようにも言われている。「わが国では、さいきんとみに不登校が増加する傾向にあり、かつ年齢層にも拡大が見られ、大学生に至るまでのより高年齢の不登校が増えてきている。このことは不登校を、個々の家庭と個人の問題としてではなく、青年をとりまく社会的背景、その構造の変化による現代の社会病理現象のひとつの現われとして捉える必要があることをしめしている」（同上、113頁）。

388 馬場謙一「わが国の思春期論・歴史的な展望」、313頁。（『季刊精神療法』9（4），1983, 308 - 319.）

389 『精神経誌』91（11），1989, 962 頁。

390 中井久夫、山中康裕編『思春期の精神病理と治療』岩崎学術出版社、1978 年、1 - 2 頁。

391 同上、313 頁。

392 彼らの共著論文には、「不登校（われわれは、学校恐怖症、登校拒否など、さまざまな呼称で扱われている《学校へ行かない》ということを主訴とする受診者を一括してこのように読んでいる）」とある。清水将之、北村陽英、辻悟、藤本淳三、和田慶治他「精神科思春期外来診療上の問題点」、426 頁。（『精神医学』16（4），1974, 425 - 431.）

393 辻悟『治療精神医学への道程』1981 年、治療精神医学研究所、2 - 3 頁。

394 住田は、第 78 回東海精神神経学会（1971 年）において「学校恐怖症児からみた教育」という題で発表している。この時、あすなろ学園の奥宮祐正が次のような意見を寄せている。「学校恐怖、登校拒否の問題を特有な家族間の精神力動や症児の神経症的な性格傾向に帰することに疑問を抱いている点で演者の報告と同様の感じをもっている。最近の教育は中教審答申にみられるように能力（学力）偏重の傾向が顕著になり、情緒的関与が軽視されている」（『精神経誌』75（2），146 頁）。また、精神科医の山中康裕が次のように述べている。「精神科医が教育に関して意見を述べるとき、自閉症、精薄など、障害児の問題を抜きには考えられない。いかなる子も教育を受ける権利をもつことを痛感している。この観点から「就学猶予」というのは一方的に障害児の教育権をうばうもので、「教育」のあり方が問われる。臨床データをつみあげ、真の「教育」を考える力となっていくことを望む」（同上）。

続いて、第 85 回東海精神神経学会（1973 年）における山中康祐などによる発表「学校恐怖症児の精神療法過程よりみた本症の成因論的考察――「性同一性逆転」および「早発性思春期」について――」では次のように言われている。「登校拒否を来たす諸々の疾患のうち、純粋に神経症的なものを学校恐怖症と呼んでいる。この成因については従来各方面からの寄与があるが、教室の住田は教育のあり方そのものからの影響を論じ、また演者の一人山中は先に、愛知県加野調査から、急速に核家族化が起こっている地域にこの発生率が高いことを示し社会的背景の影響を考察した」。（『精神経誌』77（2），118 頁。）山中の考えについてはまた別に述べるが、住田の発言が一定の影響力をもって受け入れられていたことは確かであろう。

395 住田征夫「不登校児からみた教育に関する精神医学的一考察」、556 頁。（『名古屋市立大学医学会雑誌』22（4），1972, 556 - 572.）

396 同上、570 頁。

397 同上、556 頁。

398 同上、559 頁。

399 同上。

400 同上、559 - 560 頁。

401 同上、560 頁。

402 同上、566 頁。

403 この見地からして、住田は小此木の論の前提を批判している。確かに、小此木は 1963 年の論文において次のように述べている。「一定の社会的・経済的条件をそなえた学生にとって、登校は彼等が社会から課せられた一番重要な役割であり、この社会的役割を無事に果すことによって彼等は、社会に適応した学生として認められ、受け入れられるのであり、これによって学生は＜学生としての自分＞という安定した社会的自己意識と自信を保つことが出来る」。小此木啓吾他「思春期精神発達における identification conflict, negative identity & identity resistance ――いわゆる登校拒否児童の自我発達をめぐって――」、17 頁。（『精神分析研究』10（2），1963, 15 - 24.）

404 もっとも、この点については、「この施設の問題については、別の機会に譲り、今回は触れないこととする」と言われている。住田「不登校児からみた教育に関する精神医学的一考察」、568頁。

405 同上、569頁。

406 藤本淳三「登校拒否は疾病か」、603頁。(『臨床精神医学』3 (6)、1974、603 - 608.)

407 同上、603 - 604頁。

408 同上、604頁。

409 同上。

410 同上。

411 後に、藤本は佐藤修策の『登校拒否ノート』の書評を書いているが、それによると、この三分類はそれぞれ「恐怖型」、「拒否型」、「脱落型」と名付けられる。しかし、その後になって、さらに「臨校恐怖型」を加えたということである。以下を参照、『児青精神医』37 (5)、1996、458 - 459頁。なお、この分類自体は和田によるものである。和田によると、「恐怖型」と「拒否型」の「心理的メカニズムは本質的に同一」ということである。辻編『思春期精神医学』、107頁。

412 藤本「登校拒否は疾病か」、604頁。

413 この分類法における「学校恐怖症」と「登校拒否」の区別について、それが高木論文 (1965年) における区別とは異なっていると指摘したのは若林愼一郎である。若林愼一郎『登校拒否症』医師薬出版株式会社、1980年、13頁。確かに、この指摘は正しいのであるが、問題は、なぜそれが異なっているのかというその理由 (論理) である。そこに、「不登校」という言葉の持つ意味を読み取らなくてはならない。次のような主張にしても、この藤本と和田による論理を俟って初めて可能になるものである。「登校拒否 (school refusal) は、言うまでもなく不登校を共通の症状とする問題行動群 (症候群) であり、したがってその心理治療に関する討議には、多少とも対象の範囲を明確にすることから始めなければならない。ここでは、山本 (1964) の分類を借りるなら、登校拒否の辺縁群、すなわち非行化傾向のあらわれとしての不登校や、一時的な意志的拒否、精神病の初期症状としての不登校等を除外するだけの、やや大まかなとらえ方をしておこう」。深田和子「登校拒否へのカウンセリング的アプローチ」、251頁。(『季刊精神療法』3 (3)、1977、251 - 257.)

414 主として高校生の「不登校」が対象ということであるが、そのためもあってか、参考文献として挙げられている13編の論文には、有岡等の論文が2編含まれている。

415 藤本「登校拒否は疾病か」、606頁。

416 同上、607頁。

417 同上、608頁。

418 横湯園子『子どもの心の不思議―臨床という仕事から―』柏書房、1997年、1 - 2頁。

419 渡辺位『児童精神科』プレジデント社、1984年、18頁。

420 抄録は以下、『精神経誌』66 (4)、1964、331 - 332頁。

421 『精神経誌』67 (3)、1965、210頁。

422 齊藤万比古『不登校の児童・思春期精神医学』、49頁。

423 それ以前にも、「小学校教育と精神医学」という論文が同誌には掲載されている。しかし、この件に関する渡辺の論文として後に諸家によって参照されるようになった最初の論文が「青年期の登校拒否」であることは確かである。

424 渡辺位「青春期の登校拒否」、1255頁。(『臨床精神医学』5 (10)、1976、1255 - 1260.)

425 渡辺位『不登校のこころ』教育史料出版会、1992年、131 - 132頁。

426　同上、147 頁。

427　渡辺「青春期の登校拒否」、1257 頁。

428　同上、1257 - 1258 頁。

429　同上、1258 頁。

430　岩井寛等「新たなる不登校現象の症例と理論」、272 頁。(『季刊精神療法』3 (3)，1977, 272 - 277.)

431　同上。

432　笠原嘉「退却神経症という新カテゴリーの提唱」、291 頁。(中井、山中編『思春期の精神病理と治療』、287 - 319 頁。)

433　笠原嘉『退却神経症』講談社現代新書、1988 年、14 頁。

434　笠原嘉「現代の神経症—とくに神経症性 apathy (仮称) について—」、157 頁。(『臨床精神医学』2 (2)，1973, 153 - 162.)

435　同上、13 頁。

436　辻「青年期における主体の硬着的な退去とその現代的背景」、1279 頁。

437　同上。

438　同上、1279 - 1280 頁。

439　同上、1280 頁。

440　同上、1283 頁。

441　辻悟「思春期と社会」、57 頁。(辻編『思春期精神医学』、49 - 64 頁。)

442　同上、64 頁。

443　辻悟「思春期分裂症様病像」、1163 頁。(『臨床科学』7 (9)，1971, 1163 - 1165.)

444　辻悟、清水将之「思春期の精神医学的問題点とその対策」、493 頁。(『臨床科学』5 (4)，1969, 488 - 497.)

445　清水将之、頼藤和寛「思春期危機について (その1)—文献展望と予備的考察—」、42 頁。(『精神医学』18 (2)，1976, 145 - 152.)

446　井上洋一、頼藤和寛「不登校」、170 頁。(清水将之等編『神経症の周辺—「境界領域症状群」について—』医学書院、1981 年、165 - 189 頁。)

447　同上、169 頁。

448　シンポジウムでの討論の模様は、翌年に出された『児精神医』20 (1) に記録されているが、分量からして見開き 1 頁分に過ぎない。

449　『児精神医』19 (4)，1978, 246 頁。

450　同上、266 頁。

451　同上、258 頁。

452　同上。引用箇所は次のように続く。「自閉症の子どもにしても普通学級に入れたりとか、学校へ通わしたりとか、実際に精神科の医者が学校の中でおこってくる自閉症の子と他の子どもたちとの関係、あるいは PTA の方で親が孤立化しちゃう、そのへんの問題っていうのは全部＜学校の問題でしょ＞という形で学校の先生に任せちゃう。そういうふうにいった医者自身がじゃ本当に PTA に行って説得しきれるのかどうかというところまでひっかまえて学校の問題だという形でもいわないと、これは精神科医として無責任だと思うんですね」。

453　遊戯療法は投影法の一種であり子供と仲良くして元気にさせることではない。竹中哲夫は情緒障害児短期治療施設での収容治療が 2 年 10 カ月にも及んだ「登校拒否児」の事例を報告しているが、それによると、その間、約 10 カ月にもわたった「遊戯治療」が「ほとんど気楽な遊びの場面としてしか発展しなかった」ということである。竹中哲夫「登校拒否児の心理治療における治療者の立場の問題」、193 頁。(『児精神医』9 (3)，

1968, 187 - 195.）

454 『児精神医』19（4），1978，250 頁。

455 先に、小泉の著作『登校拒否』（1973 年）について検討したが、そこではこのCタイプは「精神障害によるもの」として広義での登校拒否と分類され、「神経症的登校拒否」とされる他の二例とは区別されていた。しかし、この時の議論展開からすると、この二つははっきりとは区別されていない。1980 年に出された同書の続刊においては次のように言われている。「AタイプやBタイプであった子どものうちで、自我が弱いとか未成熟な子どもがだんだん登校拒否がひどくなり、長くなっていく間にCタイプのほうに移っていってしまうというケースもある」。『続登校拒否─治療の再検討─』学事出版、1980 年、25 頁。

456 『児精神医』19（4），1978，252 頁。

457 同上、253 頁。

458 同上。

459 同上、254 頁。

460 同上、259 頁。

461 同上、261 - 262 頁。清水は、1969 年の段階で既に次のように述べている。「すくなくとも現段階では、高校不登校症例をはっきりとした精神医学における＜疾病＞であるとして捉えているのではないということであります。たんに学校へ行かないという事態を捉えて、精神医学的に病気であると断ずるのはあまりにも早計でありましょう。そうかといって、精神科医が採り上げるべき問題ではないとも言えません。とにかく、現実の問題として、学校へ行かないという事態を憂慮した親に連れてこられて精神科外来へやってくる高校生がいるのですから、わたくしども臨床精神科医は手を拱いてみているということは許されません」。『児精神医』10（3），1969，142 - 143 頁。

462 これは、例えば十亀が次のように言ったからである。「学校を休むということ、学校を拒否する、行かないと頑張ることができるというのは、ひとつの本人が持っている健康な反抗の能力というふうに考えます。この反抗する能力というものがやっぱりないんじゃないか、ないというのは別の方向に向いてるような子ども、そうしますと autistic child で、これは学校へ行ってもものも何もいわないで、ずいぶんうっとうしいことだろうと思うんですが、校門のすぐ近くになると非常に身体がこわばって足が半歩ずつしか前に進まなくなるようなそういう子どもでも、学校を休むということをいわないで必ず行く。学校状況がそれほど緊張を要する場面であるにもかかわらず、〈いや〉というふうに拒否することができない」。『児精神医』19（4），1978，252 頁。

463 シンポジウム当日では、清水がはっきりと次のように言っている。「不登校現象が psychosocial に病的であり、当の青年が精神病理的な状況に追いこまれているのは事実であるとしても、これをひとつの疾患単位として扱うことには、いささか疑問が残る」（『児精神医』20（1），1979，41 頁）。また、「不登校現象は単なる神経症の一亜型と断ずるには無理があり、きわめて強く社会因を加味した、ひとつの現代的な社会病理像として浮かび上がってくる」（同上、43 頁）。

464 『児精神医』19（4），1978，263 頁。

465 同上、263 頁。

466 この時の議論では「学校病理」という言葉は使われていないが、シンポジウム当日、渡辺が「登校拒否児童の治療・処遇は、子ども個人あるいは家族の病理性の問題としそれらを対象として行うのではなく、社会病理、とくに学校状況の問題としてとらえ」云々と述べている。『児精神医』20（1），1979，41 頁。

467 同上、49 頁。なお、小澤はまた次のように述べている。「登校拒否を学校の問題とし

てとらえなおそうと提起しながら、「登校拒否をポジティヴにとらえなおそう」というとき、多くの提起がふたたび個人精神病理のなかでの提起にとどまってしまっているように思える。登校拒否が＜かれ＞にとってはポジティヴなものにとらえなおせたとしても、学校あるいは学級集団というなかで考えたとき、ひとりの子どもの登校拒否をその集団にとって、いかにポジティヴなものに転化し得るのか」。同上、49頁。

数ある精神科医たちの発言のうち、私の胸に響くのはいつもこの小澤の発言である。

468　清水将之、奥村透「登校拒否─精神科の立場から─」、248頁。(『小児内科』臨時増刊号、1991年、248 - 251頁。)

469　「当事者」たちの発言とはいえ、これは渡辺を編者として出された著作である。事情は石川憲彦の編集による『子どもたちが語る登校拒否』(1993年)や奥地圭子が「はじめに」と「おわりに」を寄せている『心配しないで不登校』(2001年)にしても同様である。とくに、石川の編著は、その「まえがき」にあるように、「学校にはいかなかったけれど、別に登校拒否したなんて思っていないよ」という子供たちからの疑問を受けながらも、「学校に行っていない子どもたちの生の声を、そのまま、学校が失った子ども文化として記録しておきたい」という意図のもとに公刊されたものである。「当事者」研究の問題についてはまた別の機会に述べるが、差し当たっては以下の論文が優れていることを付記しておく。北山由美「〈登校拒否〉経験の物語性について」『立教大学教育学科研究年報』42号、1998年。

470　大原健士郎「特集にあたって」、1頁。(『社会精神医学』9 (1), 1986, 1 - 2.)

471　清水将之等編『神経症の周辺』、3頁。

472　高木「登校拒否の心理と病理」、218頁。

473　稲村は次のように述べている。「この記事に対して、その直後から大変な反響が寄せられた。筆者らに寄せられたものはほとんどすべてが事例の相談申し込みであり、記事の翌日から始まったオリンピックなどにはほとんど関係なく、昼夜を分かたぬ申し込みであり、それも大部分が20代・30代の遷延例を持つ家族からである。いくつかの機関へ分散して申し込まれたうえ、当初は昼夜を分かたぬ文字どおり嵐のような殺到ぶりであったため、記憶もれなどがあるが、電話、手紙、その他による申し込み数は1,000例を超えている」。「登校拒否の論争をめぐって」、11頁。(『学校保健研究』1989/1, 11 - 15.)

474　『月刊こども』クレヨンハウス、1989年1月号、8頁。

475　同上。

476　『世界』岩波書店、1989年5月号、91頁。

477　同上、94頁。

478　同上、95 - 96頁。

479　『世界』岩波書店、1989年9月号、361頁。

480　同上。

481　川端は高木論文(1959年)の共著者である。

なお、山登は大学院生として稲村の治療に関与したことがある。氏は当時を振り返って次のように述べている。「私がいまの仕事を始めたのは一九八三年ですが、この頃がちょうど、不登校は病気か病気じゃないかをめぐり、業界が騒然としていた時期でした。私は、「登校拒否＝病気」派の急先鋒であった大学助教授の指導のもと、不登校の子どもを精神病院に入院させ、学校に通わせる仕事をしていました。／この「治療」は、誰の目にも無謀な仕業に見えていたと思うのですが、私の先生にだけはそう見えていないようでした。案の定、私たちの「登校拒否症の入院治療」は、ほんの数年間で破綻しました。私は自分のやっていることにすっかり嫌気がさし、大学を逃げ出し

ました」。『子どもの精神科』筑摩書房、2005 年、148 - 149 頁。

　当時の状況については斎藤環の証言も参考になる。「私の所属していた筑波大学の社会医学系稲村研究室というのは、８０年代前半、不登校児を登校させるためのいわゆる「タカ派的介入」をさせる急先鋒だったわけです。はっきり言って、非常にひどいことをしてました。研究室の助教授だった稲村博氏は、その門下生とともに一般精神科病棟のひとつを思春期病棟と称して、そこに不登校児を入れ、無理に学校へ行かせていた。それで、学校へ行けば「治った」としていた。非常に荒っぽいことをやっていたわけです。その当時はほかの一部の病院でもそういうことがあったようです。私が大学院に入ったちょうどその年、TBS テレビが取材に入って、ひどいことがされていると報道した。すると院長がおびえて、その病棟を解体してしまったんです。その後へ、私が入ったわけです。だから、そういった状況に私は関わってはいません。結局、そういうえげつない側面に反発した門下生が、稲村博氏からどんどん離反するという結果を招いたのですが」。『子ども論』2001 年 9 月号、8 頁。

482　『児青精神医』33 (1)．1992, 78 頁。
483　同上、77 頁。
484　同上、79 頁。
485　同上。
486　同上、81 頁。
487　なお、このうちで本書でも参照している論文は、『臨床精神医学』掲載の星野論文（1986 年）と『小児科診療』掲載の富田論文（1989 年）の二本である。
488　このリストについては、後に稲村自身が委員会による調査報告を受けて次のように述べている。「登校拒否症の用語は、かねて私が提出した資料にも明らかなように、小児科・内科系では神経症的タイプの不登校について以前から広く使われているほか、精神科領域でも多くの方々が論文などに用いておられます」。『児青精神医』33 (1)．1992, 102 頁。
489　小崎武「登校拒否—小児科の立場から—」、245 頁。（『小児内科』臨時増刊号、1991 年、243 - 247 頁。）
490　なお、この時の報告書の文責は委員の一人である高岡にある。
491　『児青精神医』33 (1)．1992, 92 頁。
492　同上、93 頁。
493　同上。
494　同上。
495　同上、103 頁。
496　ただし、この本は改訂版（1993 年）において『登校拒否』と名を変えた。なお、平井信義ですら例えば次のようなことを言っているが、本人に聞けば「健保病名」とでも言ったであろうか。「登校拒否の際の身体症状は、いわゆる病気ではない。登校拒否児には「休学」の届出をさせることが多いから、診断書には「登校拒否症」と書くことにしてはいるが、「病気」という考え方は毛頭ない。それ故に、病院に入れることを考えたことがない」。平井信義『学校ぎらい』、6 頁。
497　辻平次郎「登校拒否児の自己意識と対人意識」、182 頁。（『児精神医』22 (3)．1981, 182 - 191.）
498　同上。
499　同上、183 頁。
500　同上、191 頁。辻がここで高木他として挙げているのは、『児精神医』の第 7 巻第 1 号に抄録が掲載された「学校恐怖症の家族」という第 6 回日本児童精神医学会（1965 年）

における演題である。

501　同上、188頁。

502　同上。

503　以下の論文において、三好は「対人恐怖症というこの日本に特異な現象」を論じている。三好郁男「対人恐怖症について―「うぬぼれ」の精神病理―」(『精神医学』12 (5).1970.)

504　同上、189頁。

505　同上、189 - 190頁。

506　同上、190頁

507　同上。

508　同上。

509　同上。

510　同上、189頁。

511　山中康裕「思春期内閉 Juvenile Seclusion ―治療実践よりみた内閉神経症（いわゆる学校恐怖症）の精神病理―」18頁。(中井、山中編『思春期の精神病理と治療』、17 - 62頁。)

512　山中康裕『少年期の心―精神療法を通してみた影―』中公新書、1978年、205頁。

513　高木隆郎「登校拒否と現代社会」、63頁。(『児精神医』25 (2).1984.63 - 76.)

514　同上、64頁。

515　ここでは、この時の調査を振り返って次のように言われている。「本音をいうと、児童分裂病の出現頻度を調べたいという野心がらみであった。つまり、学齢期の子どもが分裂病に罹患すれば、必ずや長欠に陥るだろうという単純な発想からである。当時、「児童分裂病」の研究というのは宝探しのようなもので、そもそも子どもに分裂病はあるのか、あるとすれば一番若い例は何歳くらいまであるのか、小学生・中学生にどのくらいあるのか、といった疑問を明らかにしたいという、若いわたくしにとっていわば野心的な願望があったことは否定できない」(同上)。

516　同上。

517　同上、65頁。

518　同上、67頁。なお、「怠学」という訳語が不適切であることの理由として、高木はハーソブによる次のような記述を挙げている。「「truant（怠学児）」という語は「こじき（乞食）の集まり（an assemblage of beggers）」を意味する古いフランスのことばから来ている。悪党の行為という含蓄が16、17世紀を通してずっとあったのであるが、後になって、「truant」という語が学校に規則的に出席することを怠る男生徒に用いられるようになった。これが19世紀後半、英国での義務教育の導入とともにその語の第一義になったのである。「怠学の」男生徒は勉強をせず、怠惰で、義務を放棄し、反社会的行為に走りがちであると決めつけられていた」。M. ラター、L. ハーソブ編『最新児童精神医学』高木隆郎監訳、ルガール社、1982年、451頁。

519　高木「登校拒否と現代社会」、67頁。

520　同上、71頁。

521　同上、74頁。

522　同上、75頁。

523　『児青精神医』25 (2).1984.79頁。

524　討論の場で小澤は次のように述べている。「非常にわかりやすく言うと、家庭内暴力ということばが世の中にはびこっているのは、「最近の子どもはとっても恐いよ、ひどいことやるんだよ、それに対してはともかく権威像をきちっとたてないといけない」といった主張がこの学会でも主張されているが、そのようなものが背景にある。私は

それに賛成ではない」（同上、97頁）。

525 同上、93頁。

526 同上。

527 同上。

528 同上、94頁。

529 同上、97頁。

530 同上。

531 小澤勲「登校拒否について考える」『精神医療』18巻2号、1989年、31頁。

532 池田由子他「登校拒否と社会病理—中学生の精神衛生調査から—」、3頁。（『社会精神医学』9 (1)．1986, 3 - 8.）

533 このことからして、若林実は、「この数字は驚くべきものと感じざるをえません」と述べている。若林『エジソンも不登校児だった』、66頁。また、渡辺位なども次のように述べている。「このことは、登校拒否という状態に現象化していないという点で相違はあっても、一般の多くの子どもたちの学校に対する態度を示すものであり、登校拒否の逐年的増加に意味を与える一つの事実ではある」。渡辺位『不登校のこころ』教育史料出版会、1992年、76頁。なぜ彼らがこのような調査を無批判に受け入れてしまうのか、読者はその理由を考えられよ。

534 池田由子『中学生の精神衛生』海鳴社、1986年、241 - 242頁。

535 池田他「登校拒否と社会病理—中学生の精神衛生調査から—」、4 - 5頁。

536 同上、5 - 6頁。

537 同上、8頁。

538 渡辺直樹「中学生の行動様式の因子分析による構造解析—学校嫌いと関係因子—」、137頁。（『精神経誌』90 (2)．1988, 125 - 149.）

539 論者たちは、「不登校願望を持つ生徒」には、「親友が少ない」「いじめられた経験がある」「部活動への参加が消極的である」「学内に憧れる対象がいない」という傾向が見られるということから、彼らの「自我の弱さ」を指摘している。本保恭子、佐久川肇「中学生の不登校願望に関する意識調査」、289頁。（『小児の精神と神経』33 (3, 4)．1993, 283 - 290.）

540 先に見た「第19回日本児童精神医学会総会に向けての予備討論」において、清水は「不登校予備群」の他にも、「登校拒否準備群」という言葉を用いている。『児精神医』19 (4)．1978, 253頁。なお、平井信義なども「潜在登校拒否児」という言葉を使っている。平井信義『学校嫌い』、241頁。

541 『児精神医』8 (1)．1967, 16頁。

542 「問題児の問題とは必ずしも親や教師の主観による問題をさすのではない。科学的客観的に見た場合の問題なのである」。高木四郎『問題児—その心の医学—』日経新書、1966年、18頁。

543 竹中哲夫「登校拒否児の施設治療をめぐって（下）」、105頁。（『小児の精神と神経』17 (2)．1977, 1077.）

544 鑪幹八郎「登校拒否と不登校—神経症的発現から境界例および登校無関心型へ—」、260頁。（『児青精神医』30 (3)．1989, 260 - 264.）

545 鑪幹八郎他「描画テストを通してみた登校拒否の予後（将来像）に関する研究」、59頁。（『研究助成論文集（健全育成関連分野）』明治安田こころの健康財団編、27号、1992年、59 - 65頁。）

546 佐藤『登校拒否ノート』、158頁。

547 佐藤自身はこの用語を1981年の論文「家庭内暴力の臨床的研究—登校拒否を中心に

―」から用いているようである。

548 佐藤『登校拒否ノート』、159頁。

549 同上、164頁。

550 鑪「登校拒否と不登校―神経症的発現から境界例および登校無関心型へ―」、263頁。

551 同上、261頁。

552 同上。

553 同上、264頁。

554 同上、261頁。

555 本城秀次他「登校拒否像の時代的変遷について」、187頁。(『児青精神医』28 (3)，1987, 183 - 190.)

556 同上、183頁。

557 同上、183 - 184頁。

558 同上、187 - 188頁。この論文に先立って行われた第82回日本神経精神医学会 (1986年) における演題「登校拒否像の時代的変遷について」では、演者の一人として若林愼一郎の名も見られる。

559 同上、189頁。

560 古川八郎、菱山洋子「学校ぎらいの統計研究 (1) ―東京都における出現率の推移と社会的要因の考察―」、301頁。(『児精神医』21 (5)，1980, 300 - 309.)

561 この論文では山本論文 (1964年) と高木論文 (1977年) のみが「既存の学説」として紹介されている。このことが、あまたある「登校拒否論」のうち「学説」と呼ぶに相応しいものはこの二者によるものしかない、ということなのであれば、筆者としても首肯するところである。

562 古川、菱山「学校ぎらいの統計研究 (1)」、301頁。

563 同上。

564 同上、300頁。

565 他県との比較については、続いて発表された論文「学校ぎらいの統計研究 (2)」(『児精神医』23 (4)，1982.) においてなされている。

566 東京都教育委員会による1958年度の報告書には次のようにある。「男子に精神的理由による長欠者が多いのは、勉強ぎらいが男子に多いためであり、女子に家庭的理由が多いのは、家族の病気看護等家事の手伝いによる欠席が多いためと考えられる」。

567 古川、菱山「学校ぎらいの統計研究 (1)」、306頁。

568 同上、308頁。

569 同上。

570 中山一樹「現代の子供の「受苦」から新たな共同へ―「登校拒否」問題から見えてくるもの―」、76頁。(『思想と現代』20, 1989, 75 - 85.)

571 同上、80頁。

572 二橋茂樹他「登校拒否児の収容治療」、297頁。(『児精神医』18 (5)，1977, 296 - 306.)

573 戸坂潤『現代哲学講話』初版 (1934年) の序より。

574 戸坂潤『日本イデオロギー論』岩波文庫、1977年、305頁。

575 横湯園子「登校拒否児の自立への連関を支えるネットワーク」、16頁。(『教育』514, 1989/11, 16 - 29.)

576 引用は以下に再録されたものから。齊藤万比古『不登校の児童・思春期精神医学』、95頁。

577 横湯「登校拒否児の自立への連関を支えるネットワーク」、18頁。

578 引用されているのは上の引用箇所に続く次のような一文。「現在の登校拒否の治療論
は個人精神療法のみならず集団精神療法、親ガイダンス、家族療法、行動療法的アプ
ローチ、他機関（学校など）との協力、入院治療、向精神薬による薬物療法などを組
み合わせた治療システムとして論じられている」。齊藤万比古『不登校の児童・思春
期精神医学』、95頁。しかし、横湯は読み過ごしたのかもしれないが、齋藤はまた個
人精神療法に際しての「学校教育に対する中立性」（同上、97頁）をこの論文で指摘
してもいる。

579 横湯「登校拒否児の自立への連関を支えるネットワーク」、18 - 19頁。

580 同上、19頁。

581 同上。

582 同上。

583 同上、17頁。

584 同上、28頁。

585 横湯園子「「不登校・登校拒否は怠け？病い？」となぜ問うのか」、9 - 10頁。（横湯
園子編『不登校・登校拒否は怠け？病い？―その『対応』を探る―』国土社、8 - 14頁。）

586 『現代社会における発達と教育』第四集、1986年、まえがき。

587 横湯園子「あとがきにかえて―「このことはぜひ」の「対応」を含めて―」『不登校・
登校拒否は怠け？病い？』国土社、176頁。

588 上林靖子「精神科医療からみた登校拒否」、31頁。（『教育』514, 1989/11, 30 - 39.）

589 以下の論文において「症状の意味」として語られていることは一読の価値がある。
小倉清「登校拒否への精神分析的アプローチ」（『季刊精神療法』3 (3) , 1977.）

590 小倉清「日本と外国の「登校拒否」現象の比較」、49頁。（『教育』514, 1989/11, 49 -
55.）

591 同上、52頁。

592 同上、52 - 53頁。

593 同上、53頁。

594 滝川「不登校はどう理解されてきたか」、181頁。この表現は「現象」に対する論者の
立ち位置を表しているもので見逃されてはならない。精神医学では「記述現象学的」
と云うところを、論者は「現象記述的」と述べている。「不登校」現象が自明視された時、
その現象を価値観を入れずに捉えるという意味で「現象記述的」という表現が意味を
持ち始める。ここには精神医学から社会学への「現象」概念の転移がありありと見え
る。氏は「臨床像の拡散」ということで次のように述べているが、ここに「現象」概
念の二義性は明らかであろう。「不登校（投稿拒否）とは"発熱"とか"発熱"とか"頭
痛"とおなじく一現象（症候）でしかなく、したがってなんら特定の原因に還元しえ
たり、根本的治療法が確定されることは原理的にありえない。もしそのようなものを
求めるとすれば大きな錯覚であろう。けれども、一方、"現象"としてなぜ不登校現
象が起りうるのかは検討を要する課題と思われる」。清水将之編『今日の神経症治療』
金剛出版、1987年、196頁。

595 加野芳正「不登校問題の社会学に向けて」、12 - 13頁。（『教育社会学研究』68, 2001,
5 - 22.）

596 同上。

597 樋田大二郎「不登校は公教育の責務で解決する」、215頁。（今津孝次郎、樋田大二郎
編『続・教育言説をどう読むか―教育を語ることばから教育を問いなおす―』新曜社、
2010年、214 - 243頁。）

598 山本雄二「学校教育という儀礼―登校拒否現象をてがかりに―」、95頁。（『教育社会

学研究』49, 1991, 94 - 113.)

599 　ここで「ようである」と言うのは、そのうちの一人である白橋宏一郎に対する若林の立場が、以下に述べるような観点からすると曖昧なものだからである。若林実『アインシュタインも学校嫌いだった』筑摩書房、1993 年、101 頁以下。

600 　『あも』、23 頁。

601 　同上、20 頁。

602 　同上。

603 　同上、21 頁。

604 　同上。

605 　同上。

606 　同上。

607 　この方は森田療法の大家であるが、「生の欲望に乏しく、青少年に非行化の進む現代だからこそ、森田療法で世直しをすべき」、「教育界に森田療法を導入し、若者たちを再教育すべき」などという主張は医療と教育の垣根を無視したものでしかない。大原健士郎『新しい森田療法』講談社、講談社 + α 文庫、2000 年、191 頁。

608 　『あも』、30 頁。

609 　同上。

610 　同上。

611 　同上。

612 　同上。

613 　同上。

614 　同上。

615 　心因論は責任論に転じると言ったのは土居健郎であったか。

616 　『あも』、35 頁。似たような問題意識からして、山崎晃質は次のように述べている。「登校拒否についての私たちの調査によると、多くの児童精神科医が「登校拒否」という診断をつける場合にはかなり高い一致度を示すが、「登校拒否」という診断項目がない国際診断分類で診断しようとすると驚くほどのバラツキを示してしまうことが明らかにされている」(同上、40 頁)。この点については、牧田清志との共著論文においてまた次のように指摘されている。「「登校拒否」を診断分類学的にどうあつかうのか議論のあるところである。国際的な診断分類には固有名詞として登場していない登校拒否は、ある意味で、わが国の社会・経済状況、教育行政における問題性を象徴しているのかも知れない」。牧田清志、山崎晃質「児童精神医学」、402 頁。(『精神医学』30 (4), 1988, 399 - 409.) しかし、「ある意味」も何も、まずもってここに日本における児童精神医学の問題性を見るべきであろう。

617 　『あも』、35 頁。

618 　森田洋司『「不登校」現象の社会学』学文社、1991 年、3 頁。

619 　同上、13 頁。

620 　同上、14 - 15 頁。

621 　『新社会学辞典』(有斐閣、1993 年) などは、「登校拒否」の項目においてこれを「不登校」の「最広義の定義」として追認している。ちなみに、学校基本調査における「学校ぎらい」を理由とした長期欠席はその狭義の定義とされている。

622 　同上、16 頁。

623 　北村陽英『中学生の精神保健』日本評論社、1991 年、171 頁。

624 　同上、175 頁。

625 　同上、176 頁。

626 同上、179 頁。

627 同上、37 頁。

628 北村陽英「学校教育と青年期—教育現場の諸問題—」、202 頁。(『社会精神医学』9 (3)，1986, 201 - 207.)

629 大西俊江他「不登校に関する臨床心理学的研究—臨床心理士のかかわった事例—」、1 頁。(『島根大学教育学部紀要（人文社会・科学）』24 (2)，1992, 1 - 10.)

630 同上、4 頁。

631 同上。

632 同上、5 頁。

633 同上、7 頁。

634 同上、8 頁。

635 梅沢要一「治療例の追跡調査」、87 頁。(『児青精神医』25 (2)，1984, 85 - 89.) 引用文中、「演者」とあるのは、これが学会発表の内容を文章化したものだからである。

636 『児青精神医』35 (1)，1994, 15 - 16 頁。

637 同上、16 頁。

638 同上。

639 同上。

640 同上、16 - 17 頁。

641 同上、16 頁。

642 同上、17 頁。

643 この「まとめ」は神奈川県教育委員会から『学校に行けない子供たち—子供たちの気持と親の対応—』(1991 年) として発行されているが、これについては「横浜市教育委員会非推薦医師」のレッテルを貼られたという若林実が事細かに批判している。『アインシュタインも学校嫌いだった』筑摩書房、1993 年、176 頁以下。

644 『児青精神医』35 (1)，1994, 24 頁。

645 同上、25 頁。

646 久場川哲二が次のように述べているが、むしろその結果としてそれが「不登校」という社会現象になったとも言えるのではないか。「私は原則的に不登校は現象であって疾患ではないと考えるが、現状をみると「カウンセリング」という名の下に見識や分別を欠いたままに長期間対応がなされているように感じられる」。『児青精神医』35 (4)，1994, 363 頁。

647 レオ・カナーによる次のような指摘は示唆的である。「特殊学級が、いかなる名前で呼ばれようとも (「機会学級」opportunity class「例外児学級」classes for exceptional children) 彼らは学校や近所の人々の間で、それが「低能学級」であることを知るようになる」。カナー『児童精神医学』、468 頁。

648 『児青精神医』35 (1)，1994, 100 頁。

649 同上。

650 同上、100 - 101 頁。

651 この「回答」は稲村に対する聞き取り調査の後で出された「お尋ね」に対するものである。『児青精神医』33 (1)，1992, 89 - 90 頁に収録されている。

652 門眞一郎「登校拒否の転帰—追跡調査の批判的再検討—」、305 頁。(『児青精神医』35 (3)，1994, 297 - 307.)

653 菅俊夫他「登校拒否児の予後調査」(『小児の精神と神経』12 (1)，1972.) なお、この調査は、情緒障害児短期治療施設において収容治療を受けた 70 名のうち協力の得られた 49 名について、退所後の二年間の状態を調べたもの。

654 門「登校拒否の転帰」、303 頁。

655 同上、302 頁。

656 渡辺位「登校拒否の予後」、851 頁。(『臨床精神医学』12 (7)，1983，851 - 856.)

657 同上、852 頁。

658 同上、853 頁。

659 同上、855 頁。

660 同上。

661 同上。

662 同上、854 頁。

663 朝倉景樹『登校拒否のエスノグラフィー』彩流社、1995 年、20 頁。

664 清原浩「不登校・登校拒否に関する研究の系譜」、12 頁。(『障害者問題研究』69，1992，4 - 12.)

665 朝倉によると、この一文は頼藤和寛『いま問いなおす登校拒否―これからの見方と対応―』(人文書院、1994 年) にあるようだが筆者は確認できなかった。しかし、このような表現が或る時期から頻繁にみられることは事実である。朝倉『登校拒否のエスノグラフィー』、22 頁。

666 同上、22 - 23 頁。

667 この点は、先に引用した齊藤万比古氏の発言と合わせて検討されたい。注153 を参照。

668 朝倉『登校拒否のエスノグラフィー』、47 頁。

669 渡辺自身が次のように証言している。「親の会は昭和 46 年 8 月より、初めは医師を中心とした集団面接として開始されたものであったが、昭和 48 年 3 月、参加家族からむしろ主体的な会の運営を望む声があがり、"希望会" として発足、以後病院側のスタッフも一人のメンバーとして出席することになり、司会や新規入会メンバーの助言、会報の発行なども自主的に行うようになった (毎月 1 回)。また、通院中の子どもたちからも子ども自身の集まりを提唱する者が現われ、昭和 51 年 9 月からは "阿呆の子の会" という登校拒否の子どもの会が発足した (毎月 2 回) のである」。渡辺位「登校拒否の治療―国立国府台病院の場合―」、261 頁。(『季刊精神療法』3 (3)，1977，259 - 262.)

670 西條隆繁『登校拒否―誤解と偏見からの脱出―』高文研、1987 年、21 頁。

671 同上、23 頁。

672 同上、23 - 24 頁。

673 同上、27 頁。

674 奥地圭子『子どもをいちばん大切にする学校』東京シューレ出版、2010 年、19 頁。

675 奥地圭子『登校拒否は病気じゃない』教育史料出版会、1989 年、216 頁。

676 同上。

677 同上、226 頁。

678 平井富雄「登校拒否の概念」、581 頁。(『小児内科』14 (5)，1982，581 - 583.)

679 同上、582 頁。

680 同上。

681 同上。

682 同上。

683 この点、maladjusted child という用語に関する高木の指摘は示唆的である。「不適応児の訳は、誤解を招きやすく、適当ではない。これは一定の基準に適応しないというような意味ではなく、環境に対する適応 (adjustment) が異常なのであるから、適応異常児と呼ぶべきである。その中には非行児のみならず、神経質な子、内気すぎる子

なども含まれる」。高木四郎『児童精神医学総論』、16 頁。なお、参考までに挙げると、この点に関して平井は次のように述べている。「わが国で問題児あるいは行動異常児と呼ばれている子どもを、ドイツでは教育困難児〔Schwer - erziehbares Kind〕を読んでおり、ドイツ語を用いる圏内では、ほとんどこの言葉一つで総括されている。中には Problemkind〔問題児〕と呼ぶものもあるが……」。平井信義「西ドイツにおける児童精神医学の動向」、623 頁。(『精神医学』1 (9), 1959, 619 - 632.)

684　永井武夫「小児科開業医からみた学校恐怖症」、123 頁。(『小児の精神と神経』7 (2), 1967, 123 - 128.)

685　富田和巳「医原性登校拒否」、29 頁。(『日本医事新報』2845, 1978, 29 - 34.)

686　同上、30 頁。

687　同上、32 頁。

688　検査入院について、富田は次のように指摘している。「症例22のごとく、腎炎で入院し、退院後から不定愁訴が始まり、不登校化している例もあるように、入院精査・治療ということは、患児の登校という社会生活を否定する、という面を考慮する必要がある。また、精神反応による患児を、真の身体疾患児の集団である一般小児病棟に入院させることは、主治医はもとより、当直医、看護婦までもが十二分に注意を払うと共に、2 次的にも疾病利得の概念を植え付けることを防ぐ必要がある」。「医原性登校拒否の35 例」、414 頁。(『日本小児科学会雑誌』85 (4), 1981, 408 - 417.)

689　同上、412 - 413 頁。

690　富田和巳「小児科医からみた登校拒否」、14 頁。(『小児科診療』45 (1), 1982, 11 - 15 頁。)

691　同上、15 頁。

692　新聞連載をまとめた著作においては、端的に「登校拒否は心身症ともいわれていますが、厳密には神経症の一種です」と言われいてる。富田和巳『子どもたちの SOS ─登校拒否・心身症……つたわらぬ子どもの心の叫び─』法政出版、1988 年、181 頁。

693　三池輝久「不登校の考え方─生理学的立場から─」、627 頁。(『小児内科』28 (5), 1996, 627 - 631.)

694　同上。

695　同上、628 頁。

696　同上、628 - 629 頁。

697　同上、629 頁。

698　山登敬之「不登校と鑑別すべき疾患」640 頁。(『小児内科』28 (5), 1996, 640 - 644.)

699　同上。

700　同上、641 頁。

701　同上、644 頁。

702　同上。山登は、また別の論文において次のように述べている。「時代を経て学校に行かない子どもが年々増加し登校拒否の裾野が広がるにつれ、かつての典型例は医療の中心的位置からはずれて、私たちが治療的対応を迫られる対象は、かつてのバリアントに移行してきたと言えないだろうか」。「精神科からみた不登校」、45 頁。(『東京小児科医会報』12 (2), 1993, 42 - 45.) ここで典型例とされているのは、高木隆郎の「三段階」説における典型のことである。

703　以下に収められた手書きの発表要旨を参照。日本心理学会『第30回大会発表論文集』1966 年。

704　河合隼雄「病理の構図から抜け出す道はどこにあるのか」、286 頁。(『岩波講座 現代の教育 第 4 巻 いじめと不登校』岩波書店、1998 年、285 - 302 頁。)

705　同上、288 頁。

706　同上、294 - 295 頁。

707　アンリ・エレンベルガー『無意識の発見』木村敏、中井久夫監訳、弘文堂、1980 年、下巻、35 頁。

708　河合「病理の構図から抜け出す道はどこにあるのか」、286 頁。

709　同上、302 頁。

710　河合隼雄編『不登校』金剛出版、1999 年、22 頁。

711　河合隼雄『臨床教育学入門』岩波書店、1995 年、47 頁。

712　同上、8 頁。

713　同上、27 頁。

714　加藤美帆『不登校のポリティクス』勁草書房、2012 年、i 頁。

715　同上、2 - 3 頁。

716　同上、3 頁。

717　同上、140 頁。

718　このうち、「その他」とは、「主として学校ぎらいによるものと思われる」と『学校基本調査報告書』において説明されている。実際に、後に加わる「学校ぎらい」という理由はこの「その他」から派生したものと考えられる。この点については、以下を参照。折原茂樹他「「教育に関する調査統計の読み方」考—「学校基本調査」における「不登校児童生徒」の検討を中心として—」(『教育学論叢』国士舘大学教育学会、23 号、2005 年)。

719　このことからして、河合洋は次のように指摘しているが、以下に述べるような理由からして問題含みである。「文部省が「学校嫌い」という形で、この「登校拒否」、「不登校」問題を取り上げるようになったのは昭和四二年である」。河合洋「登校拒否の社会的背景」、26 頁。(『季刊教育法』1992 年春、88 号、26 - 29 頁。)

720　例えば、次のような文章をよく読んでもらいたい。「国立教育政策研究所生徒指導研究センターによる「中 1 不登校調査」は、平成 14 年度から 16 年度にかけて、中学校 1 年生時の不登校に焦点を絞って実施された。目的は小学校 6 年生から中学校 1 年生にかけての不登校急増のメカニズムを明らかにし、その未然防止策を検討することにあった。平成 14 年度の調査対象は 47 都道府県 (以下、県) のうち 4 県の 114 市町村内にある全公立中学校に在籍する、平成 13 年度に不登校を理由として 30 日以上の欠席をした中学校 1 年生全員である」。国立教育政策研究所生徒指導研究センター『生徒指導資料集　第一集 (改訂版)　生徒指導上の諸問題の推移とこれからの生徒指導』ぎょうせい、2008 年、38 頁。

721　加藤『不登校のポリティクス』、149 頁。

722　文部省『生徒指導資料　第 18 集　生徒の健全育成をめぐる諸問題—登校拒否問題を中心に—』大蔵省印刷局、1984 年、9 頁。

723　若林『アインシュタインも学校嫌いだった』、5 頁。

724　加藤『不登校のポリティクス』、24 頁。

725　国立教育政策研究所生徒指導研究センター『生徒指導資料　第 2 集　不登校への対応と学校の取組について』ぎょうせい、2004 年、2 頁。

726　国立教育政策研究所生徒指導研究センターによる「中 1 不登校調査」においては、保健室登校が「不登校相当」として調査の対象とされている。

727　学校基本調査の分類に「学校ぎらい」が加わったのは 1967 年であるが、1989 年からはその定義から「他に特別な理由はなく」の一文が削除された。

728　これは「不登校児」の定義であって、「不登校」の定義ではない。これは、言葉だけ

拾えば「不登校」という用語が官公庁によって使用された最初の例であるが、その対象はあくまでも「不登校児」にある。法務省の調査「不登校児人権実態把握のためのアンケート調査」（1988年）については、その『調査報告』（1989年）と平井信義によるその分析『不登校児の実態について』（同年）との間に見られる異同を含め以下において詳しく言及されているが、なぜかこの点が看過されている。土方由起子「「不登校」言説の変遷に関する社会学的研究—子どもの「生きづらさ」への視点はどう変わったか—」奈良女子大学、2016年。なお、本書としては「「不登校」言説」が変遷したのではなく、「不登校」という一つの言説があるのだと主張するものである。そうでなければ、「不登校」というコトバにいちいち括弧を付ける理由はない。

729　文部省『生徒指導資料　第7集　中学校におけるカウンセリングの考え方』大蔵省印刷局、1971年、28頁。

730　同上、26頁。

731　同上、36頁。

732　同上。

733　同上、37頁。

734　文部省『生徒指導資料　第18集』、9頁。

735　同上、11頁。

736　同上。

737　同上、14頁。

738　文部省『生徒指導研究資料　第11集　教育課程と生徒指導—高等学校編—』1982年、89頁。

739　『生徒指導資料　第18集』、17頁。

740　もっとも、1992年の報告書「登校拒否（不登校）問題について」では、「登校拒否傾向の者」を含めた登校拒否「実態把握」というようなことが言われている。実数として換算され得る実態としての登校拒否観は、この頃から揺るぎ始めたと言える。なお、この報告書は『季刊教育法』（1992年春、88号）に収録されている。

741　高木「わが国における児童分裂病研究の歴史的展望」、125頁。

742　同上、121頁。

743　同上、123頁。

744　堀要なども次のように指摘している。「ヨーロッパで、児童精神医学が活発化したのは、第一次世界戦争のあと戦勝国も敗戦国もともに児童問題が深刻な国民の悩みとなったことが大きい原因の1つであると観測せられたのであるが、同じ事情が、敗戦後の日本におこった。アメリカ軍政府の指令もあるにはあったが、われわれはわれわれの問題として、児童問題に真剣に取組まねばならない国民的要請が強くなった。少年法の改正、児童福祉法、精神衛生法、教育基本法などの制定等混乱と苦悩の中から、児童問題を、合理的科学的にまた行政的に処理する要求が育ってきた。精神医学者も小児科学者も、児童の心理面と社会面に関心をもたざるをえない情勢になってきた。そして、児童精神医学への関心が急速に全国的なものとなったといえる」。堀要「児童精神医学の諸問題」、440頁。（『精神医学』4（7），1962, 439 - 451.）

745　『児精神医』2（1），1961, 114頁。

746　同上。

747　同上。

748　同上。

749　高木自身の証言による。高木四郎「国立精神衛生研究所相談室の状況」（『児精神医』1（3），1960.）

750 　高木隆郎がその時の事情を振り返って次のように述べている。「そのさい、児童病棟はそのまま病院にのこし、研究所では精神科医、臨床心理学者、精神医学的ケースワーカーの3者のクリニック・チームによるアメリカ式の＜児童精神衛生相談部＞がわが国におけるさいしょの試みとして発足し、高木四郎がその部長に任命された」。高木「わが国における児童分裂病研究の歴史的展望」、123頁。

751 　平井信義の証言がある。平井「児童精神医学会発会当時の思い出」、104頁。

752 　高木「記憶の断片─『児童精神医学とその近接領域』刊行会のこと─」、110頁。

753 　高木四郎『児童精神医学各論』、691頁。

754 　現実には就学猶予、就学免除、或いは居場所のわからない子供の数を含めて千人はいる。長期欠席児童として統計に上る子供たちの中にも担任教師による連絡のつかないような例が少なからず含まれている。

著者紹介 ◆ **藤井良彦**（ふじい　よしひこ）

1984 年生。文学博士。
著書に『メンデルスゾーンの形而上学―また一つの哲学史―』
（東信堂、2017 年）、論文に「学なき学校教育、公の理念なき公
教育―在野学の立場から今「不登校」を問う―」（『在野学の冒
険―知と経験の織りなす想像力の空間へ―』礫川全次編、山本
義隆、高岡健、芹沢俊介他、批評社、2016 年）、「渡辺位と小澤
勲―登校拒否から「不登校」へ、反精神医学の思想―」（『立正
大学哲学会紀要』11 号、2016 年）、「ベルリン自由学校につい
て―最初のフリースクール―」（『ユダヤ・イスラエル研究』29 号、
2015 年）など。

不登校とは何であったか？

──心因性登校拒否、その社会病理化の論理

2017 年 5 月 25 日　初版第 1 刷発行

著　者　藤井良彦
発行人　松田健二
装　丁　右澤康之
発行所　株式会社　社会評論社
　　　　　　東京都文京区本郷 2-3-10　TEL 03（3814）3861
印刷・製本　倉敷印刷株式会社